축복의 열쇠

축복의 열쇠

펴낸날 ‖ 2021년 7월 25일 초판 1쇄

2022년 12월 15일 초판 2쇄

지은이 ‖ 장요셉

펴낸이 ‖ 유영일

펴낸곳 ‖ **올리브나무** 제2002-000042호

경기도 고양시 일산동구 정발산로 82번길 10, 705-101

Tel. (070) 8274-1226, 010-7755-2261

Fax (031) 629-6983

ISBN 978-89-93620-08-5 03230

값 15,000원

축복의 열쇠

장요셉 지음

Blessed

are all those who put their trust in Him,
Psalm 2:12

지금 여기에 살아 계시는 그분의
'성령행전'이 계속 쓰여지기를

이대희 형제
순전한교회 / 안양 샘병원 공동체

2021년 초, 지난 일 년 동안 코로나 팬데믹을 비롯한 여러 가지 이유로 축 늘어진 내 영혼은 『생명의 열쇠』를 만남으로써 놀랄 정도로 되살아나게 된다. 그 엄청난 감동과 뚜렷한 각인을 어찌 잊을 수 있겠는가! 하나님을 뜨겁게 온 힘을 다해 사랑하고, 이웃을 내 몸처럼 '진짜' 사랑하는 자에게 경험되는 하나님의 사랑의 손길과 이웃과의 깊은 사귐들! 나이 성별 인종 국적 직업 등, 모든 차이를 뛰어넘는 깊은 사랑의 사귐과 이로부터 힘있게 퍼져가는 변혁의 물결들!

이후 두어 번 장 선교사님과 직접 만나 교제하는 축복을 누리며, 세상이 도저히 감당할 수 없는 '하나님의 사람 되심'을 확인하고 또 확인하게 되었다.

그리고는, 새로운 사역지 상트페테르부르크 이야기와, 새 시대를 열게 된 나스자 자매님과의 만남 등, 요즘의 이야기가 참 궁금하던 중, 드디어 참으로 복된『축복의 열쇠』를 받게 되었다! 역시 단숨에 읽어내려가니, 아버지께서 사랑하시는 그 한 영혼과 또 한 영혼, 그 아들과 그 딸을 향한 넓고 길고 높고 깊은 하나님 아버지의 예비하심과 이끄심이 드라마로 펼쳐지고 있었다. 성경 말씀을 어려서부터 깊이 사랑하고, 간절히 기도하고, 응답으로 주시는 하나님의 뜻을 순전한 순종으로 품어내시는 두 분의 모습이, '진짜' 천생연분임을 보았다.

두 분의 만남이 이루어내는 거룩한 시너지가, 가정과 섬기는 신앙 공동체들과 상트페테르부르크 지역과 러시아어 사용 열방들, 대한민국 방방곡곡 구석구석, 그리고 한류와 러시아류의 영향을 받는 세계 모든 곳으로 퍼져 나가기를 기대한다. 사랑의 헌신이 믿음의 무릎과 결합되어 나타나는 권능의 '성령행전'이 계속 널리 쓰여질 것을 믿음으로 소망하고 바라본다. 나와 내 집도, 우리 공동체도 함께 쓰임받기를 간절히 소원하며! 필독(×7)하소서!

살아 계시는 하나님의 역사로
길이 뚫리고 문이 열리는 놀라운 경험들

성락인 선교사

미르선교회, 미르한인교회 담임

장요셉 선교사 ! 그의 이름은 성경에 나오는 요셉과 이름이 같다.

"서로 이르되 꿈꾸는 자가 오는도다"(창 37:19).

"주인이 여호와께서 그와 함께하심을 보며 또 여호와께서
그의 범사에 형통케 하심을 보았더라"(창 39:3).

"그들이 그에게 이르되 우리가 꿈을 꾸었으나 이를 해석할
자가 없도다 요셉이 그들에게 이르되 해석은 하나님께 있지
아니하니 이까 청컨대 내게 고하소서"(창 40:8).

사람들은 살아가면서 많은 꿈을 꾸고, 하나님께서는 때로 하나님을
믿는 우리의 삶을 꿈을 통해 제시하시기도 한다.

믿음의 형제자매들이 신앙생활을 하는 중에 아픔과 불신과 어둠의

악한 세력의 눌림, 갈등을 해결하지 못한 채 살아가는 모습을 보일 때가 적지 않다. 요셉 선교사는 여호와 하나님께 기도하며 꿈 해석의 지혜를 얻어 오늘 지금 여기에서 살아 계시는 말씀을 들려줄 때가 많다. 또 길이 막힐 때마다 자신은 물론이고 성도들로 하여금 금식 기도와 순종으로 길이 뚫리고 문이 열리는 놀라운 경험을 해왔다. 하나님께 온전히 의뢰하며 살아가는 그의 모습에 더 많은 크리스천들이 더 큰 은혜를 받게 될 것을 기대하게 된다.

나의 소원을 비는 기도가 자기 비움과 성찰을 통해 하나님이 기뻐하시는 기도로 바뀌고, 궁극으로는 자신의 삶 전체를 하나님께 온전히 영광을 올려 드리는 일로 바뀌는 것이야말로 성도들에게 진정한 축복의 문을 열 수 있는 열쇠일 것이다. 장요셉 선교사의 『축복의 열쇠』는 그 길을 보여준다.

꿈꾸는 자유인 요셉

강제구
이비인후과 전문의

"이 책에 있는 내용이 다 사실입니까?"

장요셉 선교사가 들려주는 동화 같은 실화들을 숨가쁜 흥분으로 따라가다가 어느새 마지막 장을 넘기고 있는 자신을 발견하는 경험은 비단 나 혼자만은 아닐 것이다. 또한, 저자를 만나 위의 질문을 하고 싶은 마음이 드는 것도 나 한 사람만은 아니리라. 이렇게 다소 무례하게 들릴 수 있는 질문을 서슴없이 하고 싶어지는 것은, 그가 전하는 "하나님 경험"이 신기하고 기적적이기도 하지만, 그 이면에 있는 (신자들에게는) 너무도 좋은 소식이기 때문이다. 그의 이야기는 하나님이 우리 각 사람의 작은 일상에도 관심을 가지시며, 어린아이같이 단순하고 사적인 기도에도 분명하고 명확하게 응답하신다는 것을 보여주고 있다.

하나님의 은혜로 시작된 믿음의 길은, 단번에 훌륭하게 되고 이상적인 삶을 살게 되는 것과는 거리가 있다. 우리는 여전히 개인적인 문제로 고민하며 우리와 똑같이 '성화되지 않은 사람들'이 모여 있는 공동체 속에서 (믿음의 공동체를 포함하여) 서로에게 실망하고 부대끼며 살아가고 있다. 물론 우리는 분명한 기준과 계시인 성경과 약속 받은 성령님의 인도가 있음을 알고 있고, 또 그렇게 고백함으로써 시작되는 신앙의 길을 가고 있다.

하지만 삶의 구체적인 상황을 만나면 (일상의 매 순간과 중요한 결정을 앞둔 갈림길에서) 분명함과 확신보다는 여전히 내적 갈등과 모호함 속에서 고민하는 것을 반복하게 된다. 이것이 나를 포함한 많은 신자들의 현실이다. 나의 경우, 고민의 반은 세상의 기준을 따르는 것, 즉 성취하고 싶은 개인적인 바람과 누림에 대한 욕구 때문이고 (하나님께서도 야베스의 기도를 듣지 않으셨던가?) 나머지 반은 하나님의 인도를 따라가며 하나님을 경험하고 싶은 신자로서의 순수한 열망 때문이다. 이렇게 여전히 진행형인 "속 시원한 맞춤형 인도", "확신에 찬 개인적 인도"에 대한 숙제를 지닌 나에게, 요셉 선교사가 들려주는 놀라운 간증은 한 줄기 시원한 바람 같은 신선함이었고, 호기심만으로 지나칠 수 없는 중요한 내용을 담고 있었다.

요셉은 그의 이름대로 '하나님의 꿈을 꾸는 사람'이다. 하지만 그는 막연히 꿈만 꾸는 사람이 아니다. 구체적인 상황 속에서 하나님께 기도하고 꿈으로 응답받는다. 꿈으로 보여지는 하나님의 인도는 놀랍다. 전문가들도 못 찾는 우물의 위치를 지팡이가 나타나 정확히 가리켜 보이는 꿈을 꾸고, 그것이 그대로 현실이 된다! 모호함을 거부하고,

위험할 정도로 구체적이다. 이단으로 오해 받을 정도로 담대한 그의 "꿈 선언"은 현실로 증명되어 우리 모두를 놀라게 한다.

하지만 그의 능력보다 더 인상적인 것은 그가 처신하는 방식이다. 그 이야기에 등장했던 모든 사람(악역을 포함하여)의 관심을, 자신이 아닌 하나님께 돌리게 하는 요셉의 겸손함과 지혜로움은 그의 사역에 이단과는 거리가 먼 정당성과 권위를 부여한다. 남의 꿈을 해석하고 그들에게 하나님의 인도하심을 증거한다는 점에서도 장요셉 선교사의 "꿈 사역"은 창세기의 요셉을 떠오르게 한다. 이 점은 내가 앞서 언급한 것처럼 "호기심만으로 지나칠 수 없는 중요한 내용"이다.

상담자이기도 한 요셉에게 삶의 막다른 골목에 선 사람들이 찾아온다. 저마다의 문제는 쉽게 해결할 수 없는 절박한 것들이다. 답이 없어 보이는 문제를 요셉은 진심으로 공감하며 하나도 흘리지 않고 듣는다. 나쁜 사람이라 내치지 않으며, 비난성 잔소리도 일체 없다. 선교사이지만 성경구절을 녹음기처럼 인용하지도 않는다. 오히려 상식적이고 현실적인 조언과 함께 당장 실천 가능한 방법을 제시한다.

"오늘 밤 자기 전에 하나님께 자신의 문제를 간절히 아뢰면 하나님께서 꿈으로 길을 보여주실 거예요."

단순하고 싱겁다. 생각하기에 따라서는 무책임하다고 오해 받을 수도 있는 조언이다. 그의 조언이 누구나 따라할 수 있을 만큼 단순하기 때문일까? 아니면 전달하는 그의 진심 어린 마음과 다정다감하고, 확고하고, 명쾌한 방식 때문일까? 신기하게도, 신자도 아닌 사람들까지도 하나님께 기도하며 꿈을 꾼다.

그러면 요셉은 꿈을 해석해 주고, 당사자들은 웬일인지 그의 해석을 따라 순종한다. 순종의 열매는 제각각 다르고 하나님의 시간표에 따라 시간이 걸리기도 하지만, 지혜롭고 기발한 ('그동안 내가 찾고 있던 맞춤형 인도'라는 확신과 함께 주어지는) 응답은 하나님의 살아계심을 증거한다. 그의 이야기 속에서 당사자는 물론 주변인들까지도 하나님께서 일하고 계심을 느끼며, 경외감으로 그분의 방식에 동의할 수밖에 없게 된다. 하나님은 그분의 선한 일을 이루는 데 가장 부적합해 보이는 이들을 사용하시며, 그것이 오히려 더 많은 사람을 불러 변화시키고 그분께 돌아올 수 있는 기회를 준다.

이 과정에서 요셉은 상담자 대신 기도하지 않고 본인에게 직접 기도하라고 하는데, 이처럼 당사자 스스로가 하나님을 대면하게 하는 방식은 그가 가진 꿈의 은사보다 더 인상적이다. 그는 당사자들이 직접 하나님과 마주하여 자신의 문제를 들여다보고 치료하게 한다. 별 생각 없이 따라 해본 요셉의 "꿈 사역"은 뜻하지 않은 경험을 하게 해준다. 내면의 깊은 문제와 그 본질을 볼 수 있는 기회를 얻게 되고, 지금의 고통과 위기를 통하여 자신을 가장 최선으로 이끌고 계시는 하나님의 간섭하심을 깨닫게 된다.

나는 대학동기인 샘병원 이사장 이대희 원장 (훌륭한 그리스도인이며 오지랖이 넓다) 덕분에 개인적으로 장요셉 선교사와 통화를 하고 그의 사역에 대해 좀 더 자세히 듣는 기회가 있었다. 그의 책에서 확인할 수 있는 것처럼, 그는 오늘날의 영적 지도자들과는 달리 영향력 있는 자리를 찾아 자신의 영적 권위를 행사하려 하지 않는다. 오히려 중심에서 벗어나려 한다. 교단이나 사람이 주는 타이틀을 거부하는 자유인의 길을 가고 있다. 그것은 참으로 인상적이고 감동적이다. 일체의 인간적인 도움을 거부하며 하나님 한 분께만 필요를 구했던 조지 밀러처럼 교회나 단체의 안정적인 지원 없이 선교사역을 감당하려고 한다. 이러한 그의 순수함은 아름답지만 일체의 안전망 없이 오직 하나님께만 자신을 던지는, 비현실적인 담대함은 그를 사랑하는 지인들을 걱정하고 우려하게 한다.

우리는 『생명의 열쇠』 속편인 이 책에서 그의 새로운 꿈 이야기를 통해 또 한 번 하나님 한 분으로도 충분한 삶의 증언들을 목도하게 될 것이다. 허드렛일로 부리던 신참 노수도사(로렌스 형제)의 정체가 새로 부임한 원장임을 알게 되면서 개과천선했던 문제 수도원의 젊은 수도사들 이야기처럼(참조. 로렌스 형제 지음, 『하나님의 임재 연습』), 요셉의 이야기는 낮은 곳에서 섬기는 하나님의 사람 앞에서 모든 비방과 싸움이 사라지는 것을 보여준다. 이어지는 이야기들 속에서 우리는 진정한 지혜는 진리를 아는 것에 그치지 않고, 그 진리대로 살아가는 것임을 배우게 될 것이다. 그리고 무엇보다 어느 누구도 진리이신 하나님을 제한하거나 독점할 수 없다는 사실을 인정하게 될 것이다. 어떤 명령도 설교도 없이 섬김의 삶으로 모두를 변화시킨 로렌스 형제처럼, 꿈꾸는 자유인 요셉의 새로운 이야기를 통해 특권과 타이틀보다는 섬김으로 사람들을 안으려는 마음, 책보다는 경험과 순종의 훈련을 통해 체득한 지혜, 활력과 상상력을 잃지 않는 겸손을 배우게 될 것임을 확신한다.

축복의 열쇠는 곧 마음의 문을 여는 열쇠

초등학교 5학년 때 나에게는 특별한 일기장이 있었다. 그 당시 일기쓰기는 방과 후에 반드시 해야만 하는 필수 과제였다. 일기장 한 권의 분량이 대개 30매로 되어 있어서 한 달만 일기를 쓰면 새로운 일기장을 구입해야 했다.

3월, 새 학년 새 학기부터 써 내려간 일기장이 한 권 두 권 늘어나자 아버지께서는 일기장들을 한 권 한 권 붙여주셨고, 일 년 후에는 12권의 일기장이 한 권의 책이 되었다.

"요셉의 일기장은 책이 되었구나!"

담임 선생님은 나의 일기장을 친구들에게 보여주시며, 일기만 매일 잘 쓰면 이렇게 책이 될 수 있다는 것을 친구들에게 알려주셨다.

그때부터였을까? 나는 지금까지도 매일 일기를 쓰고 있다. 그 날 그 날 하나님께서 함께 하신 일들을 기록하는 일은, 나의 일과를 마무리하는 습관이 되어 오늘까지 이어지고 있다. 『생명의 열쇠』(러시아어판 제목은 『사랑의 열쇠』)에 이어 이번에 새로 출간된 『축복의 열쇠』는 그 날 그 날 있었던 일들을 기록한 나의 신앙 일기에 다름 아니다.

고등학교를 자퇴하고 골방에서 매일 성경을 읽었던 시절, 나의 일기는 성경 이야기로 가득 차 있었다. 학교 다니던 학생이 학교를 버리고 할 수 있는 일은 별로 없었고, 당시 고등학교 중퇴자를 향한 사회의 시선은 그다지 곱지 않았다. 학생 신분을 버리고 나니, 나는 집에서부터 걱정 근심의 대상이었고, 그것을 넘어서서 '문제아' 취급을 당했다. 그러다 보니 집 밖으로 나갈 용기가 점점 없어졌다. 그렇게 입대하기 전까지의 나의 청년 시절은 성경 읽으며 오리 키우는 일이 전부였고, 그렇게 보냈던 청춘의 시간들이 나의 일기장에 고스란히 기록되었다.

어둠의 터널을 지나는 듯했던 그 힘든 시간 속에서 하나님께서 어느 날 나에게 선물을 하나 주셨다.

"손을 내밀라!"

그것은 '열쇠'였다. 무엇이든지 열고 잠글 수 있는 만능열쇠였다.

"무엇이든지 주님께 물어라!"

내가 받은 열쇠는 내가 열 수 있는 것이 아니라, 전능자 하나님을 통하여 열 수 있고 잠글 수 있는 특별한 열쇠였다. 나중에 성경을 읽으며 예수께서 베드로에게 '천국의 열쇠'를 주셨다(참조 마 16:19)는 것을 알게 된 후, 나에게 주신 열쇠가 베드로에게 주신 열쇠와 비슷하다는 것을 알게 되었다.

'마음의 문을 여는 열쇠!'

사람들의 마음이 열리는 것보다 중요한 것이 있을 수 있을까? 전도든 선교든 이웃사랑이든, 마음의 문이 열리지 않으면 시작도 할 수 없다. 천국은 마음의 문이 열린 사람들이 함께 만들어 가는 것이겠지만, 사람들의 마음의 문을 열고 닫는 것은 사람의 힘으로는 할 수가 없다. 하나님의 사랑과 빛이 있어야만 어둠을 뚫고 문을 열 수 있다.

전능자 예수님의 위대함은 죽은 사람을 살리고, 물 위를 걷고, 물을 포도주로 만드는 데에 있다기보다는 악한 마음을 녹여 선한 마음으로 바꿔주시는 예수님의 한없는 사랑에 있다고 생각한다. 이 한없는 사랑이야말로 예수님의 가장 큰 매력이리라. 이러한 예수님의 사랑을 나의 삶 속에서, 선교의 현장에서 널리 퍼뜨리고 싶다는 것이 나의 유일한 바람이고 소망이다.

선교사로서 가장 기쁘고 가장 행복한 일은, 그분께서 나를 통해서 사랑의 빛을 실감하게 하고 퍼뜨려주실 때이다. 이 얼마나 놀랍고 기쁜 일인가?

선교는 돈을 갖고 하는 것도 아니고, 조직을 갖고 하는 것도 아니다. 오직 그분을 통하여 권능을 받고 악을 선케 만드는 일이 근본이 되고 뿌리가 되어야 한다. 그리고 뿌리가 튼튼해야 꽃이 피고 열매를 맺을 수 있다.

이렇게 내가 쓴 선교 이야기 일기책이 연이어 책으로 나올 줄은 일찍이 몰랐었다. 그러나 지금도 그분께서 항상 함께하셔서 매일 매일 일기가 쓰이는 것을 보면서 언제 나의 일기장이 덮어질지 자못 궁금하기까지 하다.

'열쇠 시리즈'라고 할 수도 있을 나의 책 속에는 나와 인연 지어진 분들에게 주님께서 동일하게 열쇠를 선물로 주셔서 스스로 문제를 열고 풀어가는 놀라운 일들이 기록되어 있다. 이 열쇠는 특별한 사람들만이 소유할 수 있는 열쇠가 결코 아니다. 그분의 손에 의해 창조된 모든 이들에게 공통적으로 준비된 열쇠이니, 그분의 큰 사랑에서 벗어나 길을 헤매는 모든 분들이 부디 이 열쇠를 다시 찾아 하나님이 뜻하시는 복된 삶을 누리게 되시기를 소망하고 또 소망한다.

끝으로, 일기책을 통하여 만난 새로운 믿음의 친구들과 러시아 상트페테르부르크까지 찾아와 그분을 만난 임창균 선교후원회장님께 사랑의 인사를 드린다. 그리고 함께 동역하는 미르선교회, 그리고 KAWM, 피스랜드미션, 그레이스선교회의 모든 회원님께 감사의 인사를 드린다.

16

차 례

제1부

비우는 만큼 열리는 나라

70미터, 80미터, 90미터, 100미터, 파고 들어갈수록 모두의 걱정 또한 깊어졌다. 말이 100미터 깊이이지 암반층으로 계속 파고 들어가서 물 층을 만난다는 것은 정말 도박 같은 일이었다.

그런데 118미터에서 갑자기 기계 소리가 약해졌다. 물 층을 만난 것이다. 먼지만 올라오던 그곳에서 물줄기가 솟아올랐다. 암반층에서 많은 암반수를 만나서 물이 올라왔던 것이다. 모두 환호하며 박수를 치며 기뻐했다.

주님의 음성

중학교 졸업을 얼마 남겨두지 않은 어느 겨울, 수업시간에 있었던 일이다. 내 뒤에 두 친구가 앉아 있었다. 한 친구는 연약하고 착한 친구였고, 그의 짝꿍이었던 다른 친구는 힘이 세고 가끔씩 엇나가곤 하는 친구였다. 과학 수업을 듣고 있던 중 힘센 친구가 연필로 약한 친구의 손등을 콕콕 찌르며 괴롭히기 시작했다. 힘이 약한 친구는 손이 아파도 저항하지 못하고 당하고만 있었다. 작은 목소리로 아프다는 소리만 낼 뿐이었다.

시간이 흘러도 괴롭힘은 멈추지 않고 계속되었고, 아픈 친구의 얼굴은 괴로운 표정으로 이러지도 저러지도 못하고 쩔쩔매고 있었다. 나 또한 괴롭힘을 당하는 친구의 심정으로 마음이 아팠다. 해도 해도 너무 했다. 힘센 친구에게 '그만하라'고 눈빛으로 말했더니, 오히려 나를 보고 앞을 보라고 손짓을 하는 것이었다. 참다 참다 못한 나는 나도 모르게 큰소리로 "그만하란 말이야!"라고 외쳤다. 순간 수업 중이던 교실 전체에 적막감이 흐르더니, 수업하시던 선생님이 우리 둘을 앞으로 나오라고 했다. 물론 체벌을 가하기 위해서였다. 엉덩이를 몽둥이로 다섯 대씩 맞고 우리는 각자의 자리로 돌아가 앉았다.

이렇게라도 문제가 해결되면 다행이다 싶었는데, 각자의 자리로 돌아가면서 그 친구는 나에게 주먹을 보이면서 쉬는 시간에 화장실로 나오라고 했다. 그의 얼굴엔 분노가 가득했다. 내가 생각했던 것보다 문제가 더 심각해졌다. 약한 친구 도와주려다 오히려 내가 싸움을 하게 생겼으니 상황이 돌변한 것이다.

자리에 앉아 수업을 받았지만 선생님의 목소리는 귀에 들어오지 않았다. 오로지 수업 끝나고 벌어질 상황들만 생각나고 걱정이 앞섰다. 고개를 돌려 친구의 얼굴을 보니 여전히 억울한 표정으로 나를 째려보며 주먹을 다시 들어 보였다. 정말 싸움의 시간이 다가오고 있구나 하는 생각에, 그냥 앉아서 당하지는 말자고 스스로 다짐하였다. 그리하여 나도 결투를 준비하는 마음으로 두 주먹을 힘껏 쥐고서는 내가 믿는 예수님께 기도했다.

"예수님, 나의 주먹에 힘을 주세요! 한방에 친구를 때려눕힐 수 있게 해주세요!"

이렇게 간절히 기도했다. 마치 다윗이 골리앗과의 결투를 앞두고 기도했던 심정으로…. 기도하고 있는데, 갑자기 천둥 같은 소리가 들려왔다.

"화해하라! 용서를 구하라!"

눈을 번쩍 뜨고 누가 나에게 이런 소리를 했나 싶어서 두리번거리며 주위를 살펴보았으나 교실 안 친구들은 모두 열심히 수업을 듣고 있었다. 뒤에 앉은 친구를 다시 봤는데, 그는 여전히 전투 준비 중이었다. 나에게 분명하게 들렸던 그 소리가 주님의 음성이라는 것을 깨닫게 되었다.

나는 잠시 혼란에 빠졌다. 화해라니! 용서라니! 그런 가당치 않은…그런데 신기한 일은, 꼭 쥐고 있던 두 주먹에 힘이 빠지면서 슬그머니 펴지는 것이었다. 그때부터 나는 어떻게 화해를 해야 하는지를 생각하며 대사를 연습하기 시작했다.

"미안해!", "잘못했어!", "용서해줘!" 내가 잘못한 것도 아닌데 이렇게 쉽게 용서를 빌면 내 모양새가 안 좋을 텐데, 어떻게 풀어야 할까? 아무래도 알 수 없었다. 어느덧 수업을 마치는 음악이 흘러나왔다.

선생님이 교실을 나가자마자 이 친구는 자리를 박차고 일어나 나에게 따라 나오라고 손짓을 했다. 나도 얼른 일어나 친구를 따라나가다가 친구의 팔을 두 손으로 붙잡았다. 그리고 용서를 구했다.

"친구야! 내가 무조건 잘못했다. 미안하다."

그러고는 우리가 곧 졸업을 하게 되는데 이렇게 싸우고 학교를 떠나고 나면 언제 다시 만날지 모르지 않느냐, 그러면 평생 이 시간을 후회할 거야…. 어쨌든 내가 잘못했으니 용서해 달라고 진심을 담아서 말했다.

친구도 험악했던 얼굴 표정이 순식간에 펴지더니 내 두 손을 붙잡고 말했다.

"요셉, 네 말이 맞아, 우리 그냥 없던 일로 하자!"

이렇게 우리는 순식간에 화해를 하고 웃으면서 자리에 앉았다. 모든 상황이 눈 깜짝할 사이에 종료되었다. 나는 자리에 앉자마자 하나님께 감사의 기도를 드렸다. 싸우지 않고도 내가 승리한 이 기분, 때리지 않고도 승리한 이 기쁨! 내가 먼저 고개를 숙이고 화해했던 창피함보다는 예수님께서 내 주먹에 힘을 보태주지 않고 화평을 나에게 주심을 감사드렸다.

그 일이 있은 후, 우리는 각각 다른 고등학교에 진학하게 되었고, 서로 얼굴 마주칠 일도 없어졌다. 그러다 10여 년이 흐른 뒤, 우연하게도 예비군 훈련장에서 다시 만났다.

서로의 안부를 묻고 그간 어떻게 지내왔는지를 전하면서도 우리 두 사람의 얼굴에서는 웃음이 떠나지 않았다. 그때 우리가 다투고 헤어졌다면 이렇게 기쁘게 만나서 인사를 할 수 있었을까? 여기에 생각이 미치자 하나님께 또 한 번 감사의 기도를 드리지 않을 수 없었다. 더욱 기쁜 소식은, 그 친구가 신학 공부를 하고 있다는 것이었다. 목회자가 되는 것이 꿈이라면서, 열심히 신학을 하고 있으니 나에게도 기도를 해 달라고 부탁했다.

짧은 만남의 시간이었으나 친구와의 옛일을 다시 한 번 생각하게 되었다. 그때 정말 주님께 순종한 것이 잘한 일이었음을 다시금 고백하며 기도했다.

하나님은 우리에게 자유를 주셨다. 그리고 선택권도 주셨다. 미워할 수도, 사랑할 수도, 오해할 수도, 이해할 수도, 다툴 수도, 화해 할 수도 있는 모든 자유를 우리에게 주셨다. 그리고 그 선택은 우리의 자유의지에 달려 있다. 우리의 삶 속에서 우리는 매순간 선택해야만 한다. 그렇다면 하나님을 믿는 우리는 무엇을 선택해야 할까? 선택하는 것은 우리의 의지대로 할 수 있으며, 그에 따른 결과 또한 우리의 몫이 될 수밖에 없다.

축복도, 기쁨도, 슬픔도, 저주도, 모두 우리의 선택에서 시작된다. 어렸을 때 나의 믿음대로라면 강력한 펀치를 날려 친구를 때려 눕히는 것으로 끝나야 더욱 시원함과 통쾌함을 안겨주었을지도 모른다. 하지만 그 '시원함'은 그때뿐, 또 다른 응징을 낳는 시작일 수도 있기에 그것은 결코 '시원한 끝'이 될 수 없다.

하나님의 방법은 우리의 방법과 전혀 다르다. 선하신 하나님은 화해와 용서, 그리고 화평케 하는 자를 찾으신다.

검게 숯처럼 타버린 손

18세 때 나는 처음으로 성경을 완독했다. 그 전에는 조금씩 여기저기를 읽었을 뿐 완독을 하지 못했었다. 처음 완독하고 나니 두 번째 세 번째는 더 빠른 시간 안에 읽을 수 있었다. 일곱 번 읽었을 즈음에는 성경에 감추어져 있는 아름다운 구절들을 찾을 수 있었고, 마음에 감동이 일어나고 살아가면서 명심해야 할, 마음에 새겨야 할 구절들을 암기하게 되었다.

내가 입에 달고 살았던 성경은 시편 15편이다. 다윗의 시로, 주의 장막과 주의 성산에 임하려면 우리가 어떠한 삶의 자세로 살아야 하는지를 구체적으로 밝혀 준다. 어린 나에게도 위대한 다윗의 시가 마음에 와 닿았다. 그 시를 암송하면서, 늘 입으로 행동으로 살아가려고 틈만 나면 시를 웅얼웅얼 읊고 다녔다.

여호와여 주의 장막에 머무를 자 누구오며

주의 성산에 사는 자 누구오니이까
정직하게 행하며 공의를 실천하며
그의 마음에 진실을 말하며
그의 혀로 남을 허물하지 아니하고
그의 이웃에게 악을 행하지 아니하며
그의 이웃을 비방하지 아니하며
그의 눈은 망령된 자를 멸시하며
여호와를 두려워하는 자들을 존대하며
그의 마음에 서원한 것은 해로울지라도 변하지 아니하며
이자를 받으려고 돈을 꾸어 주지 아니하며
뇌물을 받고 무죄한 자를 해하지 아니하는 자이니
이런 일을 행하는 자는 영원히 흔들리지 아니하리이다

성경을 읽고 성경을 암송하니 마치 내가 성경의 사람이, 성령 충만한 사람이 된 줄로 착각하고 다녔다. 마치 내가 큰 믿음 가운데서 살았던 성경의 주인공이 된 듯 가슴 뿌듯한 시간들이었다.

그런 나에게 시험이 찾아왔다. 정직하게 행하며 공의를 일삼으며… 이렇게 정직과 공의를 제일로 여기며 살아야겠다는 나의 다짐의 고백을 하나님께서 들으셨는지. 나를 무너지게 하는 시험이 찾아왔다.

어느 날, 상점에 가서 물건을 사게 되었다. 주일예배를 마치고 성도들과 함께 식사할 식재료를 사기 위해 토요일에 식료품 가게에 갔다. 여러 가지를 골라 담아 계산대에서 7만 원을 결제하게 되어서 10만

원짜리 수표를 계산원에게 주었다. 3만 원을 거슬러 받으면 되는데 계산원은 반대로 7만 원을 나에게 돌려주는 것이 아닌가? 순간 당황했지만, 내 손은 이미 그 돈을 받아서 주머니에 넣고 있었다. 머리에서는 정직을 말하는데 손은 따라주지 않았던 것이다. 그러고는 아무 말도 없이 곧바로 상점을 빠져나왔다.

"지금까지 내가 이 상점을 오래 이용했으니 지금 나에게 주인이 선물을 주는 거야"라며 스스로 그 상황을 합리화하는 이상한 생각까지 하고 있었다. 그렇게 나는 정직이라는 시험에서 단번에 떨어지고 말았다.

그 일이 있은 후, 나는 성경을 펼쳐볼 수가 없었다. 성경 암송하던 일상도 사라지고 말았다. 신기하게 모두 사라져 버렸다. 그런 상황이 잘못된 것인 줄 알면서도 그런 시간이 지나가기만을 바랐다.

세 달 정도가 흘렀을 것이다. 나는 우리 집과 공동체 안에서 일찍부터 재정을 관리하는 일을 했다. 중 2때 하나님께서 그 일을 맡겨 주셨다. 그래서 재정과 경제, 수입과 지출, 절약하는 요령 등을 일찍부터 배우게 되었다.

우리 승용차가 주차장에서 주차를 하던 중 남의 차를 살짝 긁는 접촉 사고가 생겼다. 그 차는 고급 차였고, 우리 차는 책임 보험만 가입된 상태여서 모든 것이 불리한 상황이었다. 피해 입은 상대방의 요구를 모두 들어주어야 했다. 수리비를 아주 많이 배상해 주어야 했다. 재정을 맡은 나에게 돈을 청구했다. 화가 났다. 어떻게 운전했기에 이런 일이 일어났단 말인가? 탈탈 털어서 배상해 주고 나니 더욱 화가 났다.

그날 밤, 나는 주님께 하소연 비슷한 기도를 했다. "주님, 나에게 재정을 맡겨 주셨으면 채워주셔야지 왜 다 털어 가시는지요?"

이렇게 항의성 기도를 했다. 그런데 그날 밤, 나는 주님께 혼이 났다. 주께서는 지난날 정직하지 못했던 나의 손을 보여주셨다. 나의 손이 검게 탄 숯처럼 되어 있었다. 그 순간, 나는 회개의 시간을 가져야 했다.

가장 기본적인 정직이란 덕목을 잊어버린 채 나에게 맡겨진 재정만을 생각했던 내가 부끄러웠다. 큰 믿음, 큰 은혜, 큰 신앙을 자랑했던 나 자신이 너무 부끄러웠다. 상점 주인을 찾아가 예전의 일을 사과하고, 더 받은 돈을 돌려주었다. 그리고 지난날 성경으로 살았던 나 자신을 돌아보았다. 이렇게 작은 시험에도 넘어지는 자신이 초라하기만 했고, 도저히 성경을 다시 열어볼 엄두가 나지 않았다. 창피하기 그지없었다.

어렵게 회개의 시간을 마치고, 다시 성경을 열었다. 그리고 마음속으로 읽었다. 일곱 번 읽을 때는 지나가는 사람들 들으라고 자랑스럽게 크게 소리 내어 읽었는데, 그런 내 모습도 잊어버리고 싶었다. 성경은 읽고 암송하는 책이 아니라는 아버지의 말씀이 더욱 뼈저리게 다가왔다. 아버지는, 성경은 그때그때 감동과 은혜가 임하니, 늘 순종하면서 살아가야 한다고 말씀해 주셨다.

성인이 된 지금 그때의 철없던 미숙한 청년 요셉의 행동과 그 결과, 그리고 그것이 주는 경험을 잊지 않고 있다. 지금도 나는 정직의 덕목을 가장 중요하게 여기고, 거기에 걸려 넘어지지 않아야 함을 명심하려고 애쓴다.

빼앗긴 운동화

대한민국 남자라면 모두 가야 하는 곳, 신병 훈련소에서 있었던 일이다. 내무반에 25명 정도 나뉘어 생활을 하는데, 첫날부터 지각 입소한 친구가 있었다. 30여 분 늦게 입소한 친구는 얼굴을 보아도 우리 또래보다 서너 살은 많아 보였다. 그는 언행이 매우 불량했다. 저마다 다른 환경에서 다른 개성을 갖고 살아왔던 친구들이 갑자기 한 공간에서 24시간을 함께 지낸다는 것은 결코 녹록한 일이 아니었다. 그래도 모두들 어떻게든지 친숙해지려고 애쓰는 분위기였다.

사흘쯤 지나니 모두가 친구가 되었다. 서로 수다도 떨고 환경에 적응해 갔다. 그런데 늦게 입소했던 나이 많은 그 친구가 나를 부르더니 자기가 신고 있던 운동화를 벗어서 내쪽으로 밀어내고는 내가 신고 있는 운동화를 달라고 무섭게 다그치는 것이었다.

싫다고 내가 작은 목소리로 고개를 떨구며 말하자, 그는 나를 때릴 듯한 표정으로 오른손을 들더니 나의 얼굴을 슬슬 만져가며 좋은 말할 때 벗으라는 것이다. 이런 상황을 한 번도 경험해 보지 못한 나는 어쩔 수 없이 운동화를 벗어서 그에게 주고, 나는 그의 운동화를 신게 되었다.

그의 운동화는 나의 발에 조금 작았다. 뒤꿈치가 아팠다. 하지만 그는 나의 운동화가 자기 발에 맞는다며 자리에서 일어나 내무반을 한 바퀴 돌더니, "오늘부터 이 신발은 내 것"이라고 선언했다. 그것으로 상황이 종료되었다.

활동량이 많은 신병교육대에서는 운동화가 매우 중요하다. 강자에게 나의 운동화를 강제로 빼앗긴 사건은 참으로 창피하고도 억울했다. 또래의 친구들이 지켜보는 가운데 당한 일이라 더욱 창피했다.

작은 신발을 신고 다니느라 고충이 많았다. 나의 신발을 빼앗아간 친구가 희희낙락 웃으며 생활하는 모습이 너무 보기 싫고 미웠다. 하지만 예수님은 겉옷을 달라 하면 속옷까지 주라고 하지 않으셨던가! 예수님의 말씀에 따르면서 신앙으로 일생을 살겠노라 다짐했던 내가, 겨우 빼앗긴 운동화 하나 때문에 미움을 품게 되다니! 하지만 그것이 현실이었다. 내 마음은 그 어떤 이해도, 용서도, 관용도 없이, 그저 미움과 분노만이 가득 차 있었다.

일주일이 흘렀다. 나는 조금씩 마음을 가라앉히고 나 자신을 뒤돌아보며 기도하고 생각해 보았다. 그랬더니 미워했던 마음을 내려놓고 회개하게 되었고, 마침내 마치 아무 일 없다는 듯이 안정되게 훈련에 열중할 수 있었다.

그런데 신발을 가져간 친구가 어느 날부터인가 다리를 절뚝거리며 잘 걷지 못했다. 처음엔 조금 절뚝거렸는데, 시간이 흐를수록 무릎에 통증이 심해지는지 아예 걷지를 못하고 의무실에 누워 있기 일쑤였다. 일정 시간 안에 훈련을 받지 못하면 퇴소될 것이고, 다음에 다시 입소해야 한다는 통보까지 받을 정도로 심각한 상황이 되었다.

그런 사태가 벌어지자 '거봐라!' 하고 처음엔 고소하게 여겼다. 하지만 친구의 고통이 심해지고 퇴소 이야기가 나오니 문제가 심각했다. 이제 어떻게 해야 할 것인가? 나는 고민이 깊어졌다.

밤이면 내무반에서 한 명씩 돌아가며 한 시간 삼십 분씩 불침번을 선다. 불침번을 서고 나서 다음 사람에게 인계한 후, 나는 침상에서 잠자고 있는 아픈 친구에게 다가갔다. 그가 덮고 있는 이불을 슬며시 열어젖히고, 그의 아픈 다리를 붙잡고 간절히 기도했다.

"주님, 이 친구의 다리를 고쳐 주세요!"

친구가 잠에서 깼다. 도대체 뭘 하느냐고 퉁명스럽게 말했다. 나는 당시 성령 충만해서였을까, 그에게 가만히 있으라는 짧은 말로 그를 안정시킨 뒤 기도를 계속했다. 친구는 어리벙벙하면서도 가만히 있었다. 나는 기도를 마친 후 이불을 원래대로 덮어주고 조용히 내 침상으로 돌아가 잠을 잤다.

다음날, 점심식사를 마치고 나서 휴식시간에 그가 나를 불렀다.

"너 새벽에 내 자리에 와서 뭐 했어?"

강한 어조로 나에게 심문하듯 물었다. 그러자 나 다음으로 불침번 섰던 친구가 "요셉이 너의 아픈 다리를 위해 하나님께 기도했잖아!"라며 나를 대신해서 대답해 주었다. 그러자 아팠던 친구는 돌연 나를 안아주며 고맙다고 말했다. 아침에 일어났는데 통증이 사라지고 부드러워졌다며 진심으로 고마워했다. 그러면서 요셉도 나의 친구이니 훈련소 퇴소할 때까지 함께 잘 지내자고 하는 것이었다. 그러면서 동기들을 향해 "앞으로 요셉은 아무도 건들지 마!"라고 호통치듯 말했다. 친구는 더구나 이런 말까지 덧붙였다. 요셉에게 필요한 것이나 먹고 싶은 것이 있으면 언제든지 말하라고. 어떻게든지 다 구해 주겠다고.

나는 그가 신고 있는 빼앗긴 운동화를 손가락으로 가리키며 돌려줄 수 있겠느냐고 물었다. 그러자 그는 왜 이제야 이야기하느냐며 당장 바꿔주었다. 사실 그도 자기가 신던 운동화가 작아서 내 것과 바꾸었던 것이다. 그는 작은 운동화를 뒤꿈치를 구겨서 신으면서, 그래도 좋다며 나를 다시 안아주었다.

하나님의 방법은 우리의 방법과 많이 다르다. 싸워서 신발을 찾을 수도 있었지만, 평화롭게 나의 믿음도 성장하게 해주시고 상대도 회개하게 해주시니! 누가 속옷을 달라 하면 겉옷까지 줄 수 있을까? 스스로 신앙을 점검해 본다.

물이 솟아나는 곳

　지하수 개발은 땅속에서 생명수를 찾아내는 일이 아니기에 결코 쉬운 일이 아니다. 나는 스무 살 때에는 금산사 부근의 절에서, 스물두 살 때에는 군복무할 당시의 부대에서, 스물다섯 살 때에는 교회 수련원에서 지하수를 파줬던 일이 있었다. 세 차례 모두 하나님께 기도했고, 하나님께서 나에게 땅속의 물줄기를 알려주셔서, 그때마다 지켜보는 모든 이들에게 살아계신 하나님의 놀라운 역사를 보여주었다.

　절에서와 군부대에서의 지하수 개발에 대해서는 앞서 펴낸 『생명의 열쇠』에서 소개한 바 있다. 세 번째 교회 수련원에서의 지하수 개발 또한, 교회 관계자들과 여러분들께 은혜를 끼치는 사건이었다.

　군 제대 후, 한 통의 전화가 걸려 왔다. 군 복부 시절 소대 고참이었던 관봉 형이었다. 오랜만에 걸려온 반가운 전화였다.

　"요셉아, 나야, 관봉이다."

나보다 두 살 많은 관봉 형은 신학대학을 다니던 중에 입대했는데, 요셉이라는 이름의 나를 친동생처럼 사랑해 주었다. 형은 제대 후 대학을 졸업하고 대형 교회에서 교육 전도사로 재직 중이었다.

교회에서 넓은 땅을 구입하여 수련원을 짓고 부속 시설로 수영장을 만들었는데, 수영장에 물을 채우려고 보니 지하수를 팔 필요가 생겼다. 그러던 중 예언을 잘하시는 유명한 목사님이 그곳을 방문하셔서 아주 좋은 지하수가 있다고 예언을 해주고 가셨다고 했다. 그 말을 믿고 지하수 업자를 불러 물자리를 알아보니, 서너 명의 다른 지하수 업자들이 다 각각의 위치에 물이 있다고 지목해서 혼란이 생긴 것이다.

관봉 형은 군대에서의 일이 생각나서 목사님과 교회 관계자에게 내 이야기를 했고, 한 번 만나 보고 싶다고 해서 나에게 전화를 한 것이다.

우리는 수련원에서 만났다. 큰 건물과 잔디밭, 넓은 수영장까지 있어서 많은 물이 필요했다. 하지만 그곳은 토양의 질이 뻘층이라 물이 깨끗하지 못하다고 했다. 아무리 깊이 파도 흙 속에서 검은 물이 나왔다. 흙층에서 나오는 물은 모두 차단하고 암반수를 찾아야 했다.

사정 이야기를 다 들은 나는 "예언해 주신 목사님이 물자리도 잡아 주셔야지, 예언을 일부만 해주셨나?"라고 묻고서, 모든 것을 주님께 맡기고 기도하여 주님이 가르쳐주시는 대로 순종하자고 말했다.

물이 나올 곳고., 물량도, 공사 금액도, 모두 주님께 기도해서 주님이 시키는 대로 순종하기로 약속했다. 그리고 다음날부터 3박 4일 동안은 예비군 훈련을 하는 날이어서 동원 훈련에 참석했다. 예비군 훈련 시간은 나에게 기도하는 시간이었다.

첫째 날은 이렇게 기도했다. "주님, 그곳 암반층에 물이 있습니까?"

이튿날 새벽, 주께서는 나에게 큰 물결을 일으키며 파도처럼 밀려오는 물결을 보여주셨다. 많은 물이 있을 것이라고 확신했다.

둘째 날은 "그럼 기계는 어디에 앉히고 물을 팔까요?"라고 기도했더니, 수련원 출입구 모서리에 기계를 안착시키는 꿈을 꾸게 되었다.

셋째 날은 "이 모든 공사의 금액은 얼마를 받아야 하나요?"라고 기도를 했더니, 숟가락 8개를 나에게 주셨다. 8천만 원은 아닐 것이다. 그래서 공사 금액은 '8백만 원으로 정하면 되겠구나.'라고 판단했다.

예비군 훈련을 마친 후 다시 수련원으로 찾아갔다. 그러고는 지난 사흘 동안 주께서 응답해주신 일들을 목사님과 관계자들에게 전달했따. 모두 그렇게 하자고 동의해서, 지하수 개발을 시작하게 되었다.

무엇보다 먼저, 우리의 조건에 맞춰 일을 해줄 업자가 필요했다. 그래서 예전에 군부대에서 나와 함께 물을 파주었던 사장님께 소개를 받은 업자를 만났다. 내가 암반수로 백퍼센트 수영장 채울 만한 물을 파야 한다고 했더니, 그는 암반수를 찾는 것은 사실 쉬운 일이 아니라고 고개를 설레설레 흔들었다. 8백만 원을 제시하자, 그 돈이면 100미터를 팔 수 있는 금액인데, 물이 나오지 않아서 그 이상 파게 된다면 돈이 많이 부족할 것이라고 했다.

나는 주님께 응답을 받았으므로 확신을 갖고 있었다. 그래서 100~120 미터 사이에 암반수가 있을 거라고 말했더니, 업자는 땅속 사정을 어떻게 아느냐고 비웃었다. 하지만 돈이 아쉬웠던 그는 결국 건수(토양에서 나오는 물)는 100퍼센트 차단하고 암반수로 물을 뽑아주는 계약을 하고 일을 시작했다.

업자는, 암반수로만 물을 찾는 것은 사막에서 바늘 찾는 것과 비슷할 정도로 어려운 일이라는 말을 걸핏하면 되풀이했고, 도박과 같은 일을 시작했다고 하면서 그런 일을 하고 있는 자신이 우습다고 자조했다. 장비가 좋아서 하루 만에 암반층까지 파고들어 갔다. 그리고 수백 톤의 물줄기를 만났다.

하지만 지역 주민들의 말처럼 그 물은 검은 물이었다. 그 광경을 지켜보던 우리 모두는 슬슬 걱정이 되기 시작했다. 말할 수 없는 악취와 함께 검은 물을 본 목사님과 성도들은 실망감에 빠졌다. 지하수개발 업자 또한 지금부터는 도박과 같은 시간이라면서 검은 지하수 모두를 철관으로 막고서 암반층부터 파고 들어갔다. 하지만 먼지만 나오는 현상이 나타났다.

70미터, 80미터, 90미터, 100미터, 파고 들어갈수록 모두의 걱정 또한 깊어졌다. 말이 100미터 깊이이지 암반층으로 계속 파고 들어가서 물 층을 만난다는 것은 정말 도박 같은 일이었다.

그런데 118미터에서 갑자기 기계 소리가 약해졌다. 물 층을 만난 것이다. 먼지만 올라오던 그곳에서 물줄기가 솟아올랐다. 암반층에서 많은 암반수를 만나서 물이 올라왔던 것이다. 모두 환호하며 박수를 치며 기뻐했다.

　물량 또한 흡족했고, 수질 검사 결과 아무 이상 없는 좋은 물이었다. 정말 하나님의 놀라운 응답은 나와 많은 관계자들을 놀라게 했다. 군대에서 만난 고참의 믿음이 수련원의 물 문제를 해결하는 데 중요한 고리 역할을 한 것이다.

기도가 최고의 무기

오래전 일이다. 집 없이 떠돌아다니던 청년 한 명이 한국 우리 집에서 사흘 동안 지내게 되었다. 처자식을 먹여 살려야 할 사람이 한 곳에 정착하지 못하고 방황하는 모습을 지켜보던 나의 아버지의 권유로 우리 가족과 함께 지내게 된 것이다.

한창 농사일이 바쁜 5월이었기에, 나는 논으로 밭으로 뛰어다니며 분주한 시간을 보냈다. 논에 못자리를 만들어 볍씨를 뿌려야 할 시기였다. 어느 날, 볍씨 종자를 구입하기 위해서 마련해 두었던 돈 봉투를 꺼내려고 내 방에 들어가 양복 주머니를 열어 보니가 돈 봉투가 사라지고 없었다. 정확히 50만 원을 세어서 넣어두었던 봉투가 사라지다니! 장롱을 열어서 옷이란 옷에 달린 모든 주머니를 뒤졌지만, 돈 봉투는 나타나지 않았다. 정말 당황스러웠다. 내가 다른 곳에 넣어 두었나? 기억을 더듬어 보았으나 애초에 내가 생각했던 그 양복 안주머니에 넣어둔 것이 분명했다.

한참을 찾던 나는 내 방에 누워 있던 청년 쪽으로 시선이 갔다. 의심해서는 안 되었지만, 아무리 생각해도 돈이 사라진 건 내 방에 누워 있는 청년의 짓이라는 예감이 들었다. 그러나 그는 기도하러 온 손님이었다. 하나님을 만나러 온 성도가 정말 그런 짓을 했단 말인가? 그래도 그가 아니라면 다른 누구도 의심할 만한 사람이 없지 않은가? 하지만 기도하러 온 성도를 붙잡고 돈의 행방을 물을 수는 없는 일이었다. 혼자서 애타게 돈을 찾다 찾다가 포기하고 밖으로 나왔다.

분명히 돈은 그곳에 있었는데 청년이 온 후 이런 일이 생긴 것이라서 의심을 하지 않을 수가 없는 상황이었다. 아버지를 찾아가 조심스럽게 상황을 말씀드렸다.

"요셉아, 손님을 도둑으로 몰 수는 없는 일이 아니냐? 요셉이 네가 하나님께 기도하는 수밖에 없다."

하지만 하나님이 도대체 뭘 어떻게 해주실 수 있단 말인가? 하지만 나는 아버지의 권고대로 조용한 곳으로 가서 엎드려 주님께 기도했다. 기도할 말을 찾다가, 결국 "주님, 회개하게 해 주세요!"라고 간절히 기도하기 했다. 당시 50만 원은 나에게 매우 큰돈이었다. 돈은 그래도 다시 벌면 되지만, 그 청년을 믿고서 내 방에서 재워가며 기도를 하게 했는데, 그 믿음이 한꺼번에 무너져 의심을 할 수밖에 없는 상황을 나로서는 정말이지 믿고 싶지 않았다. 믿음에 대한 배신감이 너무 커서 실망스러웠다.

간절히 기도를 마친 후, 내 방에 들어가 다시 양복 주머니를 열어보았다. 그런데 이게 웬일인가? 돈 봉투가 그 자리에 놓여 있는 것이 아닌가! 돈을 세어보니 그 액수 그대로였다.

청년은 한 통의 편지를 남겨두고 이미 우리 집을 떠난 상태였다. 편지 내용은 딴 한 줄뿐이었다. '정말 미안하고 죄송합니다.'

나는 다시 한번 하나님께 감사의 기도를 올렸다. 주님께서 나의 기도를 들어 주시고 그 사람의 마음에 변화를 주셔서 돈을 제자리에 가져다 놓았다는 것이 기쁘고 감사했다. 손님을 도둑으로 몰아세워서 돈을 찾기보다는 나 자신이 기도를 통해 그를 회개하는 마음으로 돌려놓았다는 것이 너무 신기한 경험이었다.

그 후, 나는 그가 취직을 하여 열심히 살고 있다는 소식을 들었다.

공항에서 빼앗긴 "생명의 열쇠"

나의 첫 신앙 간증집인 러시아어판 『생명의 열쇠』를 한국에서 펴낸 후, 블라디보스토크에 처음으로 들여오던 날을 잊을 수가 없다. 러시아 친구들에게 책을 선물할 생각을 하니 한국을 출발할 때부터 마음이 들떠 있었다. 24킬로그램짜리 책 뭉치가 모두 여섯 상자였는데, 한국에서 두 달간 함께 지냈고 블라디보스토크에 살고 있는 알렉세이와 안톤이 동행하게 되어 세 사람이 각기 두 상자씩 나누어 들었다. 무게가 초과되어 추가 비용이 발생할 수 있을 것이라는 생각은 했지만, 공항 검색대에서 검열에 문제가 될 것이라고는 눈곱만큼도 생각하지 않았다.

공항에 도착한 후 내가 가장 먼저 짐을 찾아 입국장으로 나왔고 다음으로 알렉세이도 잘 나왔다. 밖에서 안톤이 나오길 기다리고 있는데, 아무리 기다려도 나오지 않았다. 확인차 입국 심사대로 다시 들어간 알렉세이가 황급히 나오더니, 나에게 빨리 입국 검색대로 가보라고 했다. 안톤이 잡혀서 상황이 어렵게 되었다며 상기된 얼굴로 말했다.

깜짝 놀란 나는 모든 짐을 알렉세이에게 맡겨놓고 입국 심사장으로 들어갔다.

검색대에서 경찰에게 여권을 빼앗긴 채 망연자실 서 있던 안톤이 나를 보더니 큰소리로 이 큰 상자는 요셉의 것이라며 손가락으로 나를 가리켜 보였다. 순간 섭섭함이 밀려왔지만, 모든 책 상자가 내 소유인 것은 너무나 분명한 사실이었다.

출입국관리소 경찰은 내가 큰 박스를 여러 개 가져온 걸 눈치채고 마지막 일행인 안톤을 붙잡은 모양이었다. 그는 나에게 칼을 건네주며 포장된 박스를 열라고 했다. 손에 땀을 날 지경인데도, 안톤은 자기 여권을 돌려 달라고 고래고래 고함지르고 있었다. 박스를 개봉하면 나의 신앙간증집이 나올 텐데, 실로 조마조마한 상황이었다. 당시 러시아에서는 새 종교법이 시행되어 전도나 종교 서적을 배포하는 일이 금지되어 있었다.

종교법을 어기면 모든 물품이 압수되는 건 당연하고 벌금에 추방까지 당하게 된다. 이제 나는 상자를 개봉하는 순간 심판의 대상이 되고 말 처지였다. 그러나 어쩌랴! 나는 할 수 있는 한 천천히 상자를 개봉하였고, 옆에서 지켜보던 경찰은 잽싸게 책을 한 권 집어 들었다. 그러더니 큰소리로 "주님, 나의 길을 인도하소서"라는 문구를 읽더니 확실히 한 건 잡았다는 표정을 짓는 것이 아닌가. 경찰은 모든 책을 압수하겠으며 법적으로 처리하겠다고 으름장을 놓더니, 한쪽 구석에 가서 서 있으라고 하는 것이다.

어떻게 만든 책인데…. 단 한 권도 러시아 친구들에게 전달하지 못한 채 압수당하게 된 현실이 믿어지지 않았다. 앞이 캄캄했다. 구석에 서서 내가 할 수 있는 일은 기도밖에 없었다.

안톤도 지쳤는지 검색대 안쪽에서 나를 바라보고 있었다. 우리는 서로 눈빛을 교환하면서 난국을 어떻게 헤쳐 갈지 고심하고 있었다. 바로 그때, 또 한 명의 한국인이 검색대에서 걸리는 일이 벌어졌다. 무단으로 신고대상의 기계 물품을 들여온 것이다. 이 한국인은 러시아어도 영어도 서툴러서 말이 통하지 않았다. 결국, 장내가 시끄러워지고 다툼 아닌 다툼이 되어 버렸다. 한참을 그렇게 다투더니, 지친 경찰이 나를 불러서는 통역을 해달라고 했다.

경찰의 이야기는 신고대상 물품이라 반출이 안 되니 출국할 때 찾아가라는 것이었다. 내가 그 내용을 설명해주자 그제야 그 한국 사람은 알았다면서 물건을 공항에 두고 입국장을 빠져나갔다. 이 일을 계기로 경찰과 나는 조금이나마 가까워진 기분이 들었다.

나는 얼른 책을 한 권 꺼내어 경찰에게 보여주면서, 이 책은 내가 만난 러시아 친구들의 이야기이며 친구들에게 선물하려고 가져온 것이라고 설명해 주었다. 나는 책장을 넘기면서 책에 있는 사진들을 보여주었다. 그러자 옆에서 듣고 있던 안톤이 자신도 두 달 동안 한국 요셉의 집에서 머물며 지내다 왔으며, 요셉은 많은 러시아 사람들을 도와주고 있다고 아주 설득력 있게 말하는 것이었다.

우리 이야기에 귀를 기울이던 경찰이 어디론가 전화를 걸었다. 길게 통화를 마친 그는, 돌연 태도를 바꾸어 자기에게 책을 한 권 줄 수 있느냐고 묻고는 빨리 책을 가지고 나가라는 것이었다!

그렇게 하여 안톤은 여권을 챙기고 나는 책 상자를 다시 포장해서 입국장을 빠져나왔다.

밖에서 혼자 오랫동안 기다리던 알렉세이를 반갑게 만나자, 안톤은 검색대에 붙잡혀 있었던 일들을 마치 첩보 스릴러 영화처럼 재미나게 이야기해 주었다. 마치 자기가 007 제임스 본드라도 된 것 같았다. 자신이 멋지게 해결해서 벌금도 압수도 당하지 않게 되었다고 말했다. 그때는 그런 안톤이 정말 고마웠다. 말 한마디가 결정적일 때, 러시아 사람이 러시아 경찰에게 나를 대변해 주었던 것이다.

우리는 서로 손을 붙잡고 하나님께 감사의 기도를 드렸다. 공항에서 경찰의 손에 책이 잡히는 순간에는, '『생명의 열쇠』를 보급하는 일이 쉬운 일이 아니겠구나.'라는 생각이 들었다. 그러나 첫 관문을 이처럼 어렵게도 쉽게 통과하는 과정에서 오히려 살아계신 주님을 전파하는 데 두려움이 사라지고 용기가 백배하는 듯했다.

마중 나온 안톤의 형과 형수의 차로 우리는 안톤의 자동차가 주차되어 있는 안톤의 형의 집에 도착했다. 안톤은 자신의 형들 가족에게 나를 인사시키기가 무섭게 책을 나눠주라고 재촉했다. 형네 가족들도 믿음의 가족들이라고 하면서, 자기가 가장 먼저 읽어본 사람으로서 가족 모두가 읽어야 할 필요가 있다고 단언하였다. 그렇게 확신에 차서 지나간 일들을 말하는 안톤은 나보다 오히려 홍보도 더 잘했고, 믿음의 키가 한층 자란 듯했다. 술만 좋아하는 줄 알았던 안톤이 어느새 나의, 아니 주님의 행하신 일을 믿고 자랑스럽게 말하는 것이었다.

안톤과 알렉세이. 주님의 인도로 함께 한국에 왔던 그들과 더불어 책을 러시아에 들여오는 과정 속에서도 역사하신 하나님의 은혜! 러시아에서 나의 첫 번째 독자는 뜻밖에도 공항의 경찰이었다. 앞으로 만나게 될 새로운 독자들이 정말 기대되었다.

이렇게 나의 선교사역의 두 번째 장이 열리고 있었다.

하늘에서 떨어진 돈 봉투

"선교사님, 저 좀 도와주세요!"

한국에서 한 통의 전화가 왔는데, 무조건 도와달라는 말부터 시작되었다. 전화를 한 청년은 러시아에서 대학을 마치고 취업했는데 한국에 잠시 방문한 시간에 다른 나라에서 더 좋은 직장이 생기는 바람에 러시아 임대주택에 있는 자기 짐들을 정리하지 않으면 안 되는 상황이 되었다. 그 짐 정리를 나에게 부탁하려고 전화를 건 것이다.

임대계약은 이미 끝이 났고, 주인으로부터 짐을 빨리 정리하라는 통보를 계속 받고 있는데, 어느 누구도 선뜻 나서서 해주지 않는다고 했다. 그래서 마지막으로 선교사인 나에게 부탁한다는 것이다. 참으로 난감하였다. 러시아에 내 집이 있어서 짐들을 보관해 줄 수 있는 입장도 아니고, 이집 저집 다니며 지내고 있는 터라 쉽게 대답할 수가 없었다.

나의 형편을 들은 청년은 내가 짐들을 보관할 처지가 못 된다는 것을 이해하고는, 본인의 바이올린 하나만 보관해 주고 나머지는 모두 버려 달라고 했다. 큰 가방 두 개, 박스 두 개 정도이니 그리 어렵지 않을 것이라는 문자와 함께 그 임대주택의 주소를 나에게 보내왔다. 선교사로서 부탁을 들으면 난감할 때가 많다. 매몰차게 모른 척할 수도 없었지만, 하루종일 매달려야 하는 일이라 아무래도 마음이 내키지 않았다. 그래도 간절히 애원하며 부탁하는 청년의 마음을 알았기에 뿌리치지 못하고, 집주인과 약속 시간을 정해 찾아가게 되었다.

그런데 집주인은 집을 빌린 사람의 여권과 나의 여권을 공증 받아서 가져오라고 요구하며, 그렇게 하지 않으면 짐을 못 내주겠노라고 엄포를 놓고는 문을 닫아 버렸다. 세상에, 짐을 치우려고 한 시간이나 걸려서 왔는데, 그 여주인의 말이 법이 되어 버렸다. 어쩔 수 없이 나는 그 청년에게 사정을 이야기해 주고 집으로 돌아왔다.

일주일이 지나, 청년에게서 다시 전화가 왔다. 모든 서류를 보냈으니 다시 한 번만 부탁한다고 애원했다. 그러면서 나에게 러시아 돈을 조금 보내드릴 테니 선교비로 쓰라는 것이었다. 이미 약속을 했던 것이기에 도와주기로 했지만 영 기분이 언짢았다. 더구나 보상으로 돈을 준다고 하니 마치 고용된 것처럼 느껴져서 발걸음이 더욱 무거웠다. 돈 받고 치워준다는 것이 아무래도 마음에 걸려서, 돈을 받으면 러시아 선교사에게 후원해 주어야겠다고 생각했다.

다음 날, 그곳에 도착했다. 이번엔 주인이 나에게 혼자 왔다면서 짐을 못 내주겠노라고 말했다. 미니 엘리베이터라서 5층을 오르내리며 그 많은 짐을 혼자서는 도저히 옮길 수 없다는 것이다. 그럼 짐을 보게라도 해달라고 하여 함께 올라가 보니, 청년이 네 개 정도라는 말은 어디에 근거를 두고 한 말인지 모를 정도로 많았다. 혼자서 내 자동차에 한 번에 실어오기란 거의 불가능해 보였다.

어쩔 줄 몰라 하는 나의 모습을 바라보던 여주인은, 옆방에 대학생들이 살고 있는데 그들에게 도와달라고 부탁해 보겠노라 하더니 정말로 두 명의 러시아 청년을 데리고 왔다. 여주인은 그들에게 나를 도와 짐을 모두 밖으로 내려놓으라고 명령하듯이 강한 어조로 말했다. 엘리베이터에 짐을 싣고 다섯 번이나 오르내리고 나서야 현관에 모두 짐을 내려놓을 수 있었다.

이삿짐을 우격다짐으로 차에 가득 실었다. 자동차의 백미러와 사이드 미러가 보이지 않을 정도가 되었다. 오전 10시에 시작된 이사가 오후 5시가 되어서야 나의 집으로 돌아오면서 끝이 났다. 어디에 짐을 보관할 수도 없어서 무조건 정리하여 쓰레기통에 버리기 시작했다. 입을 만한 옷가지, 쓸 만한 살림, 이불, 베개…. 너무 많았다. 내가 쓰레기통 옆에서 정리하며 버리는 모습을 보던 행인들이 기웃거리며 옷이며 신발 등을 달라고 해서 골고루 나누어주었다.

해가 저물어 가고 있었고, 내 배에서는 꼬르륵 소리가 계속 밥을 달라고 신호를 보내고 있었다. '한국 같으면 짜장면이라도 시켜 먹으면서 일할 수 있었을 텐데…'라고 생각하며 거의 마지막 책 상자를 열어서 살핀 후에 2미터 높이의 쓰레기통에 던지는 것으로 마무리를 할 참이었다.

책을 절반쯤 던져서 버렸을까? 정신없이 책을 던지고 있는데 하늘에서 봉투 하나가 내 발 앞에 떨어졌다. 흰 편지 봉투였다. 순간 나는 직감으로 일반적인 봉투가 아닌 돈 봉투임을 느낄 수 있었다. 얼른 주워서 나도 모르게 주위를 살펴보고 난 다음 봉투를 열어보니 정말 돈이 있었다. 세어 보니, 상당히 많은 돈이었다. 세상에! 하늘에서 돈다발이 떨어진 것이었다.

책갈피 사이에 끼워져 있던 봉투가 쓰레기통에 떨어지지 않고 나의 발 앞에 떨어졌다는 것이 정말 신기하고 놀라웠다. 더욱 신기하고 놀라운 것은 그렇게 배고프고 허리도 아팠는데, 순식간에 허기도 사라지고 허리도 강철 허리가 되어 있는 것이었다.

하나님께서 나에게 수고비를 주셨구나! 짐 정리는 사실 혼자서 하기에는 어려운 일이었다. 백퍼센트 쓰레기통에 버려져야 할 책과 그 안에 들어 있던 돈 봉투가 어떻게 분리되어 내 발 앞에 떨어졌을까? 있을 수 없는 일이 일어난 것이다.

살다보면 이런저런 부탁을 받게 마련이고, 돈을 꾸어 달라는 부탁만큼은 어쩔 수 없는 경우가 많았다. 하지만 내 몸을 움직여서 도울 수 있는 일이라면 최선을 다하여 도와왔던 지난날들이 떠올랐다. 그렇게 다른 사람들을 도울 때마다 하나님께서 더 크게 축복해 주셨던 것 같다. 아니, 그것이 확실했다.

10년 전, 비료사업을 할 때 한 농부가 나에게 비닐을 씌우는 일을 도와달라고 한 적이 있었다. 나는 시간을 따지지 않고 하루종일 기꺼이 도와주었다. 그 농부와 이야기를 나누며 조건 없이 도와주고 집에 왔는데, 하나님께서는 훗날 그 일당의 천 배가 넘는 축복을 내려주셨다.

곧 한국을 다녀와야 하는데 이래저래 돈이 꼭 필요했던 때였다. (그 돈은 정말 한 푼도 헛되게 쓰이지 않고 귀하게 사용되었다.) 한 달 후, 청년에게서 전화가 왔다. 새로운 직장에서 일을 한 지 한 달이 되어 월급을 받았다면서, 나에게 한국 계좌번호를 알려달라고 했다. 선교사님께서 아무 말 없이 자기를 도와주었는데 너무 고마워서 하나님께 스스로 약속을 했다고 했다. 월급을 받으면 무조건 선교비를 보내야겠다고. 자신과의 약속을 지킨다면서 30만 원을 보내주었다.

"사실, 당신에게 할 말이 있어요!"

나는 그날 밤에 있었던 일을 말해주었다. 그러자 청년은 웃으면서 이렇게 대답했다.

"그건 선교사님 수고비로 하나님께서 주신 것 같네요. 저는 그 돈을 기억하지 못합니다."

니콜라이 2세의 고향으로 떠나라

러시아에서 선교사역을 시작한 지 10년이 되었다. 나는 어느 교회나 교단이나 총회에서 어느 한 지역으로 파송 받은 선교사가 아니다. 주님께서 10년 전에 나를 부르시고 나를 러시아 땅으로 인도하여 주셨다. 러시아는 정말 광대한 나라다. 동쪽 캄차트카를 가면 커다란 곰 조각상이 하나 있는데, 그 조각상에 "이곳은 러시아의 시작 지점"이라는 문구가 새겨져 있다. 그럼 끝 지점은 어디일까? 궁금해했던 때가 있었다.

"주님, 내일은 어디로 갈까요?"

나의 기도는 늘 이렇게 간단하고 간절했다. 한 지역, 한 가정에 오랫동안 머물러 있을 수 없는 형편이기에 늘 주님의 인도를 구했다. 지금까지도 나는 집을 임대하거나 구입하거나 호텔에 머물지 않고 러시아 사람들의 초대를 받아서 그 집에 머물며 기도하며 지냈고, 간혹 한국 선교사님들의 선교지에 방문하여 신교 이야기를 나누며 그곳에서 며칠씩 지내기도 했다. 나의 길이 되시며 나의 생명이 되신 주님께서 나를 인도해 주지 않으면 한 걸음도 움직이지 않았고, 백퍼센트 주님의 인도대로 순종하는 삶을 살아왔으며, 그것이 나의 유일한 목적이다.

3년 전, 나의 믿음의 친구 부부인 미하엘과 에까쩨리나의 멋지고 아늑한 집에 초대받아 지내고 있던 중이었다. 어느 날, 새벽에 주님의 인도를 구하는 기도 중에 말씀이 들려왔다.

"니콜라이 2세의 고향으로 떠나라!"

주께서는 나에게 '니콜라이 2세'라는 이름을 가르쳐주시며 그의 고향으로 떠나라고 하셨다. 나는 얼른 휴대폰 인터넷으로 처음 들어보는 그 이름을 검색해 보았다. 로마노프 왕조의 마지막 왕 니콜라이 2세, 그의 고향이 어디인지 찾아보았다. 상트페테르부르크라고 적혀 있었다. 동쪽 블라디보스토크에서 사역하고 있던 나는 상트페테르부르크라는 도시에 대해서는 단 한 번도 생각해 본 적이 없었다. 러시아의 수도 모스크바에는 친구들을 만나기 위해 다녀온 적이 있으나, 상트페테르부르크는 알지 못할뿐더러 관심도 없는 도시였다.

하지만 주님의 음성은 분명히 나를 그곳으로 인도하셨다. 지도를 펼쳐서 그곳이 어디인지 살펴보니 핀란드 등 북유럽과 인접해 있는 도시로, 블라디보스토크와는 멀어도 너무 멀었다. 책이 출판되면서 블라디보스토크에서 어느 정도 안정이 되면서 살 만하다고 생각하고 있던 바로 그때, 낯선 도시로 가라는 주님의 음성에 몹시 당황스러웠다. 300여 명의 현지인 친구들, 집 열쇠를 선물로 준 세 명의 믿음직한 친구가 있는 블라디보스토크를 떠나야만 한다는 사실이 슬프기만 했다.

우선 10일 일정으로 상트페테르부르크를 다녀오기로 했다. 아무도 아는 사람 없고, 누구를 찾아가서 인사 나누고 거처를 삼아야 할지도 모르는 채 무조건 주님의 인도를 믿고 노보시비리스크를 경유하여 상트페테르부르크로 들어가기로 하였다. 설 연휴 기간에 맞추어서 출발 날짜를 정했다.

러시아 국내선으로 10시간 이상을 비행해서 도착했다. 1월 말, 상트페테르부르크는 눈의 도시였다. 북유럽, 백야의 도시에 밤늦게 도착하여 시내 중심에 있는 게스트하우스에 짐을 풀고 단잠을 잤다. 아침에 숙소인 넵스키 거리에 나와서 시내 전경을 보니, 내가 알고 살았던 블라디보스토크나 모스크바와는 많이 달랐다. 고풍스런 유럽 건축물이 거리 양쪽으로 끝없이 펼쳐져 있는 것을 보고는, '이렇게 멋지고 큰 도시가 러시아에 있었다니!' 하고 놀랐다.

길눈이 좋은 편인데도 눈 덮인 상트페테르부르크 시내를 걷다가 두 번이나 길을 잃어버렸다. 휴대폰으로 숙소 주소를 찾아서 돌아올 수밖에 없었다. 하나님께서는 나를 왜 이곳으로 인도해 주셨을까? 이곳에서 과연 무엇을 해야 할까? 하나님의 숨겨진 뜻은 무엇일까? 이곳에서 펼쳐질 일들이 몹시 궁금했다. 나의 길을 늘 앞서서 인도하셨던 하나님의 역사를 기대하는 마음 또한 부풀어 올랐다.

주일이 되었다. 교회 정보는 없었다. 그러나 이곳으로 출발하기 전에 블라디보스토크에서 나를 사랑해 주셨던 최진선 선교사님께서 주일에 예배드릴 교회와 선교사님의 신학교 동기 친구인 이희재 선교사님의 연락처를 주셨다. 나는 이희재 선교사님과 통화하여 위치를 확인하고,

그 교회에 가서 예배를 드릴 수 있었다.

상트페테르부르크 선교사님들께서 연합하여 만드신 초교파선교단체인 '미르선교회'에 초대받아, 새벽예배도 함께 드리며, 여행 기간 중에 이곳의 선교현장 소식 등 많은 것을 알 수 있었다.

상트에 머무는 동안 매일 눈이 내렸다. 낮에는 햇볕이 좋아 녹고, 밤엔 또 눈이 내렸다. 선교회 출입구에는 녹은 눈이 밤사이에 얼어서 빙산을 이루고 있었다. 20여 명의 교인들이 모여 새벽예배와 기도를 하고 있어 불이 꺼지지 않고 25년째 이어지고 있다고 하였다. 그런데 출입문 앞의 빙산 같은 얼음 때문에 출입하기가 너무 위험스러웠다. 기도 시간에 그 얼음들을 청소하고 싶은 마음이 생겼다.

기도를 마친 후 망치와 쇠막대기를 가지고 밖으로 나가서 빙산을 깨부수고 깨끗이 청소하여 출입구를 안전하게 만들었다. 그저 나의 마음이 이걸 꼭 치워야겠다고 판단해서 한 것이었다.

"우리 선교회에 아주 훌륭한 선교사가 손님으로 오셨다!"

나이가 많은 고려인 안토니나 전도사님이 내가 청소하는 모습을 보셨는지, 청소를 마치고 차를 마시러 식당에 들어가니 칭찬해 주셨다.

"요셉 선교사, 아무 소리 말고 3년만 이곳 상트페테르부르크에서 사역해 주세요!"

최광순 선교사님이 농담 반 진담 반으로 나를 초대해 주셨다. 미르선교회는 5~6명의 선교사님들이 연합하여 활동하시기에, 처음 인사했을 때에는 정확히 누가 누구인지 잘 알 수 없었다.

"당신, 상트페테르부르크에 왜 왔어요?"

무뚝뚝해 보이는 유창현 선교사님이 나에게 취조하듯 질문을 던졌다. 나는 연해주에서 8년 선교사역을 하였으며, 현지인을 대상으로 그들의 집에 머물며 그들에게 복음을 입술과 행동으로 전했다고 나의 선교사역을 보고했다. 모든 선교사님들이 나보다 20여 년 대선배이셨다. 그렇기에 내 말 한마디만 들어도 판단할 수 있는 경력과 삶의 연륜이 있었다.

나는 선교사님들과 공통점이 별로 없다. 어느 신학을 했느냐? 어느 교회 파송이냐? 어느 대학을 나왔느냐? 목사 안수는 어디서 받았느냐? 결혼은 했느냐? 후원은 어디서 얼마나 받느냐? 첫 번째 질문부터 마지막 질문까지 나는 선교사님들께 제대로 답변을 할 수가 없었다. 해당사항이 하나도 없었기 때문이다.

내가 할 수 있는 대답이란 그저 예수님 잘 믿고, 예수님 인도대로 지금까지 살아왔으며, 지금도 내 안에서 나를 주장하시고 무슨 일을 만나든지 도와주시는 그분만을 의지하고 살아간다는 것뿐이었다. 또한 장차 러시아 땅에서 많은 일들 가운데 하나님의 기적과 이적을 만날 것이고, 러시아 민족들에게 사랑을 받기도 하고 베풀기도 하면서 선교할 것이라고 말하는 것이 전부였다. 선교사님들은 나의 이야기를 듣더니, 하나둘씩 자리를 떠나셨다. 이희재 선교사님만이 내 앞에 앉아서 나의 선교사역을 기쁘게 듣고 나를 정식으로 초대해 주셨다.

"아무 소리 말고, 요셉 선교사, 이곳에서 함께 사역합시다."

10일 여행 기간 중, 세 번에 걸쳐 예배 설교를 할 기회가 주어졌다.

처음엔 금요기도회, 다음에는 주일예배, 그리고 떠나는 날에는 새벽기도회 때, 교인들과 선교사님께 도전의 시간을 줄 수 있었다.

한 집사님은 예배 후 멀리 떨어져 살고 있는 자기 여동생이 담석으로 몹시 아픈데, 기도해 주기를 원하셨다. 우리는 눈물로 기도했다. 그녀의 믿음이 간절해서인지 그 여동생이 치유되는 놀라운 기적이 일어났다. 집사님들 또한 요셉이 이곳에 함께 지냈으면 좋겠다고 하셨다.

열흘 간의 일정이 순식간에 흘러갔다. 블라디보스토크로 돌아가는 비행기 안에서 나는 하나님께 감사의 기도를 드렸다. 하나님께서 나를 부르시고 깨워서 상트페테르부르크로 인도해 주셨다는 확신이 들었다. 처음에는 걱정과 두려움이 있었다. 하지만 그 모든 것은 내 생각이었다. 주님은 이미 모든 것을 준비해 두셨다. 그 도시는 문화가 정말 남달랐다. 동쪽과 서쪽의 언어는 같았으나, 사람들의 살아가는 가치관, 자존감은 많이 달랐다. 상트 사람들은 유독 문화에 대한 자부심이 대단한 것 같았다.

나는 주님의 인도와 계획대로 5월에 상트페테르부르크로 완전히 이사했다. 살 집도, 자동차도, 후원도, 그 무엇도 준비된 것이 없었다. 하지만 나는 살아계신 주님이 나와 함께 한다는 믿음 하나만 가지고 상트페테르부르크로 삶을 통째로 옮겼다. 그리고 상트페테르부르크에서 나의 두 번째 러시아 선교의 장이 열렸다.

"성령님이 함께하시면 나는 아무 걱정이 없다."

요셉의 결혼 이야기 (1)

서른다섯 살이 되던 해에 나는 사흘 동안 특별 금식기도를 했다. 기도의 제목은 두 가지였다.

"언제 결혼을 할 수 있을까요?"

"하나님, 저의 짝은 있습니까?"

나는 한국에서 사는 동안 단 한 번도 여성과 제대로 교제를 해본 적이 없었다. 그만큼 결혼에 대해서는 생각도 해보지 않았다. 그저 주님이 인도해 주시는 대로 내 형편과 사정을 잘 아시는 아버지께서 모든 것을 알아서 해주실 것을 믿고 살아왔기에 결혼 또한 주님께 맡기고 살았다.

그런데 서른다섯 살이 되자 생각이 많아졌다. '이러다가 영영 그냥 혼자 살아가게 되는 것은 아닐까?' 하는 생각에 특별히 금식하며 하나님의 뜻을 구하는 기도를 하였다. 하나님의 응답은 언제나와 마찬가지로 꿈을 통해 전달되었다.

초등학교 5~6학년쯤 되는 여학생이 아침에 책가방을 메고서는 "엄마, 학교 다녀오겠습니다."하고 인사를 하고 집을 나서는 꿈이었다. 그 이상도 그 이하도 아닌, 딱 그 상황만 보여주셨다.

꿈을 깨고 일어나서 나는 한참을 웃었다. '아니 이건 뭐야? 내가 결혼할 여자가 아직 초등학생이란 말이야?' 나는 주님이 주시는 응답을 백퍼센트 믿는다. 그러나 이게 웬 꿈이란 말인가? 내 짝이 아직 초등학생 나이란 말이 아닌가? 나는 정말 그럴까, 하는 의구심을 어쩌지 못하면서도 초등학생이 자라서 20대가 되면 나는 몇 살이 될지, 이런저런 계산을 하릴없이 해보았다. 한 치 앞도 모르고 살아가는 인생인데 안개 같은 응답을 주신 하나님께 그날은 차마 감사하다는 기도를 드릴 수가 없었다.

그 뒤로 러시아에 가게 되었고, 정신없이 선교하며 많은 사람들을 만났다. 러시아 사람들은 솔직하고 직설적인 성격을 지니고 있으며, 매우 인간적이다. 10여 년 동안 러시아에서 지내왔지만, 특별히 아시아인이라고 차별받거나 작은 체구의 남자라고 소외당해 본 일이 별로 없었다. 외모와는 상관없이 서로 마음이 통해서 친구가 되는 일이 많았다.

"요셉, 언제 결혼할 거야?"

형제 같은 사이가 된 치과의사 미샤는 나를 놀리면서, 빨리 여자를 만나서 가정을 꾸미라며 종종 결혼을 강요했다. 그러던 어느 날, 의사인 스물여섯 살의 아가씨를 소개해 주겠다고 했다. 미샤는 나를 너무 잘 안다. 술도, 담배도, 세상 놀이도 즐겨하지 않고, 예수님을 잘 믿는다고 좋아했기에, 자기 주변에 있는 모든 미혼 여성들의 이름을 적어 놓고는 선별하기에 여념이 없었다. 이 여성은 술을 좋아해서 안 되고, 저 여성은 이래서 안 되고 저래서 안 되고…. 이렇게 해서 마지막에 남은 여성을 소개하겠다고 나선 것이다.

그녀는 할머니와 살고 있고, 가정적이었으며, 결정적으로 술, 담배를 하지 않았다. 요셉을 소개시켜서 결혼을 하면 좋겠다고 나에게 반 애걸하듯 한 번 만나볼 것을 부탁했다. 세상에 이런 친구가 어디 있을까? 그때 내 나이 마흔이 가까워 가는데, 스물여섯 살의 아가씨에 의사 선생님이라니, 한국에서는 있을 수 없는 일이라는 생각이 저절로 들었다.

"미샤, 너무 고마워! 오늘 밤 내가 예수님께 물어볼게."

나의 대답은 간단했다. 나의 기도를 믿는 미샤도 웃으면서 그럼 내일 이야기하자고 했다. 그날 밤, 주님은 나에게 확실한 응답을 주셨다.

내가 논에서 모를 심고 있는데, 한 여인이 나의 목에 목마를 타고 있었다. 발목까지 푹푹 빠진 채 일을 하고 있었는데 그녀의 무게가 나를 내리누르자 허벅지까지 빠져 버렸다. 설상가상으로 내 목에 올라탄 그녀가 나에게 오른쪽으로, 왼쪽으로, 앞으로, 앞으로를 외치며 나를 조종했다. 정작 자기 자신에게는 흙탕물이 튈까 봐 조심하면서. 혼자 서 있기도 힘든 논에서 한 여자를 목마 태워 그 여자의 조종에 따라 움직이고 했다.

꿈을 깨고 나니 웃음이 절로 나왔다. 해석할 필요조차 없는 꿈이었다. 너무도 확실한 하나님의 응답이었다. 그녀는 나에게 짐이 될 사람이지 동역자는 아니었다. 미샤에게는 너무나 미안한 일이었지만, 나는 미샤에게 만나지 않겠다고 알렸다. 그 후, 미샤는 단 한 사람도 나에게 소개하지 않았다.

미혼으로 살다 보니 걸핏하면 모든 시선이 나에게 쏠려 이야기가 나의 결혼으로 마무리되는 일이 종종 있었다. 그런 것들이 조금 피곤하기는 했지만, 미혼이라는 것이 크게 걸림이 되지는 않았다. 그러나 하나님께서 나에게 약속해 주신 '지금 초등학생인 그 아이는 과연 어디에서 학교를 다니고 있을까?' 하는 생각은 종종 하게 되었다.

나의 러시아 선교사역에서 러시아어판 간증집 『생명의 열쇠』는 커다란 전환점이 되어 주었다. 책의 위력은 대단했다. 책을 통하여 러시아 사람들의 마음을 움직이는 하나님의 역사가 있었던 것이 분명하다.

나의 책을 읽고 감명을 받았다는 러시아 사람들이 한 명, 두 명 늘어나면서, 나는 더욱 더 주님의 마음으로 주님의 뜻대로 살아가야 한다는 마음가짐을 하게 되었다. 그러다 보니 결혼에 대한 생각은 점점 멀어져 갔다.

러시아의 동쪽 블라디보스토크에서 8년간 사역하며 경험한 일들을 책으로 출간하고 나니, 하나님께서 나를 상트페테르부르크로 인도해 주셨다. 사실 상트페테르부르크에서 사역하는 것에 대해서는 단 한 번도 생각해 본 적이 없었다. 모스크바는 러시아의 수도여서 혹시 주님이 그리로 인도해 주시지 않을까 하는 생각은 했었지만, 상트페테르부르크로 사역의 장소가 옮겨질 줄은 전혀 예상하지 못했었다.

러시아는 세계에서 가장 넓은 나라다. 동에서 서쪽까지의 시차가 무려 11시간이나 된다. 이렇게 광대한 러시아 땅에서도 가장 아름답고 문화의 중심도시인 상트페테르부르크에서 주님의 인도하심에 따라 선교사역을 하게 된 것이다.

주님의 뜻을 따라 상트페테르부르크로 옮긴 지 일 년이 지난 어느 날, 상트페테르부르크 북쪽 지역에 있는 어느 교회기도 모임에 초대받아 말씀을 전하게 되었다. 나의 책을 뜻깊게 읽은 분들이기에 쉽게 일체감을 느낄 수 있었다. 사랑으로 하나 되는 시간이 되었으며, 하나님께서 그들에게도 증거해 주시면서 더욱 신뢰하는 관계가 되었다.

새벽 기도모임에 왔던 십여 명 중 가장 끝자리에 앉아 있던 젊은 아가씨의 이름을 묻자 나스자라고 했고, 스물네 살이라고 했다. 첫눈에도 성실해 보였고, 새벽 기도회를 나올 정도라면 믿음이 있는 아가씨임에 틀림없을 것이라는 생각이 들었다. 이것저것 여러 가지 질문을 해보았는데, 모든 질문에 대한 대답은 오직 한 가지, 하나님 뜻대로 살아가기를 기도한다는 대답뿐이었다.

"요셉의 책을 읽으며 출퇴근을 했어요. 책을 통해서 이미 요셉을 잘 알고 있는 것 같아요. 제가 기도모임에 참석하게 된 것은 요셉이 정말로 하나님과 함께하는 사람인지를 보고 싶어서예요."

나는 나스자에게 하나님의 뜻을 구하는 기도법을 가르쳐 주었다.

누구나 다 하나님의 뜻대로 살고 싶어 한다. 그러면서도 그분의 뜻이 어디에 있는지조차 알지 못한다. 그러기에 실제로 그분의 뜻이 어디에 있는지를 알아야 하고, 그분의 뜻을 알았다면 거기에 따라 행동하고 실천하는 일이 중요하다. 나는 누구에게든지 신앙을 생각으로, 입술로 하지 말고 순종으로 해야 한다고 강조한다.

작심하고 기도를 해서일까. 나스자는 열흘 후 주님의 뜻을 응답받고 나를 다시 찾아왔다. 놀랍게도, 그녀는 집을 떠나 살라는 응답을 받은 터였다.

나스자는 십대 후반에 성경을 세 번 읽었다고 했다. 성경을 읽으며 성경 속 인물들 중 창세기의 요셉을 특별히 더 좋아하게 되었고, 늘 기도하며 요셉과 같은 남자와 결혼할 수 있게 해 달라고 기도해 왔다. 20대 초반, 본격적으로 결혼 문제로 진지하게 기도를 했을 때, 주님은 세 가지 응답을 주셨다.

첫째, 머리카락이 검은 한국남자. 둘째, 선교사. 셋째, 나이 차이가 많이 나는 남자.

나스자는 주님으로부터 자신의 결혼 상대는 위와 같은 조건이라는 응답을 답고 기다려 왔는데, 요셉 같은 남자가 바로 눈앞에 나타났다고 고백하였다. 요셉이 10년 전 기도해서 응답받은 초등학생이 바로 자기 자신이라고 하였다.

10년 전 응답받은 그 소녀가 이렇게 성장하여 내 앞에 나타난 것이다! 놀랍고 놀라운 일이었다.

세상적인 기준으로 보았을 때, 나는 결혼할 준비가 전혀 되어 있지 않은 상태였다. 돈도 없고, 집도 없고, 자동차도 없었다. 선교사로서 후원도 없었다. 어느 것 하나 준비된 것이 없었다. 나의 현실을 고백하니, 나스자는 더욱 강하게 어필해 왔다. 결혼을 돈으로 하는 것이 아니며 마음이 하나되는 것이 중요하다면서, 단 둘이 결혼식을 올리고 살아도 된다고 말했다. 나스자는 나이에 비해 매우 성숙하고, 나보다 오히려 강단있는 여성이었다.

나는 세 번째로 그녀를 만날 때까지도 그녀가 나의 결혼 상대라고는 추호도 생각하지 못했다. 그때까지도 나는 이미 하나님께 결혼을 반납한 상태였기 때문이다. 그런데 그녀의 응답을 듣고 나니 사랑하는 마음이 일어났고, 나도 물음표를 갖고 기도하기 시작했다.

주님의 약속은 시간의 차이가 있을 뿐 모두 지켜주신다! 조건은 단 하나, 우리가 주 안에 살아야 한다는 것이다. 그럴 때만이, 그 약속은 귀하게 이루어지는 것이다. 마흔일곱 살의 나이에 스물네 살의 러시아 아가씨를 만나서 결혼을 하다니! 상트페테르부르크에서 가장 아름다운 교회에서 100여 명의 하객이 모여 축하 속에서 결혼식을 하였다. 모든 것이 하나님의 연출이었고, 계획이었다!

우리의 삶은 주님의 것이다. 주님께 모든 것을 맡기고 살아갈 때 주님께서 주장하신다. 나의 결혼 이야기는 한 편의 영화와 같다. 그만큼 감동적이고 많은 이들에게 살아계신 주님을 증거할 이야기가 많다.

요셉의 결혼 이야기 (2)

"다음 순서는 결혼 축하를 위한 축가가 이어지겠습니다!"

결혼식 사회자의 멘트가 나갔건만 축가를 부를 사람이 등장하지 않았다. 결혼식 한 달 전부터 부탁하고 약속했던 성악 전공 학생은 끝내 나타나지 않았다. 나는 고개를 들어 천장을 바라보며 깊은 한숨을 쉬며 묵묵히 기도했다.

고요한 정적 속에 흘러갔다. 그때 문득 누군가가 말했다. "오늘 축가는 제가 하겠습니다."

상트페테르부르크 김우영 선교사와 사모님이었다. 그분들이 앞으로 나와서 축가를 준비하셨다. 사모님의 피아노 반주에 맞춰 선교사님의 묵직한 음성의 찬양이 교회 안에 가득 찼다.

축가를 부르는 김우영 선교사와 사모님은 나와 동갑이었다. 축가를 부르는 선교사님을 바라보니 나도 모르게 뜨거운 눈물이 흘러내렸다.

내 옆에 서 있던 신부는 나의 손을 잡으며 울지 말라는 신호를 보냈다. 축가를 마친 선교사님은 나에게 다가와 포옹해 주며 축하한다는 말을 건넸다.

나의 눈물에는 두 가지 의미가 있었다. 무엇보다도, 그 선교사님의 숨겨져 있는 스토리가 나를 울릴 정도로 감동적이었기 때문이다. 성악을 전공한 선교사님은 졸업을 앞두고 구안와사에 걸려 입이 삐뚤어져서 노래를 할 수 없게 되었다. 그렇게 소망했던 성악가의 길을 포기해야 했다. 그로 인해 신학으로 전공을 바꾸어 공부한 후, 선교사로 러시아에 오게 되었다. 그에게 노래란 하나님이 주신 달란트이면서도 크나큰 트라우마로 자리 잡고 있었다. 그러니 노래 부르는 것을 죽을 만큼 싫어했던 그였다.

그런 그가 지금 내 앞에서 결혼식 축가를 부르고 있는 것이다! 감동할 수밖에 없었다. 나중에 사모님도 말씀하시기를, 피아노 반주를 많이 해봤지만 결혼식에 참석해서 대신 축가 반주를 할 줄은 상상도 못했다면서, 피아노를 연주하는 동안 하나님께서 예식장 안에 가득 차 계신 것을 느꼈다고 했다. 선교사님은 축가를 부르는 동안 많은 생각이 오갔고, 무엇보다 노래 부르는 것에 대한 트라우마가 많이 사라지게 된 것 같다고 고백했다.

예식이 끝날 무렵 사회자가 특별히 축하의 말을 전하고 싶은 사람이 있으면 앞으로 나와서 하시라는 사회자의 말에, 블라디보스토크에서 결혼을 축하해 주기 위해서 10시간 이상 비행기를 타고 온 왈렌찌나 할머니가 나섰다.

사회자가 마이크를 전달하자 왈렌찌나 할머니는 필요 없다고 손사래를 치더니 육성으로 하객을 향해 말하기 시작했다. 이 결혼식에 함께하기 위해 블라디보스토크 러시아의 동쪽에서 왔다고 말문을 연 할머니는, 지난 8년 간 나와의 아름다운 추억들을 식장에 울리도록 큰 목소리로 말씀하셨다. 마지막엔 눈물을 흘리며 정말 사랑한다고 말씀하시며, 나와 나스자를 끌어안아 주셨다.

우리의 결혼식은 원래 목사님을 모시고 간소하게 치러질 예정이었다. 나와 나스자 모두 이곳에 친척이나 친구가 없었기 때문에 우리 둘의 사랑과 믿음이면 그것만으로도 충분하다고 생각했던 것이다. 그런데 목요일 평일 오전 11시에 러시아 교회에서 100여 명이 모인 가운데 성대하게 결혼식 예식을 치르게 되었다.

한국에서 나를 선교사로 파송해 주었던 코아월드미션 이시온 목사님과 10여 명의 한국 목사님들, 권사님, 그리고 모스크바 선교사님 부부까지 참석하여 자리를 빛내 주셨다.

이시온 목사님은 나를 너무 사랑해 주시고 늘 나의 선교 사역을 응원해 주시는, 형제처럼 지내는 분이시다. 이시온 목사님은 축하 말씀 중에 "우리는 하객이 아닌 가족관계로 왔습니다!"라고 선포하셨다.

아내와 나와의 만남은 처음부터 기적 자체였다. 나는 러시아의 가장 동쪽에서 8년을 살다 주님의 인도로 상트페테르부르크로 오게 되었고, 아내는 러시아의 가장 서쪽 깔리니그라드에서 살다가 3년 전에 이곳 상트페테르부르크로 이사 왔다. 그런 우리가 하나님의 인도하심으로 서로 만나게 되었고, 그분에게 순종함으로써 부부의 연을 맺게 된 것이다.

함께 살며 지낸 지 3개월째인 어느 날, 여덟 살인 조카 에스더가 나에게 진지하게 질문을 했다.

"요셉은 어떻게 나스자를 만나서 결혼하여 우리와 함께 살고 있는 거예요?"

이렇게 질문한 어린 조카는 요셉이 아빠처럼 자기를 사랑해 주어서 너무 감사하다고 말했다. 어린 조카의 눈에도 동양 남자인 요셉과 이모 나스자의 만남이 궁금했던 모양이다. 살아계신 주님이 인도해 주셨고, 그저 묵묵히 순종하여 맺어진 결실이라고 말해 주었다. 그러면서 '너도 하나님 잘 믿고 순종하는 사람이 되라.'고 당부했다.

결혼식은 어떻게 진행됐는지 모를 정도로 순식간에 지나갔다. 우리의 신혼여행지는 나스자의 청소년 시절에 믿음의 성장을 이루었던 고향 깔리닌그라드로 정했다. 나 역시 러시아 서쪽 가장 끝 동네를 가보고 싶었다. 동쪽에서 출발해서 서쪽 끝까지 러시아의 땅을 밟아보고 싶었다.

내가 47세에 24세의 아가씨를 만나서 첫 결혼을 하는 것이 한국 사람이나 러시아 사람에게 뉴스거리였다. 러시아 책을 쓰고 그 책을 읽음으로써 맺어진 인연이 결혼으로까지 이어진 것이다. 이것을 어떻게 인간이 계획할 수 있겠는가? 한 치의 오차도 없으신 살아 계신 하나님의 계획이 아니고서는 실현될 수 없는 일이었다.

결혼 후 일 년간 다섯 번의 이사

아내와 만난 지 3개월 만에 결혼하였다. 신혼집도 준비가 안 된 상태에서 결혼식을 올리려고 하니, 우선 지낼 곳이 가장 큰 문제였다. 이곳저곳 월세 집을 알아봤으나 내 형편과 처지로는 아무래도 감당하기가 어려웠다.

그러던 중, 올가 집사님께 결혼식 초대 전화를 걸게 되었다. 내가 섬기는 디베랴교회는 러시아 사람들이 다니는 교회이다. 올가 집사님은 25년 전 개척 멤버이고, 오늘날까지 교회의 기둥이 되어 지켜주시고 계시는 분이다. 상트에서 가장 큰 도서관 사서로 일하다가 퇴직한 올가는 170센티미터가 넘는 키에 말수가 적었고, 속이 깊었으며, 박학다식한 엘리트 집사였다.

하지만 올가에게는 사람들에게 말하지 못할 깊은 상처가 있었다. 늘 어두운 표정, 무뚝뚝한 말투, 처음엔 그리스도인으로서 왜 이렇게 차가운지 이해가 가지 않았다. 둘째 아들의 어이없는 죽음에 충격을 받고 얼굴에 웃음기 하나 없는 차가운 사람으로 변했다는 이야기를 듣고 나서야 이해가 되었다. 언젠가 예배 후 교제를 나누는 시간에 그녀에게 말한 적이 있었다. 언젠가 기회가 되면 당신과 밤을 새워 이야기를 나누고 싶다, 그러니 집으로 초대해 달라고. 그녀는 웃으면서 밤엔 안 되고 낮에 초대하겠노라고 대답하였다.

"정말, 낮에 나를 초대해 주세요. 그럼 꼭 갈게요!"

나는 그 자리에서 약속을 받고 싶었다. 그리하여 결국 목사님 부부, 전도사님과 함께 심방을 가게 되었다. 혼자 살고 있는 그녀의 아파트는 굉장히 넓었다. 방이 세 칸에 주방과 욕실 등, 생각했던 것보다 넓은 데다 인테리어도 현대 감각으로 잘 꾸며져 있었다. 20년 넘게 함께 지냈던 목사님 부부도 두 번째 방문이라니, 얼마나 이 집 문을 열기가 힘들었는지를 짐작할 수 있었다.

차를 마시고, 함께 기도하고, 올가가 준비한 식사를 했다.

"올가 집사님, 앞으로 나와 함께 심방을 다녀요!"

나의 예기치 않은 제안에 올가는 시간을 맞춰 보자고 했다. 그 후 우리 두 사람은 함께 상트페테르부르크의 여러 가정을 심방하며 친해졌다. 그러면서 올가는 성격이 변하고 얼굴도 밝아지기 시작했다. 사실 러시아 할머니가 한국 청년 선교사와 심방을 같이 다닌다는 것은 쉬운 일이 아니었다. 이 모든 것이 성령님이 함께하셨기에 가능하였고, 너무 감사한 은혜의 시간들이었다.

내가 결혼한다는 소식에 올가는 많은 관심을 갖고 있었다. 결혼

날짜가 정해지고 나서 가장 먼저 올가에게 초대 전화를 했다. 그런데 올가는 미안하다는 말을 먼저 했다. 결혼식 주간에 모스크바에 있는 아들, 손자와 소치로 한 달 간 여행을 떠나기로 했다며, 나에게 거듭 미안하다고 말했다. 그러면서 결혼 준비는 잘하고 있느냐고 물었다. 내 입에서 계획하지 않았던 말이 툭 튀어나왔다.

"살 곳이 없어요."

그 말을 들은 올가는, 자신이 여행을 떠나 있는 동안만이라도 우선 자신의 아파트에서 신혼 생활을 하라고 제안했다. 월세 같은 건 걱정하지 말고 자신이 집을 비우는 동안 고양이만 잘 돌봐주면 고맙겠다고 했다.

신혼여행 다녀오면 당장 살 집이 없던 나는 결혼식 일주일 전에 여행을 떠난 올가의 집에서 지내게 되었다. 올가 집사님 댁에서 보낸 시간은 우리에게 무척 행복한 시간이었다. 집사님은 유독 책을 좋아하셔서 집에 책이 많았다.

나와 아내는 하루종일 넓은 아파트 청소해야 했다. 고양이를 키운 탓에 올가의 집에는 묵은 고양이 털이 수북이 쌓여 있었다. 올가는 시력이 나빠서 털이 보이지 않았던 모양이었다. 나와 아내는 땀을 뻘뻘 흘리며 청소기를 사용하여 깨끗이 청소했다.

"하나님께서 우리를 이 집으로 보내주신 이유를 알겠다."

아내는 싫은 내색 한 번도 하지 않고, 성도의 가정에 봉사 활동을 나온 착한 자매처럼 팔을 걷어붙이고 일했다. 그 모습이 너무 예뻤다. 시간은 빨리도 지나갔다. 어느새 40일이 지나 올가는 여행을 마치고 집에 돌아왔고, 우리는 갈 곳이 없어졌다.

그때 마침, 이희재 선교사님이 한국에서 전화를 해오셨다. "요셉, 갈 곳 없으면, 우리 아파트에서 한 달 정도 살 수 있다."

선교사님의 제안에 고맙다고 인사한 후, 우리는 이삿짐을 선교사님 아파트로 옮겼다. 그때만 해도 이삿짐이라고 해야 각각 여행가방 두 개씩이어서 도합 네 개에, 한국에서 결혼 선물로 사온 전기밥솥이 전부여서 승용차 한 대로 충분했다.

우리는 두 번째 이사를 마치고 본격적으로 기도하면서 집을 알아보는 등 우리의 안식처를 찾기 시작했다. 하지만 아무래도 우리에게 딱 맞는 집을 찾을 수가 없었다. 그러던 중 '엄마네 한국식당'을 운영하는 심루디아 권사님 식당에 식사를 하러 가게 되었다. 결혼식 피로연을 권사님 식당에서 했었고, 권사님은 많은 것을 선물로 주셨다.

"선교사님, 아직 집을 못 구했다는 소식을 들었어요."

권사님이 먼저 입을 여셨다. 급하게 집을 구하면 더 구하기가 힘들다고 하면서, 자기에게 빈 집이 한 채 있다고 했다. 권사님은 이 도시에서 민박집을 운영하는데 한 채는 여유분으로 갖고 있다고 했다. 둘이서 살기엔 괜찮을 거라며 부담스러워 말고 언제든지 들어가서 사시라는 것이다.

"저에게 이러저런 어려운 일들이 많은데, 선교사님이 저희 집에서 지내며 기도해 주시면 모든 일이 잘 풀릴 것 같아요."

권사님은 적극적으로 우리를 초대하였다. 집을 구하지 못했던 우리는 권사님이 선한 믿음으로 제공해 주신 아파트로 세 번째 이사를 하였다. 사실 우리도 아파트를 얻으려고 이곳저곳 다니며 계약 전까지 진행했던 곳도 있었다. 그런데 이상하게 계약 당일 두 번 다 계약이 깨졌다. 러시아에서는 집주인의 인터뷰가 중요하다. 집주인은 세 들 사람의 직업과 월세 낼 형편이 되는지 등을 세세하게 알아본다. 우리가 집을 얻으러 가서 아시아 사람이고 선교사라고 하면 집주인들은 으레 손님이 많이 모이고 찬송, 기도 소리로 민폐를 끼치게 될 것이라고들 예측하였다. 그런 상황이 생길 것을 염려한 탓에 두 번이나 계약이 깨진 것이다.

그런 일을 당하고 나니 월세 방 얻으러 다니는 것도 재미없어지던 때에 권사님의 제안이 있었고, 이는 분명 하나님의 뜻인 것처럼 느껴져서 따르기로 했다. 젊은 나이에 홀몸이 되신 권사님은 두 자녀와 일찍이 이 도시에 오셔서 고생고생 끝에 성실과 신용을 무기 삼아 민박, 식당을 운영하였다. 한인사회에서는 성공하신 분으로 정평이 나 있었다.

교회에서는 권사 직분으로 실천하는 신앙인의 모습을 보여주는 분이었다. 특별히 가깝게 지낼 기회가 없었지만, 이 도시에서 새로운 친구를 만나고 전도하면 꼭 권사님의 한국식당에 초대해서 한국음식을 먹으며 교제를 나누었다. 그런 나를 지켜본 권사님은 현지인을 선교하는 모습이 귀하게 보였다는 말씀을 하셨다.

한국 가족은 결혼 피로연에도 참석하지 못했기에 권사님께서 어머니처럼 모든 것을 알아서 해주셨다. 이런 일을 통해 우리는 가까워졌다. 권사님이 주신 열쇠를 가지고 세 번째 이사한 아파트는 외형부터 신축 아파트였고, 창밖으로 바닷가가 보이고 월드컵 경기장, 놀이공원이 보였다. 모든 환경이 서울 외곽의 신도시와 비슷했다. 방이 세 칸, 화장실 두 개, 월풀 욕조… 한 달 월세가 한국 돈으로 백만 원이 넘는 아파트를 우리에게 부담 없이 사용하라고 내주었던 것이다.

우리는 그 아파트에서 4개월 동안 살았다. 그리고 거기에서 우리는 첫 아기를 가졌다. 사실, 더 살 수 있었고 그러고 싶었다. 그런데 또 어느 가정에 심방을 가게 되었는데, 그 집에서 우리를 간절히 초대하며 함께 살자고 요청했다. 우린 함께 기도했다. "주님, 어떻게 할까요?"

나와 아내의 기도에 주님은 이사를 하는 쪽으로 응답해 주셨다. 우리는 또 짐을 싸서 남쪽 마을로 이사를 했다. 30년 동안 술과 담배를 즐기던 남자가 나의 신앙 간증집을 절반쯤 읽고 나서 술과 담배를 끊는 놀라운 일이 생겼는데, 바로 그 집에서 우리를 초대한 것이다. 그 부부와 함께 5개월을 살았다. 5개월 후에 떠나게 된 이유는 아내의 출산이 다가왔기 때문이다.

남의 집에 얹혀 살면서 출산 육아를 한다는 것이 많은 부담으로 다가와서 우리는 우리의 보금자리를 알아보았다. 방 세 칸에 신축 아파트가 월 50만원에 나왔다. 부동산 업자와 통화하고, 집주인을 만나기로 했다. 방 세 칸을 구했던 건 장모님을 비롯한 처가 식구들과 함께 살기 위해서였다. 그런데 집주인이 차일피일 만나는 것을 미루고, 미루고, 또 미루더니 보름이 지나고서도 만나주지 않았다. 이것 또한 이상한 일이었다.

우리는 간절히 기도할 수밖에 없었다. 절박한 현실이 나를 더욱 무릎 꿇게 하였다.

"주님, 어떻게 할까요? 한국으로 가서 출산할까요? 아니면 어디로 가야 하나요?"

하나님께서 응답해 주셨다. 그 응답은 아주 엉뚱하고 간단하였다. 기상천외하게 우리를 인도해 주셨다.

"처가로 들어가라!"

사실 나는 결혼 후 일 년 간 다섯 번 이사하면서 가장 가기 싫은 곳, 이곳만은 피하려고 마음먹었던 곳이 바로 처가였다. 하지만 주님의 뜻은 나와 정반대였다. 장모님, 큰 처형, 그리고 세 명의 조카, 우리 부부, 태어날 아이, 모두 여덟 명이 방 두 칸에서 살 것을 생각하니 암담하였다. 그러나 주님의 인도는 늘 축복으로 이어진다는 것을 알기에 더 이상 머뭇거릴 수가 없었다. 5개월 동안 동거했던 집사님 부부와 아쉬운 작별을 하고, 우리는 다섯 번째 이사를 단행했다.

그런데 신기한 일이 벌어졌다. 좁디좁은 공간에 들어왔는데, 그날 밤 포근하게 단잠을 잔 것이다. 연어가 집에 돌아온 것처럼, 이곳이, 이 가정이 내가 머물러야 할 곳임을 깨달았다. 선교사로, 사위로, 아들로 최선을 다할 것을 다짐했다.

우리의 형편을 아시는 주님, 인도해 주셔서 감사합니다!

모세가 태어나다

"아들을 주리니, 이름을 모세라 하여라."

결혼식을 하기 사흘 전, 아내는 새벽에 하나님께서 예지몽을 주셨다며 낮은 목소리로 아들의 이름이 모세라고 했다. 나와 아내는 하나님을 사랑하고 하나님의 뜻이라면 순종하고 따라야 한다는 것을 항상 이야기해 왔다. 주께서 아내에게 약속해 주신 것을 감사함으로 받고 기쁨의 기도를 드렸다. 주님이 주신 약속을 나의 아버지와 장모님에게만 살짝 말씀드렸다.

결혼 4개월이 지나, 신호가 왔다. 처음으로 산부인과에 갔을 때 초음파 검사를 받았는데 의사 선생님은 "딸은 아니다."라고 성별을 말해 주었다. 우리는 아이가 태어나기를 손꼽아 기다리며 기도하였다.

우리 집안에서 장손인 내가 너무 늦은 나이에 결혼을 했고, 사촌들은 이미 결혼을 했지만 아들이 없어서 장손의 자리는 아직 공석이었다. 이러한 나의 형편과 사정을 아시는 하나님께서 장손의 대를 장손인 나를 통해서 이어주셨다. 3.6킬로그램에 51센티미터의 건강한 사내아이가 태어났다. 푸틴 대통령이 태어났던 '6번 병원'에서였다. 태어나기 전부터 교회 식구들 모두가 아들이냐, 딸이냐, 이름은 무엇이냐고 궁금해하였다. 출산을 목전에 두고서야 나는 하나님께서 아들을 주셨고 이름은 모세라고 알려주었다.

러시아에서 태어난 모세는 출생신고를 이곳 상트페테르부르크에서 하게 되었다. 성은 '장', 이름은 '모이세이 요시포비치'이다. 러시아에서는 아빠 이름, 그러니까 나의 이름이 뒤에 꼭 붙는다. 요셉의 아들 모세가 정식 이름으로 러시아에 등록되었다. 물론 한국에도 출생신고가 되어 모세는 러시아, 한국 양국의 국적을 모두 취득하게 되었다.

모세가 태어나서 말할 수 없이 기뻤지만 한 가지 걱정거리가 생겼다. 러시아는 우리나라와 행정 절차가 많이 다르다. 출생신고는 어느 곳에서든 할 수 있지만 거주자 등록, 한국으로 치자면 전입신고 같은 것이 러시아에서는 매우 까다로웠다.

현재 지구상에서 유일하게 거주자 등록을 해야 하는 나라가 바로 러시아다. 워낙 큰 나라여서 많은 나라와 접하고 있는 탓인지, 외국인에 대한 법규가 굉장히 엄격하다.

전입신고를 하려면 자기 집이 필요하다. 세입자라면 집주인과 함께 집문서를 가지고 등록처에 가서 등록을 해야 하는데, 인원수에 따라 약간의 세금이 집주인에게 부과된다. 그러니 어떤 집주인이 거주자 등록을 해주겠는가?

아들이 태어났지만 우리 세 식구는 등록할 집이 없어서 고민하게 되었다. 상트페테르부르크의 집값은 한국 대도시 못지않게 비싸다. 사방팔방 수소문해서 우리 세 명이 등록할 곳을 찾았지만 쉽게 풀리지 않았다.

모세가 태어나던 날 오후, 아내는 출산을 위해 아침에 병원을 갔지만, 코로나 바이러스가 창궐해서 산모 외에 외부인은 어느 누구도 병원에 들어갈 수가 없었다. 기도하는 마음으로 집에서 기다리다가 나는 한 러시아 자매를 심방하게 되었다. 오래전에 이미 약속되었기에 교회에서 상담을 하게 되었다.

서른여덟 살의 나탈리아는 믿음이 좋았지만, 엄청난 시련을 겪고서 힘든 시간을 보내고 있었다. 교회에서 찬양하고 예배할 때는 마냥 기쁘고 행복한데 집에만 가면 우울해지고 힘들어서 삶이 지친다고 말했다. 나의 질문은 간단했다.

"당신 속에 예수님이 있습니까? 마귀가 있습니까?"

"기쁠 때는 예수님이 계신 것 같고, 우울할 때는 안 계신 것 같아요."
똑 부러진 대답이었다. 나는 나탈리아에게 숙제를 내주었다. 사흘 동안 저녁금식을 하면서 잠자리에 들기 전에 딱 일분만 기도하라고 했다.

"주님, 나를 불쌍히 여겨 주세요. 그리고 나에게 평안을 주세요!"

기도문의 길이가 중요한 것이 아니라, 짧은 기도라도 진실되게 기도하는 것이 중요하며, 마음에 평안이 있을 때만이 아름다운 삶이 될 수 있다고 설명해 주었다. 그러자 그녀는, 요셉은 무슨 기도를 하느냐고 물었다. 나의 기도가 궁금했던 모양이다. 그래서 오늘 아내가 출산을 위해 병원에 입원했는데 아이가 태어나면 등록할 집이 없어서 등록해 줄 집을 찾게 해주시기를 기도한다고 했다. 우리는 20분 정도 상담을 하고 헤어졌다.

집에 돌아와서 30분이나 지났을까? 병원에서 모세가 건강하게 태어났다는 문자와 영상이 도착했다. 식구들 모두 울며 기쁨으로 기도하면서 하나님께 감사했다. 코로나바이러스가 심한 상황이어서 산모와 모세는 곧바로 헤어졌고, 아내가 코로나 검사 결과 건강하다고 판정을 받고 난 지 이틀 후에야 아기를 만나서 젖을 먹이게 되었다. 그때까지도 우리 가족들은 병원 안에 들어가 보지도 못하고 그저 건강하게 퇴원하기만을 기도했다.

나흘 후, 산모와 아들이 퇴원하여 집으로 돌아왔다. 한 생명의 탄생은 모든 삶이 변화하는 놀라운 일로 연결되었다. 모세가 태어나기 전과 후의 내 삶은 완전히 바뀌었다.

시간이 흘러 등록해야 할 시간이 다가왔다. 어떻게 해야 좋을지 고민하고 있을 때, 한 통의 문자가 왔다. 문자를 보낸 사람은 모세가 태어나던 날 내가 상담해 주었던 나탈리아였다. 그녀는 사흘 금식 기도 후에 이메일을 보냈었는데, 다시 또 이메일을 보낸 것이었다.

전화번호 하나와 류바라는 이름의 문자였다. 류바는 혼자 살고 있는 믿음의 성도인데, 그분에게 요셉의 사정을 이야기했더니 흔쾌히 도와주고 싶다고 했다며, 빨리 전화해 보라는 문자였다. 류바에게 전화를 걸었다.

"나는 당신들을 도와줄 준비가 되었습니다."

류바는 이렇게 말문을 열면서 서류가 준비되는 대로 다시 연락을 할 것이며, 그때 만나서 등록해 주겠다고 했다. 얼굴도 이름도 모르는 우리에게 어떻게 이런 도움을 줄 수 있을까? 머리를 갸우뚱거리며 나스자와 손을 잡고 기뻐했다.

그동안 알아보고 거주자 등록을 소개해 주는 소개소에서 갔는데, 그곳에서는 3년 거주자 등록비용으로 2백만 원을 준비하라고 했었다. 이 길 저 길이 다 막히면 그런 업체를 통해서라도 등록을 해야 했기에, 류바의 전화는 기적 자체였다. 너무 기뻤다. 아무것도 필요 없이 우리를 돕겠다고 나서는 류바가 신기하고 감사했다.

나와 나스자는 약속 장소인 등록사무소 주차장에서 류바를 만났다. 루바는 우리가 상상했던 것과는 달리, 60대 중반의 할머니였다. 아주 곱게 늙으신 할머니가 우리보다 먼저 나오셔서 우리를 기다리고 계셨다. 한눈에 서로를 알아볼 수 있었던 우리는 웃음 띤 얼굴로 서로 인사를 나누고 사무실로 향했다. 류바가 등록 사무실에 전화를 걸어서 이미 모든 절차를 준비하게 해놓아서 등록은 순조롭게 이루어졌다. 등록을 마치고 밖으로 나와서 잠깐 이야기를 나누게 되었다.

"나는 한국 선교사님을 좋아합니다."

그녀의 입에서 생각지 못한 멘트가 흘러나왔다. 3년 전, 류바는 한국 선교사님께 큰 은혜를 입었다고 했다. 그 덕분에 류바는 아시아의 작은 나라 한국, 그리고 선교사에 대해 아주 좋은 이미지를 품고 살았다. 그러던 중 교회 친구 나탈리아에게 요셉 선교사의 어려움을 듣게 되었고, 흔쾌히 도움을 주어야겠다고 생각했다는 것이다.

우리는 그 순간부터 한 집, 같은 세대의 구성원이 되었다. 가족이 된 것이다. 나는 러시아어판『생명의 열쇠』한 권을 선물로 드렸다. 류바는 나의 손을 붙잡고 한 가지 부탁이 있다고 했다. 외동딸을 위해 기도해 달라는 것이었다. 딸의 직업은 의사인데, 딸과 성격이 맞지 않아서 만나기만 하면 싸우기 일쑤라고 했다. 그래서 너무 힘들어 하고 있으니, 남자 선교사가 힘차게 주님께 기도해 달라는 부탁이었다.

기도하는 것이 나의 일이다. 우리는 길가에 서서 서로 손을 맞잡고 주님께 간절히 기도드렸다. 그리고 포옹을 하고 헤어지며 다음을 약속했다.

한 달 뒤, 류바의 생일이었다. 나와 아내는 류바의 집에 초대받아 함께 점심을 먹으며 사랑의 교제를 나누었다. 큰 집에서 혼자 살고 있는 류바는, 언제나 대문이 열려 있으니 손님으로 방문해 줄 것을 요청했다. "살아계신 하나님, 감사합니다. 하나님의 은혜는 참으로 놀랍습니다." 저절로 기도가 나왔다.

집이 없어 등록을 하지 못해서 낙심하는 나에게 나탈리아가 나타나 러시아 할머니를 만나게 했고, 할머니의 넉넉한 사랑의 품이 우리를 맞아두었다. 30년 간 등록사무소에서 행정업무를 했던 한 고려인은, 살면서 이런 일은 처음 겪었다면서 이 일은 분명 하나님께서 하시는 일이라며 놀라워했다.

모세를 축하하는 러시아

러시아 땅에서 선교를 한 지 벌써 11년이 되었다. 8년째 되던 해에 결혼을 했고, 10년째 되는 해에 하나님께서 아들을 선물로 주셨다. 나와 아내는 나이 차이가 20년이 훌쩍 넘는다. 더구나 아내는 아름답고 지혜롭다. 내가 구애를 몇 년 한 것도 아니고 주님께서 인도해 주셔서 순종했더니, 아내를 만나 결혼을 하고 가족을 이루게 해주셨다.

나에게는 러시아 친구들이 많다. 10년 동안 진실한 마음으로 사귄 친구들이 10대의 어린 친구부터 70대의 할머니에 이르기까지, SNS 친구 목록에 진주처럼 박혀 있다. 그런 친구들이 내가 결혼을 한다고 하니 모두 난리가 났다. 까다롭기로 소문난 요셉이 결혼을 한다면서 친구들은 아내의 얼굴을 몹시 궁금해했고, 나는 한참 뜸을 들일 대로 들인 후에야 사진을 공개했다. 각자 느낀 대로 메시지를 보내왔는데, 다양한 반응을 보였지만 공통된 것은 진심으로 축하하며 예쁘게 살기 바란다는 축복의 내용이었다.

"요셉은 어리고 예쁜 신부를 얻을 자격이 있다."

캄차카에서 약사 일을 하는 악사나는 나에게 이런 메시지를 보냈다. 그리고 그렇게 자격이 있는 이유도 남겼다. 오랜 시간 러시아 땅을 다니며 많은 사람들을 도와주고 기도해 주었는데 하나님께서 그 마음을 아시고 예쁜 신부를 준비해서 주셨다, 너는 그 신부를 받을 자격이 충분하다, 러시아의 한 사람으로서 축하한다고 논문을 쓰듯이 메시지를 보내왔다.

나의 러시아에서의 선교사역을 인정해 주고 기억해 주며 축하해 주는 진실된 사람이 있다는 것이 고맙고 기뻤다. 그런데 모세가 태어나자 축하의 메시지가 더욱 많아졌다. 통장으로 축하금을 보내주신 분들도 적지 않았다. 적게는 5백 루블부터(한화 일만 원)부터 많게는 2만 루블(한화 40만 원)까지, 모세의 출생을 축하해 주시는 분들의 진심 어린 마음들을 어디에 다 기억해 놓을 수 있을까?!

하바롭스크에 살고 있는 딴야 할머니는 눈물을 글썽이는 얼굴로 영상 통화를 해왔다. '나의 친구 요셉, 지구에서 가장 가까운 나의 친구 요셉!'이라고 하며 너무 기쁘고 감사하다면서 5천 루블을 가장 먼저 보내주셨다.

딴야 할머니는 56세이지만 손자, 손녀가 있으니 할머니로 불렸다. 딴야와 나의 만남은 놀랍고 축복된 것이었다. 딴야의 큰 손자 블라드의 소개로 알게 되었는데, 딴야는 외동딸 빅토리아의 음주와 거친 삶이 큰 고민이었다. 신앙이 좋은 딴야는 나의 러시아어판 『생명의 열쇠』를 일곱 번이나 읽어서 나보다 오히려 책 내용을 더 잘 알고 있었다.

딸의 문제로 기도하다가 나를 만났고, 우리 셋은 함께 한국에서 2주간 지내게 되었다. 성령님께서 술 문화에 빠져 있는 빅토리아를 한국의 집에 함께 지내도록 지시하셨는데. 때마침 나는 비자 문제로 다녀와야 했다.

딴야는 한국이 처음이어서 딸과 동행해야 했기 때문에 우리는 첫 만남임에도 불구하고 믿음을 갖고 함께 한국에 갔다.

술꾼, 마약 중독자. 살인자, 사기꾼, 병든 자…. 스스로 그렇게 살고 싶은 사람은 없다. 누구나 올바르게 살고 싶어 한다. 하지만 사탄에 사로잡히면, 물고기가 낚싯밥을 먹으면 강태공의 손에 끌려갈 수밖에 없듯이 사탄의 손에 놀아날 수밖에 없다. 그래서 우리의 영적 주인이 누구인가, 누구에게 잡혀 살고 있는가가 중요하다. 사탄의 손에 사로잡혀 살아가는 그 못된 습관을 끊으려면 혁명적인 변화가 필요하다. 환경을 완전히 바꿔 주고 새로운 사람을 만나는 것이 큰 도움이 될 수 있다. 그렇게 달라진 환경, 달라진 마음가짐으로 살기 시작해야만 하나님을 만날 수 있는 기회가 열리게 된다.

26세 딸은 2주간 함께 지내며 24시간 내내 나와 일정을 함께하지 않을 수 없었다. 교회 방문, 심방 일정, 설교, 강연…. 그러다보니 변화가 시작되었고, 그 변화의 열매는 좋았다. 딴야 할머니의 기도처럼 빅토리아는 극적으로 변화되기 시작했다. 지금은 술을 끊고 정상적으로 삶을 살고 있다고 했다. 그때 그런 인연으로 딴야는 나를 무척 사랑해 준다.

딴야는 나의 결혼과 모세의 출생을 그 누구보다 기뻐해 주었다.

딴야의 축하금은 시작에 불과했다. 이어지는 러시아 친구들의 축하 행렬은, 액수가 많든 적든, 큰 고마움과 감사의 기도를 자아냈다. 놀랍게도 한국의 선교사님 스물여덟 분으로부터도 선물이 도착했다.

어느 선교사님과 점심식사를 하던 중 모세의 출생에 대해 이러저런 이야기를 나누게 되었다. 러시아 친구들의 이야기를 전했더니 놀라움을 금치 못했다. 본인도 28년째 러시아에서 선교하고 있지만 현지인에게 사랑받고 싶을 때가 많다고 했다. 자신은 지금도 위로만 해주고 다니니 지친다고 하시면서, 나를 부러워하고 또 칭찬해 주셨다.

나는 목사가 아니다. 신학도 정식으로 공부하지 않았고, 소속 교회도 없고, 어느 단체에도 소속되어 있지 않아서 후원이 없다. 하지만 가끔 나는 나를 생각한다. 하나님께서는 나에게 아무것도 갖춘 것이 없이 그냥 믿음만 주셨고, 맨몸으로 러시아 땅에 던져 버리셨다. 그리고 지켜보시는 것 같다. 어떻게 살아가는지, 다른 곳으로 눈을 돌리는지 마는지….

모세의 출생은 나에게 도전과 희망을 갖게 했다. 차가운 듯 보이지만 마음은 뜨거운 러시아 사람들 사이에서 나에게 이 민족을 사랑하게 해주시고, 이들과 가족을 이루게 하시고, 러시아 국적의 아들을 주시고, 많은 러시아 사람들의 축하 속에서 살고 있으니, 감사할 뿐이다.

러시아 또한 세계의 대부분 나라들과 마찬가지로, 저출산으로 아기 한 명이 귀하다. 그래서 아기가 셋이면 큰돈을 양육과 교육을 위해

적금으로 지급하고, 17세가 되면 현금으로 찾아 사용할 수가 있게 해준다. 세 명의 자녀가 있는 처형은 얼마전 이 선물을 받았다. 그런데 법이 바뀌어 모세가 태어난 해부터는 한 자녀, 첫 자녀에게도 똑같은 선물이 주어지게 되었다.

나는 가끔 푸틴 대통령 꿈을 꾼다. 꿈에서 그는 나에게 고맙다는 표현을 한다. 이 나라 러시아에서 러시아 민족을 위해 기도해 주고 축복해 주어서 고맙다고 했다. 그의 영은 알고 있는 것 같다. 그도 모세가 태어난 것이 기쁜가 보다. 그래서 선물을 주려고 법을 바꾼 것이 아닌지, 고개를 갸우뚱하게 된다.

"모이세이 요스프비치!"(모세와 요셉)

성경 이름으로 아버지와 아들이 등록되었다. 등록처 직원들, 결혼청 직원들, 의료보험 직원들, 병원 사람들이 모두 다 이름만 듣고서 사랑을 해준다. '그럼 그렇지! 누가 지어준 이름인데!' 하나님이 친히 지어주신 그 이름, 모세의 앞날을 한껏 축복해 주심이 가슴 깊이 전해져 온다.

뿌리면 거두리라

블라디보스토크에서 사역하고 계시는 최진선 선교사님으로부터 상트페테르부르크에 있는 나에게 전화가 걸려왔다. 내가 그곳에서 선교하던 당시 나를 사랑해 주셨던 선교사님의 전화였기에 너무 반가웠다. 전화를 받자마자 선교사님은 "요셉, 너무 고마워!"라고 말하였다. 나는 무엇이 고마운지 되물을 수밖에 없었다.

3년 전 블라디보스토크에서 한 자매를 전도해서 그 선교사님의 교회로 인도한 적이 있었다. 나와 동갑인 알렉산드라는 법률가였다. 알렉산드라는 나의 선교사역을 너무 좋아했고, 나에게 늘 예수님 이야기 듣는 걸 좋아했다. 그리고 교회에 다니고 싶어 했다. 그런 알렉산드라를 나는 블라디보스토크 한국 선교사님의 교회로 초대했고, 함께 주일예배를 드렸다.

알렉산드라를 알게 된 것은 그녀의 둘째 아들 블라드 덕분이었다. 블라드는 당시 21세 청년으로 어려움에 처했을 때 나의 도움을 받은 적이 있었고, 그런 연유로 가까워져서 서로 신뢰하며 형제처럼 지내는 사이가 되었다.

러시아도 우리나라와 마찬가지로 친족문화가 발달되어 있어서 한 명의 가족 구성원이 다른 누구에게 큰 은혜를 입거나 도움을 받으면 그 사람 또한 가족의 일원으로 받아들여져서 스스럼없는 사이가 된다. 블라드의 소개로 그의 어머니 알렉산드라, 할머니 따마라, 형제, 친구들까지 많은 가족들을 한 번에 얻게 되었다.

그들을 만난 지 어느새 3년이 흘렀다. 알렉산드라는 열심히 신앙생활을 하면서 믿음을 키워 나갔고, 지금은 집사 직분을 받았으며, 얼마전부터는 주일예배 시간에 사회를 보면서 더욱 주님을 사랑하게 되었다. 그런 그녀에게 아주 놀라운 일이 생겼다.

믿음이 성장한 알렉산드라는 선교사님께 자기 고향 마을에 교회가 없으니 교회를 세워 달라고 부탁했다. 목사님은 오랜 기도 끝에 그곳에 새로운 교회를 세우기로 계획하고는, 마침내 한 달 전에 교회를 세우고 처음 예배를 드렸다.

얼마나 기쁜 일인가! 그저 한 자매에게 예수님을 소개하고 교회로 초대했을 뿐인데 그녀가 3년 후에 이렇게 성장한 것이다. 알렉산드라 한 사람을 통하여 예수님을 모르는 곳에, 교회가 없는 곳에 교회가 세워졌다는 소식은 너무 반갑고 큰 선물이었다. 선교사님은 그런 기쁜 소식을 전하기 위해 나에게 전화를 했던 것이다.

말씀이 육신이 되기까지

나의 할머니께서는 97세가 되도록 장수하시고 하늘나라로 가셨다. 할머니의 삶은 기도로 시작해서 기도로 끝났다고 해도 과언이 아니다. 새벽 세 시면 어김없이 탁상시계가 울려서 고요한 집안사람들을 모두 깨웠다. 하루 여섯 차례 한 시간씩, 정해 놓고 여섯 시간 이상을 습관적으로 기도하셨다.

며칠도 이렇게 기도하기란 쉽지 않은데 할머니는 의무감, 아니 사명감을 가지고 평생 쉬지 않고 기도하셨다. 어렸을 때부터 할아버지 할머니와 함께 같은 방에서 살았던 나는, 그런 할머니의 기도 습관을 너무 잘 알고 있었다. 나는 조용히 기도하는 습관을 지녔지만, 할머니의 기도는 매우 전투적이었다. 세계와 대한민국 그리고 가족에 이르기까지 통성으로, 방언으로 기도하셨다. 기도에 불이 붙으면 두 시간은 기본이었다. 뜨겁게 기도하시는 할머니는 조용히 기도하는 나에게 "너는 너무 기도가 싱겁다."라는 표현을 하시며 뜨겁게 우렁차게 기도할 것을 나에게 주문하셨다. 기도뿐 아니라 단식기도로 3일, 5일, 일주일, 이렇게 새해 첫날, 추석, 설날, 자신의 생일 등 무슨 문제가 조금이라도 있을 때마다 주님 앞에 무릎을 꿇으셨다.

안방에 TV가 있던 어린 시절, 할머니의 기도 시간은 내가 좋아했던 만화 방영 시간과 늘 겹치기 마련이어서 늘 아쉬워하곤 했다. 그렇게 건강하게 지내셨던 할머니는 치매도 걸리지 않으시고 깨끗하게 돌아가셨다. 쓰러지시기 전까지 스스로 바느질, 식사도 잘하셨다. 그 모든 것이 기도의 힘이라는 것을 가족들은 모두 알고 있었다.

97세에 뇌출혈로 쓰러지셨고, 3개월 정도 병원에서 호흡기를 의지하고 누워 지내시다 돌아가셨다. 노인병원 중환자실에서 계셨기에 보호자 가족들은 병원에서 함께 지낼 수 없었다. 어느 날 병원에서 보호자를 찾는 전화가 와서 간호사를 만나게 되었다.

간호사는 할머니에게 한 가지 이상한 점이 있다고 했다. 눈동자도 반응이 없어 늘 감고 있고 뇌가 일을 안 하기 때문에 산소호흡기를 의지한 채 생명이 연장되고 있는 상황이었다. 그런데 새벽 세 시만 되면 할머니는 괴성을 지른다는 것이다. 정확히 새벽 세 시라고 하였다. 처음에 그 소리를 들었을 땐 할머니가 의식이 돌아오셨나 해서 부랴부랴 달려와 체크해 봤으나, 의식은 전혀 없는 상태였다고 했다.

다음 날도, 그 다음 날도, 할머니는 새벽마다 같은 시간이 되면 무슨 소리인지 알 수 없는 소리를 지른다며 의아해하였다. 처음에 나도 그 말을 들을 땐 고개를 갸우뚱할 수밖에 없었다. 한참 생각해 보니 새벽 세 시라는 데에 답이 있었다. 그 시간은 바로 할머니의 기도 시간이었다.

"주여! 주여! 주여!"

할머니는 늘 기도를 하실 때 '주여'를 세 번 크게 외치고 기도하셨다. 습관적으로 기도하셨기에 병원에서도 그 시간에 주님을 부른 것이라고 확신한 나는, 간호사에게 할머니의 기도 습관을 말해 주었다.

"내일 자세히 들어보세요. 아마 '주여'라고 외치실 거예요. 치아도 모두 빠지고 혀도 오그라들어서 '주여'가 아닌 다른 괴성으로 들렸을 것 같습니다."

이 사건은 나에게 많은 교훈을 주었다. 인간의 습관이란 참으로 무섭다. 언어도 습관이어서 어렸을 때 배운 대로 말을 사용하게 된다. 어렸을 때 몸에 배인 습관은 커서도 고치지 못하여 그대로 운명이 되어 버리고 만다.

결혼한 이후엔 아내를 옆자리에 앉히고 자동차를 운전하곤 한다. 얌체 운전자들이 방향 지시등도 켜지 않은 채 끼어들 땐 나도 모르게 "이 새끼가!"라는 말이 툭 튀어나온다. 몇 번 그런 말이 튀어나오니, 언젠가는 아내가 나에게 "이 새끼가 무슨 뜻이냐"라고 질문했다. 순간적으로 너무나 당황한 나는, 그건 예쁜 아이를 부를 때 쓰는 말이라고 둘러댔다.

어느 나라 말이든 칭찬이나 욕설, 사랑과 증오 등 감정이 담긴 말은 그 의미가 저절로 전달되는 경우가 많다. 아내는 그 말이 나쁜 말인지를 알면서도 나에게 물었고, 나는 고칠 생각은 하지 않고 둘러댔는데 그 후의 어느 날 아내에게 호된 질책을 당하게 되었다. 운전을 하고 있는데, 갑자기 차량 한 대가 우리 앞으로 끼어들었다. 그러자 아내의 입에서 "이 새끼가!"라는 말이 정확한 발음으로 튀어나왔다. 너무 놀란 나는 그만 할 말을 잃었다. 어떻게 이런 일이!

나는 그때서야 아내에게 그것이 나쁜 말이라는 것을 설명해 주었고, 나도 앞으로는 사용하지 않을 테니 당신도 하지 말라고 당부했다. 그런데 이게 웬일인가? 지금도 아내 입에서 가끔씩 그 말이 튀어나온다. 내가 집안에서 뭔가를 제대로 하지 못할 때면 이 말을 한다. 말은 주워 담을 수가 없다. 내 버릇은 고쳤는데, 아내가 그 예쁜 입으로 정확하게 어떤 뜻인지도 모르고 그 말을 내뱉는 데서 많은 것을 생각하게 되었다.

좋은 습관이든 나쁜 습관이든, 우리의 뇌는 판단을 하지 않고 때가 되면 그 습관을 반복한다. 할머니는 의식을 잃었지만 할머니의 뇌는 기도 시간을 잊어버리지 않고 반응했던 것이다.

우리의 삶 속에서 말씀이, 믿음이 육신이 되어 살아야 한다. 얼마나 노력을 해야만 말씀이 육신이 될까?

예수께서는 "누구든지 나를 따르려거든…"이라는 말씀을 하셨다. 예수님을 따르는 것은 예수님을 알고 믿는 과정을 지난 다음의 단계일 것이다. 그런데 정말 중요한 것은, 말씀이 육신이 되지 않으면 예수님을 따를 수 없다는 사실이다. 말씀이 몸으로 체화(體化)되지 않으면, 마음

따로 몸 따로가 되어 예수님을 따를 수 없을 것이기 때문이다. 육신이 말씀이 되어야만이 자기를 버릴 수 있고 주님을 따를 수 있다!

현대인들은 신앙생활을 잘 하기가 매우 어려운 환경 속에 처해 있다. 현대인의 삶은 고도로 발전한 과학문명 속에서, 물질의 풍요 속에서, 복잡한 인간관계 속에서 이루어진다. 편리하고 풍요롭고 아쉬울 것 없는 삶 속에서는 주님을 찾게 되기가 쉽지 않다. 하지만 편리함과 풍요로움만으로는 해결할 수 없는 문제가 분명히 존재한다. 그 무엇으로도 답을 얻을 수 없고, 고도로 발달된 과학의 힘이나 돈으로도 해결할 수 없는 문제가 있는 것이다.

왜 이런 어려운 문제가 우리에게 생기는 것일까? 그 이유는 딱 한 가지뿐이다. 그것은 바로 주님께로 돌아오라는 신호이자 징조인 것이다. 주님을 알지 못하고 지낸 채 어려운 문제가 닥치면 생을 포기할 생각까지 하게 된다. 그런 어려운 문제를 풀 수 있는 것은 주님뿐이다. 우리가 알고 있는 주님, 우리가 믿고 있는 주님은, 그 어떤 문제도, 그 어떤 어려움도, 그 어떤 무거운 짐도 맡아 해결해 주신다.

그럼, 주께서는 언제 우리의 문제를 맡아 해결해 주시는가? 우리가 모든 것을 믿고 맡길 때이다. 우리가 믿고 맡기지 않으면, 그 문은 결코 열리지 않는다!

사랑의 치약

결혼 후, 나에게는 러시아 식구들이 많이 생겼다. 식구와 친구는 확실히 그 느낌이 다르다. 10년 전 러시아 땅에서 많은 친구들을 사귀었고 그들과 형제처럼 지내 왔기에, 나에게 러시아 사람은 모두 가족처럼 마음속 깊이 사랑했고 그들과 더불어 살아왔다.

그런데 결혼을 함과 동시에 또 다른 가족이 생겼고, 지금은 가족들과 한 집에서 살고 있다. 장모님, 처형과 세 명의 조카, 우리 부부, 아들 모세까지 여덟 명의 식구가 함께 한 지붕 밑에서 의식주를 해결하며 18개월째 지내오고 있다.

첫째, 나는 선교사로서 모든 이들과 선교하는 마음으로 관계를 한다. 그렇게 살아왔던 습관이 가족생활을 하는 데에도 그대로 이어져 왔다. 서로 다른 환경에서 다른 문화와 습관, 다른 생각을 하며 살아왔기에, 한 공간에서 며칠을 사는 것과 장기적으로 사는 것은 전혀 다른 문제이다. 어린 조카들, 일찍 홀로된 장모님과 처형까지, 가족 구성원 속에서 일어나는 이런저런 일들을 이해한다는 것이 쉽지 않았다. 어떤 문제에 부딪혀서도 내 마음대로 할 수 없는 경우가 비일비재하였다.

사랑에는 두 가지 유형이 있는 것 같다. 무조건적인 사랑과 기대의 사랑. 아버지의 사랑과 할아버지의 사랑이 이 두 유형의 사랑을 대표한다고 할 수 있을지도 모른다. 아버지의 자식 사랑은 기대가 있으나 할아버지의 손자 사랑은 무조건적으로 베풀어 주는 사랑인 것이다. 주님께서 우리에게 주시는 사랑 또한 무조건적이다.

러시아에서 선교하면서 러시아 사람들에게 일방적으로 무조건의 사랑을 베풀었던 내가, 가족들과 한 울타리 안에서 살면서부터는 시간이 흐를수록 기대를 품는 사랑을 하고 있다는 것을 발견하게 되었다. 내 기대의 눈높이에 맞추어 지켜보면서 마땅치 않으면, 따지게 되고 잔소리를 하고 있었다. 분명 좋지 않은 현상이었다. 속마음은 그게 아닌데, 그런 내 마음을 알아주지 않아 섭섭한 경우가 생겼다. 그럴 때마다 나는 선교사로 이 땅에 보내졌고, 이 가족과 내가 함께해야 할 시간이어서 주님께서 이곳에 보내셨다는 마음을 잃지 않으려고 했다. 섬기는 마음과 가족을 위해 기도하는 마음을 놓치지 않기 위해서 주님께 미리 기도하곤 했다.

식구 여덟 명이 한 아파트에서 생활한다는 것은 쉬운 일이 아니다. 먹거리, 생활용품 등, 모든 것이 나와 아내 단 둘이 살 때와는 비교할 수 없었다. 근검절약은 나의 삶 속에서 습관처럼 배여 있는 덕목이다. 내가 절약하는 모습을 보던 장모님은 "유대인보다 더 유대인 같은 요셉"이라면서, 유대인인 자신보다 더 자린고비라고 웃으며 칭찬해 주곤 하신다.

치약을 끝까지 사용한 뒤에도 가위로 몸뚱이 부분을 잘라서 꼭지 부분에 남아 있는 치약을 모조리 사용하는 모습을 보신 장모님은 감탄을 거듭하셨다. 그러던 어느 날 아침, 양치질을 하려고 하는데 치약이 하나도 없었다. 그나마 가위질한 꼭지 부분도 거의 깨끗해져 있었다. 생활용품 수납장에도 치약이 하나도 없었다. 새벽 기도를 마치고 귀가하면서 치약을 꼭 사와야겠다고 메모를 하고 교회로 향했다.

그날 오후 일과를 마치고 집에 오는 길에 치약 네 개를 사왔다. 그런데 욕실 수납장에 넣으려고 보니 누군가가 벌써 세 개의 치약을 비치해 놓았다. 아내에게 물어보니 자신이 아침에 상점에 가서 구입했다면서, 내가 사온 치약을 보고는 마음이 통했다고 활짝 웃었다. 그런데 잠시 후엔 처형이 퇴근하고 들어오면서 세 개의 치약을 또 사들고 왔다! 우리는 치약을 보며 또 한바탕 웃었다. 아침에 꾹꾹 눌러 짜서 쓰던 치약을 본 식구 모두가 같은 마음으로 치약을 구입했던 것이다. 장모님에게 우리가 구입한 치약을 모두 보여주며, 열 개가 생겼으니 이 정도면 올해가 다 가도록 치약은 안 사도 되겠다며 모두 함박웃음으로 박수를 쳤다.

치약 한 개의 값은 별것이 아니다. 그러나 치약이 필요하게 된 것을 알게 된 가족들 모두가 누가 시킨 것도 아닌데 귀가하면서 각자 치약을 구입한 것은, 가족이란 것이 어떤 것인지를 보여준 아름다운 사건이었다.

우리는 모두 초대교회를 꿈꾼다. 누가 시켜서 움직이는 세상 문화의 공동체가 아닌, 마음에서 마음으로 이어지는 사랑 공동체! 교회공동체 이전에 하나님께서는 우리에게 가족 공동체를 주셨다. 작은 공동체 안에서부터 시작된 사랑의 바이러스는 당연히 이웃에게도 전달되게 마련이다.

공동체 안에는 누군가 빛을 밝히는 구성원이 있어야 한다. 적어도 한 사람은 있어야 한다. 그 한 사람은 어떤 사람인가? 예수님을 아는 사람? 예수님을 믿는 사람? 예수님의 뜻대로 살고 있는 사람? 겉으로 보기에는 비슷하고 같은 사람인 것 같지만 그렇지 않다. 예수님의 말씀대로 살아가는 사람, 그 한 사람이 중요한 것이다. 그 한 사람이 공동체 안에서 그리스도의 빛과 향기를 발하는 것, 그것처럼 중요한 일은 없는 것 같다.

"요셉! 선교사의 삶에 만족합니까?"

초등학생인 조카 실리나의 갑작스런 질문에, 당연히 만족한다고 대답했다. 실리나는 나를 안아주며, 나도 요셉 같은 선교사가 되는 것이 꿈이라고 속마음을 털어놓았다. 입이 무겁고 누구에게도 속마음을 이야기하지 않던 조카의 발언은, 가족 모두에게 기쁨과 충격을 안겨주었다.

"그럼, 성경을 읽어 보렴! 성경에 모든 것이 다 들어 있단다. 천천히 그리고 자주 성경 읽으면, 선교사로서의 기본을 배울 수 있단다."

어린 실리나에게 성경 읽을 것을 권하고 선교사의 꿈을 꾸게 해준 그날 밤, 우리는 모두 하나님께 감사의 기도를 드렸다.

빛과 소금 같은 삶을 살아라!

"오늘은 제가 존경하는 사람이 함께 예배를 드리고 있습니다."

70세가 넘으신 목사님은 러시아에서 선교사로 생활한 지 25년이 넘으셨다. 그런 목사님이 설교 시간에 어린 나를 이렇듯 높이시며 설교하신 이유를 이야기하려고 한다.

목사님을 알게 된 지는 얼마 안 되었다. 8개월 전 겨울, 처음으로 교회를 방문한 나는 목사님께 교회 여기저기를 안내받으며 둘러봤는데, 건축한 지 20여 년 된 교회 곳곳에 페인트가 벗겨지고 콘크리트도 바스러져 나간 데가 적지 않아 수리가 필요해 보였다. 어떤 건물이든 수리를 제때 하지 않으면 부식이 더 빨리 진행되게 마련이다. 그래서인지 건축한 햇수에 비해서 교회가 많이 낡아 보였다.

목사님은 몇 년 전 암수술을 받으신 터라 건강도 좋지 않아 보이셨다. 그러나 이 교회를 통해서 주님께서 하신 일들을 들었다. 러시아 동쪽 지역에서 많은 이들에게 신학을 가르쳐서 목회자와 교회 동역자를 배출하셨다. 내가 도와줄 수 있는 일을 생각하다가, 페인트칠하는 일이라면 할 수 있을 것 같았다. 나는 목사님께 따뜻한 봄에 반드시 다시 와서 페인트 공사를 해주겠노라 약속했었다.

시간이 흘러 나의 러시아어판 첫 신앙 간증집이 출간되었고, 약속했던 대로 목사님을 다시 찾아가게 되었다. 반갑게 인사를 나눈 후 책을 선물로 드렸더니, 무척 기뻐하시면서 러시아 전도사에게 읽은 후에 감상문을 보고하라고 하셨다.

목사님은 나에게 시멘트, 미장일을 할 줄 아느냐고 조심스럽게 물으셨다. 전문가 수준은 아니나 어느 정도 흉내는 낼 줄 안다고 말한 뒤, 교회 외부 계단 밑을 가보니 무너져 내린 상태가 미장으로 할 수 있는 일이 아니라 토목공사가 필요한 상태였다. 옷도 갈아입지 않은 채 필요한 재료를 구입해서 작업을 시작했다.

이틀에 걸쳐 곳곳을 시멘트로 보수 작업을 마친 후 시멘트가 양생되고 나니, 흰 페인트 교회 벽면과 작업을 마친 시멘트색이 너무 차이가 났다. 불가피하게 페인트 작업도 시작하게 되었다.

큰 교회 보수공사는 정해진 한도가 없다. 여기 고치면 저기, 저기 고치면 여기, 이렇게 일감이 계속 늘어났다. 시멘트 보수만 부탁하셨던 목사님도 나의 일하는 모습을 보시더니 흡족해하셨다.

그렇게 시작한 수리를 2주째 하게 되었다. 외부와 내부, 사무실, 식당, 화장실, 숙소에 이르기까지, 워낙 큰 교회여서 페인트칠과 수리할 곳이 너무 많았다.

나의 러시아 소방관 친구 세르게이가 이틀 동안 쉬는 날을 이용하여 나를 열심히 도와주었다. 세르게이가 내민 도움의 손길은 많은 이들에게 은혜롭게 다가왔다. 세르게이의 도움이 끝나자, 이번에는 교회에서 지내던 샤샤가 사흘 동안 나를 도왔다. 샤샤는 전문적으로 집을 리모델링 하는 기술자인데, 사정이 있어서 교회에서 지내는 것이라고 했다. 우리는 공사를 하는 동안에 정이 들었고, 후에는 그의 집까지 방문하여 아픈 아내를 위해 기도하는 귀한 시간도 갖게 되었다.

　이 교회 성도들의 대부분은 아이들과 할머니였다. 모두들 나를 선교사가 아닌 일꾼처럼 여겼다. 곳곳에 페인트가 벗겨진 곳들이 새롭게 단장되면서 교회 외관이 달라지자 보는 사람마다 나에게 고마움을 표했다.

　사실 나도 무척 힘들었다. 모든 재료와 도구가 충분하지 않은 상황에서 혼자 하기에는 너무 벅찬 일이었다. 사다리로 위층, 아래층을 오르락내리락 동분서주하며 일하다 보니 몸도 마음도 두 배로 지쳐 갔다. 그래도 약속한 일이었기에 최선을 다했다. 이런 내 모습을 보고서 목사님을 비롯한 모든 성도들이 감동을 받은 것 같았다.

　"빛과 소금의 사람이 되자!"

　주일예배 목사님 설교의 주제였다. 누구든지 예수를 믿으면 빛과 소금 같은 사람이 되어야 한다. 묵묵히 약속한 일들을 2주일 내내 해주는 모습에 목사님은 감동을 받았다고 고백하셨다.

　목사님은 성도들에게 살아계신 하나님을 지금껏 외쳐 왔으면서도 성도들을 향한 사랑이 부족했음을 회개하셨다. 목사님의 고백은 아름다웠다. 목사님은 20여 년 사역하시며 두 번의 큰 어려움을 만났다. 100여 명 성도들과 제자들이 목사님과 의견다툼을 벌이고 교회를 떠나는 일이 생겼던 것이다. 자기의 강한 카리스마로 상대들을 대한 결과였다며 당시 자신의 잘못을 회개하셨다.

누구나 자신의 소신으로 살아간다. 그러나 결정적일 때에는 자신의 모든 소견을 내려놓고, 그리스도의 사랑으로 풀어나가야 한다. 그래서였을까? 목사님의 변화가 성도들에게도 크게 영향을 미쳤다. 그리하여 성도들이 각자 고민하고 걱정했던 문제들을 주님 앞에 아뢰고 회개하는 놀라운 역사가 일어났다.

평신도 100명이 회개하는 것도 중요하지만 목회자 한 명이 똑바로 서는 것이 더욱 중요하다는 목사님의 말씀이 기억난다. 나는 설교시간 내내 고개를 들 수가 없었다. 나 또한 약속했던 기억을 지키기 위해 봉사했고, 봉사하면서 난 이렇게 기도했다.

"나의 봉사가 그저 노동으로 목사님과 성도들에게 비추어지지 않고 주님의 사랑으로 전달되게 해주세요."

그야말로 일거양득이었다. 봉사로 인해 교회를 말끔하게 단장하게 하였고, 그렇게 묵묵히 일하는 나의 모습을 통해서 주님의 사랑이 감동으로 전해졌기 때문이었다.

제2부

회개, 치유, 그리고 중심의 회복

"하루 한 끼 저녁에는 금식을 하고, 사흘 동안만 열심히 기도하십시오. 분명히 응답이 있을 것입니다."

사흘 후 우리는 교회에서 다시 만났다. 놀랍게도 사흘 전보다는 훨씬 밝은 모습이었다. 그녀는 그동안 두 가지 변화가 왔다고 했다. 첫째, 마음의 평안이 찾아왔고, 둘째, 하혈이 사라졌다.

내가 사랑할 수 있는 사람만 사랑한다면

내가 사랑하고 또 나를 사랑해 주는 러시아 교회에서 사역하는 슬라바 장로 이야기를 들려주고 싶다. 나보다는 20여 년 연상이지만 러시아 문화 속으로 들어가 지내다 보니 나이 차이는 그야말로 숫자에 불과할 정도여서 나이를 불문하고 친구처럼 지낸다. 그 장로와 서로 아껴주고 지낸 시간이 어느새 8년 가까이 되었다.

처음 만났을 때부터 그가 하나님을 믿었던 것은 아니었다. 그리고 처음부터 나를 좋아했던 것도 아니다. 그러나 그의 아내가 신학공부를 하는 계기가 있었고, 그 후 그는 하나님을 믿었을 뿐만 아니라 요셉이란 이름을 가진 나를 좋아하게 되었다.

지금 슬라바 장로의 아내는 목회자가 되었다. 시골교회를 개척해서 많은 아이들을 목양하고 있다. 슬라바 장로는 아내 목사를 돕고 함께 사역하고 있다. 재정과 목회 환경의 어려움은 늘 있지만 그럴 때마다 기도로 모든 문제를 헤쳐 나아가고 있다. 그러한 믿음의 삶을 살고 있는 그들에 대한 존경심이 내 마음 밑바닥부터 샘처럼 솟아오른다.

얼마 전, 슬라바 장로를 반갑게 만났다. 그런데 그날은 왠지 안색이 좋아 보이지 않았다. 어디 아프냐고 묻자, 심장이 많이 아프다고 한다. 약을 먹어도 그때뿐, 통증이 시간이 지나면서 더욱 심해진다고 했다.

나는 눈을 감고 예수님께 기도했다. 그런데 성령께서 나에게 순식간에 음성을 들려주셨다.

"그는 지금 마음이 미움으로 가득 차 있다!"

아니, 이게 무슨 일인가. 슬라바 장로는 믿음이 충만하여 교회 아이들과 성도들을 사랑하고, 희생하며 봉사하는 사람이지 않은가? 나는 조심스럽게 질문을 던졌다.

"장로님, 누군가 미워하는 사람이 있죠?"

나의 질문을 받은 장로님은 순간 멈칫하더니, 잠시 후 들켰다는 듯이 어렵게 말을 꺼냈다.

"단 한 사람은 도저히 용서도 안 되고, 그 사람 생각만 해도 미워서 어떻게 해야 할지 모르겠다!"

그러면서 고백하였다. 장로님이 미워하는 상대는 자기 교회를 도와주는 선교사였다. 나는 슬라바 장로에게 심장이 아픈 이유를 차근차근 설명해 주었다.

하나님의 법은 세상 법과는 달리 더욱 엄격하다. 우리는 외모를 보고 판단하지만 하나님은 우리의 생각과 중심을 보신다. 건강에 아픔을 주신 것은 하나님이 보내시는 신호로 봐야 한다. 아픔을 통해서 회개하고 제자리로 돌아오길 기다리신다는 의미이기 때문이다. 하지만 슬라바 장로는 그 선교사를 아무리 용서하고 사랑하려고 해도 참 힘들다고 했다.

나는 그에게 용서가 안 되고 회개가 안 되면 멀리 교회를 떠나서 격리된 채 홀로 기도하는 시간을 만들어 보라고 권면했다. 또 지금 장로님은 자기유익을 구하는 일이 아니라 주님의 일을 하고 있으니, 더 더욱 사랑해야 한다고 말해 주었다. 100만 명 중에서 단 한 사람만이라도 사랑하지 못하고 미워한다면 그것으로 '끝'이라고 했다. 우리가 사랑할 수 있는 사람만을 사랑한다면, 우리는 진정으로 예수를 따르는 길에서 벗어나게 될 것이다. 우리가 도저히 용납할 수 없는 사람마저도 품을 수 있을 때라야 진정한 그리스도의 삶을 살고 있다고 할 수 있으리라.

그러자 그는 나의 말을 주님의 권면으로 들으셨다면서, "아멘!" 하고 응답하였다.

그로부터 3개월이 지났다. 슬라바 장로를 러시아 공항에서 다시 만났다. 나는 무엇보다 먼저 건강이 어떠시냐고 인사를 건넸다. 그는 웃으며 많이 좋아졌다고 답하면서 고맙다고 했다.

"회개 많이 하셨군요!"

나의 말에 대한 응답으로, 우리는 서로 다시 사랑의 포옹을 하였다.

슬라바 장로의 심장병은 병이 아니라 하나님이 주신 '사랑의 약'이었다. 그의 마음속에 있는 미움을 사랑으로 변화시키라는 강력한 신호였다.

나약한 우리 인간들은 하나님이 주시는 신호를 제대로 알아보지 못한다. 그래서 병에 걸리거나 나쁜 일이 생기면 운수가 나쁘다고 탓하고, 어떻게든지 좋지 않은 일은 피하려고만 하고 도망치려고만 한다. 그 모든 것이 하나님의 신호는 아닌지, 자기 자신의 마음부터 살펴야 할 것이다.

주님의 만져주심이 있기 위하여

나의 러시아어판 간증집 『생명의 열쇠』를 러시아 사람들에게 나누어 주기 시작한 지 한 달이 지난 어느 날, 어느 선교사님으로부터 한 통의 전화가 왔다. 선교사님의 교회 성도들이 책을 돌아가며 읽었는데, 어느 러시아 할머니가 나를 꼭 만나보고 싶다는 것이었다.

사연을 들어보니 이랬다. 할머니에게는 48세의 딸이 있는데, 그의 뇌에 혹이 생겨 나날이 커지고 있다는 것이다. 혹이 종양이라면 수술을 해야 하겠지만, 물혹이라서 혹시 저절로 없어지지 않을까 하는 마음으로 지켜보고 있는 중이라고 했다.

할머니는 내가 함께 병원에 가서 기도해 주면 주님의 기적이 일어날 것이라는 굳은 믿음을 갖고 있는 모양이었다. 선교사님은 다음날 오후 3시에 함께 병원에 가기로 시간까지 정해 주었다.

간증집 저자인 나를 찾은 첫 독자! 그러나 그 독자는 지금, 나의 기대와는 달리, 주님의 기적을 요구하고 있었다. 전화를 끊고 나니, 여러 생각들이 교차했다.

'도대체 이 일을 어떻게 처리해야 한단 말인가?'

병원에 함께 가서 기도는 백번도 해줄 수 있다. 문제는 그들이 기대하는 놀라운 기적이, 주님의 만져주심이, 절대적으로 있어야만 한다. 그래야만 내가 그토록 자랑하며 나눠주었던 간증집의 내용들이 사실이라는 확신을 주게 될 것이다…. 독자가 저자인 나를 찾았다는 기쁨은 순식간에 사라지고, 걱정이 앞섰다. 당장 기적이 일어나기를 바라는 수많은 사람들의 믿음을 생각하니, 잠이 오지 않았다.

"내가 책을 괜히…."

약간의 후회와 함께, 여러 가지 의심과 회의까지 밀려오는 밤이었다. 하늘을 찌를 듯한 나의 믿음은 사라지고, 의심하다 물에 빠져 허우적대는 베드로처럼, 나는 그날 밤 혼자 허우적대고 있었다. 걱정으로 뒤척거리다가 새벽 3시쯤에는 급기야 자리에서 일어났다. 무릎을 꿇고 주님께 모든 걸 맡기는 기도를 간절히 한 후에야 잠을 이룰 수 있었다.

"주님! 도와주세요!"

비몽사몽간에 주님께서 나에게 환상을 보여주셨다. 주님의 메시지는 간단했다. 아픈 딸을 지적해 주시는 것이 아니라, 믿음이 좋다는 엄마가 사탄에 눌려 있음을 지적하시며 사탄을 물리쳐 주시는 놀라운 환상을 보여주셨다. 환상을 본 순간, 주님께서 고쳐주심에 감사의 기도를 하면서 아침을 맞았다.

약속 시간에 맞춰 나는 교회로 향했다. 모두 교회에 도착해 있었고, 나는 새벽에 주님께서 역사해주신 놀라운 일을 생각하면서 모두 잠시 의자에 앉으라고 하였다. 그러고는 아픈 딸의 엄마를 향해 주님이 주신 메시지를 말하기 시작했다.

"당신은 예수님을 믿습니까?"

"예, 예수님을 믿습니다."

나는 그를 향해 고개를 흔들고는, 당신 중심에 악한 사탄이 주인 되어서 오늘까지 악한 마귀로 살았다고 강하게 말했다. 그러자 함께 듣고 있던 선교사님과 통역 집사님이 먼저 화들짝 놀랐다. 왜, 아픈 딸을 위해 기도해 주러 병원에는 가지 않고 엄마를 혼내는지 의아한 표정을 지었다.

나는 이어서, 당신은 딸을 향해서도 거침없이 악한 말로 저주했다고 말했다. 그러자 나의 말을 숨죽여 가며 듣던 엄마, 올가 집사가 입고 있던 외투의 단추를 하나씩 풀어 외투를 양손으로 활짝 펼치더니 "내 안에는 대왕마귀가 있다!"라고 시인하는 것이었다. 올가는 바로 그 때문에 늘 악하게 살았다고 고백하면서, 오늘 자기의 정체가 드러났다고 했다.

올가는 갑자기 자기 목에 둘렀던 스카프를 풀어 목을 보여주었다. 얼마 전, 목이 아파서 병원에서 수술을 받았는데 수술이 잘못되어 플라스틱 나팔관을 통해서만 숨을 쉴 수 있게 되었다면서, 늘 보기 싫은 플라스틱을 달고 살아야 한다고 고백했다. 자신이 얼마나 악하면 하나님께서 이렇게 벌을 주셨겠느냐면서, 스스로 자기의 죄악을 고백하는 것이었다.

그 고백을 듣는 순간, 모든 사람들이 아연실색하였다. 딸을 향해서 사랑이 아닌 저주와 악행을 일삼았는데, 지금 딸이 아프다고 주님께 기도해 달라고 하는 것 자체가 커다란 모순이었음이 드러난 것이다.

나는, 엄마가 회개하고 딸을 위해 기도하면 딸은 좋아질 것이라고 말해 주었다. 그러자 그녀는 곧바로 회개하겠다고 다짐하면서, 자신도 몹시 괴롭다고 했다.

"주님이 지난밤에 당신의 영혼을 사로잡고 있는 사탄을 물리쳐 주셨습니다!"

내가 그렇게 선언하자, 올가는 흐느끼면서 거듭 고맙다고 말했다. 그러고는 빨리 성전에 올라가 회개를 하겠노라고 하는 것이었다.

올가 집사의 놀라운 회개를 지켜보던 선교사 목사님께서, 이렇게 한 영혼이 깊은 회개가 일어나려면 회개 집회를 일주일은 해야 하는데 순식간에 자기 성도에게 변화가 일어났다면서, '살아계시는 주님, 역사하시는 성령님'을 찬양하였다.

하나님의 방법은 참으로 신묘하다. 우리의 생각이나 계획으로는 도저히 헤아릴 수가 없다. 우리가 전혀 상상할 수도 없는 방법으로 역사하신다.

병원으로 달려가서 아픈 딸을 위해 기도해 주어야 마땅한 순서가 아닌가? 그런데 주님께서는 아픈 딸의 엄마를 향해 회개할 것을 촉구하신 것이다. 중심을 보시는 주님! 예수 믿는다고 하면서 교회를 오가기만 했던 엄마는 모든 사람을 속일 정도로 이중생활을 하고 있었던 것이다.

"사람은 속일 수 있어도 성령은 속일 수 없다!"

70세의 엄마 올가 집사의 회개는, 마귀라는 올무로부터 해방됨과 더불어 아픈 딸에 대한 진심어린 사랑을 회복할 수 있었다.

주님! 우리에게 회개의 영을 내려주시옵소서!

빅토리아가 마음의 문을 열기까지

러시아 동쪽 끝 블라디보스토크에서 특별한 친구 샤샤를 만났다. 샤샤는 40대 후반으로 하나님께서 여덟 명의 자녀를 주셔서 하루도 쉬지 않고 열심히 일하며 살아가는 성실한 가장이다. 큰딸이 스물네 살, 막내아들이 네 살이니까 20년 동안 여덟 자녀를 하나님께서 샤샤 부부에게 주셨다.

큰딸은 이미 결혼해서 두 살 된 딸이 있으니, 샤샤는 벌써 할아버지였다. 샤샤는 막내아들의 이름도 샤샤라고 지었다. 러시아에서는 자녀든 손자든 너무 사랑스럽고 기다리던 아이가 태어나면, 자신의 이름을 물려준다. 그래서일까, 막내 샤샤는 아빠를 똑 닮았다. 건축 일을 하며 생계를 이어가는 샤샤에게는 여러 가지로 많은 어려움이 있었다. 무엇보다도, 그의 아내 빅토리아가 말기 암 판정을 받고 투병중이었다. 상트페테르부르크에서 신학 공부를 했던 샤샤는 현장에서 아무리 피곤하게 일해도 새벽기도 시간을 지키며 믿음생활을 열심히 한다. 교회에서 기도할 땐 100킬로그램이 넘는 체구인데도 서서 하거나 앉아서 하지 않고 그냥 바닥에 엎드려 주님 앞에 기도하는 모습을 보여준다.

병든 아내보다 더 큰 걱정은, 그런 아내가 그동안 잘 믿어오던 주님을 아픈 후로는 멀리한다는 것이었다. 더구나 아내는 자기 방에 틀어박혀 지내면서, 차라리 죽어 버리고 말겠다고 선언하고는 누구도 들여보내 주지 않았다.

샤샤는 그런 무서운 아내 때문에 집에 들어가지 못하고 교회에서 지내고 있었다. 그는 선교사인 나에게 자신의 사정을 하소연하며 기도를 부탁했다.

"주님! 말기 암 판정을 받은 빅토리아에게 은혜를 주세요!"

교회도, 목사님도, 교회 친구들도, 남편까지도 그 누구도 받아주지 않고 화가 잔뜩 난 아내를 볼 때마다 샤샤의 가슴은 찢어지는 듯했다.

내가 샤샤를 위해 기도했을 때, 주님께서는 샤샤의 아내가 문제가 아니라 샤샤가 먼저 회개해야 한다는 것을 지적해 주셨다. 나는 샤샤에게, 자기의 잘못을 먼저 회개하고 주님 앞에 올바로 서는 것이 중요하다고 전해주었다. 주님의 메시지를 들은 샤샤는 나의 권면을 받아들이고, 진실된 회개로 매일같이 기도했다.

그로부터 3주가 지났다. 주일예배를 마친 샤샤는 잠깐 집에 다녀오겠다며 옷을 갈아입고 나섰다. 나는 샤샤의 형편을 잘 알기에 그의 행동을 유심히 지켜보았다. 나는 문득, 샤샤와 동행해야 할 것 같은 느낌을 받았다.

"나도 너의 집에 함께 가고 싶어! 빅토리아도, 아이들도, 만나고 싶다!"

그는 크게 웃으며, 아내가 절대로 나를 집에 들어가게 해주지 않을 것이라고 단언했다. 그래도 나는, 함께 가서 아픈 아내를 위해 기도해 주고 싶다고 했다. 주님의 인도하심이 분명 있었기에 내가 단호하게 가겠노라고 하자, 샤샤는 마지못한 듯 그럼 함께 가자고 응했다.

교회 목사님과 성도들이 여러 차례 심방을 하려 했으나, 번번이 빅토리아가 마음의 문을 열어주지 않아서 방문하지 못했다고 했다. 버스나 택시로 가면 금방 갈 텐데, 샤샤는 나에게 걸어서 가자고 제안했다. 걸어가는 동안에 기도를 하자는 것이었다. 아내의 닫힌 마음의 문을 열기가 힘들다고 이야기하며, 요셉이 집에 들어가게 된다면 그것 자체가 기적이라고 했다. 그는 나에게도 주님의 은혜를 구하는 기도를 해 달라고 부탁했다. 샤샤의 집까지는 걸어서 30분 정도의 거리였다. 걸어가는 내내 우리는 눈을 가끔 마주칠 뿐, 조용히 걸으면서 기도를 올렸다.

"주님! 어두운 빅토리아의 마음에 광명한 빛을 비춰 주세요!"

기도하며 걷다 보니, 어느새 샤샤의 아파트 출입문 앞에 도착했다. 우리는 다시 두 손을 붙잡고 기도했다. 나는 주님의 사랑이 아니고서는 빅토리아의 닫힌 마음을 열 수 없다는 것을 확신했다. 기댈 곳이라고는 주님밖에 없었다.

초인종을 누르자 딸이 현관문을 열어주었다. 우리는 조용히 안으로 들어갔다. 한국 사람인 내가 연락도 없이 손님으로 들이닥치자, 샤샤의 아이들은 그렇지 않아도 큰 눈동자가 더욱 커져서 일제히 나를 바라보았다. 모두가 사랑스러웠다. 방 두 칸짜리 작은 아파트에서 열 명의 가족이 지내고 있다는 것은 그 상황을 설명하지 않아도 알 수 있었다.

샤샤는 약간 긴장한 듯 아내가 있는 방으로 조심스럽게 문을 열고 들어갔다. 아내와 인사를 나눈 후, 나와 함께 왔음을 전달했는지 서로 다투는 소리가 들렸다. 한참 있다가 잠잠해지더니, 샤샤가 거실로 나와서 나에게 들어가 보라고 손짓을 했다.

나 혼자 빅토리아 방으로 들어갔다. 어두운 조명, 우중충한 벽지, 작은방을 차지하고 있는 이층침대와 그녀의 또 다른 침대⋯. 중증 환자가 지내기에는 너무도 열악한 환경이었다.

침대에 앉아 있는 빅토리아의 모습을 나는 지금도 잊을 수 없다. 앙상하게 마른 그녀는 흰 수건을 머리에 두르고 있었다. 병색 짙은 얼굴의 그녀가 나를 보며 인사를 건넸다. 나는 나도 모르게 그녀에게 다가가 옆에 앉아서 그녀를 안아주며 나를 소개했다. 벌써 내 소개는 남편을 통해 들었다며, 그녀는 나를 똑바로 바라보지 못했다.

"주님께서 당신의 아픈 마음을 어루만져 주실 거예요!"

예수님이 얼마나 그녀를 사랑하는지를 말해주고는 『생명의 열쇠』를 건네주었다. 하나님께서 러시아 사람들을 사랑해 주셔서 함께했던 지난날의 기적 같은 이야기를 전해주었다. 그녀는 책을 펼쳐보고는 거기에 나오는 사진 속 인물들과 여기저기 도시 배경을 보더니 자기 고향 사람들 이야기도 있다며 반가워했다. 이로써 우리들의 대화가 이어져 나갔다.

시간이 흐르자, 그녀는 완전히 마음의 문을 열고 주님의 빛 가운데로 들어서게 되었다. 눈물을 흘리며 자기 자신이 처한 모습이 너무 비참하다고 말했다. 여덟 명의 자녀를 20년 동안 낳고 길렀는데, 왜 몹쓸 병이 찾아와 아직도 엄마 손길이 필요한 아이를 놓고 세상을 떠나야 하는지, 하나님께 묻고 싶다고 했다.

여러 도시를 옮겨가며 살아와서 여덟 명의 아이들 고향이 다 제각각이라며, 울다가 웃기도 했다. 우리는 한참 동안 이야기를 나누고 함께 기도도 하였다.

사실 나는 빅토리아가 나를 쫓아낼까 봐 겁을 먹고는 아무것도 사오지도 못했었다. 그래서 무엇이 가장 먹고 싶으냐고 물었더니 과일이 먹고 싶다고 작은 목소리로 대답했다. 아이가 여덟 명에 부부까지 합하면 10명이니 바나나든 사과든 귤이든 두 개씩만 차지가 돌아가려고 해도 20개가 필요하다. 양이 부족하면 서로 싸움이 날 것이 뻔하다. 형제가 많은 가운데 자란 나는 너무 잘 안다.

그녀의 대답이 사실 나는 너무 고마웠다. 잠시만 기다리라고 하고는 거실로 나가자 나를 지켜보던 샤샤는 기적 같은 일이 벌어졌다며 나를 꼬옥 안아주었다.

막내와 두 딸, 그리고 샤샤와 함께 가까운 슈퍼로 갔다. 엄마가 그리고 너희들이 먹고 싶은 과일을 무조건 바구니에 담으라고 했다. 그때

나는 이 가족들을 위해서라면 그 무엇도 아깝지 않다고 생각했다. 우리는 신나게 과일과 음료수와 아이스크림을 잔뜩 사들고서 집으로 향했다.

가족 모두는 잠시나마 행복한 시간을 보낼 수 있었다. 그리고 나는 확신했다. 이것은 결코 잠시만 머무는 행복이 아니라는 것을. 주님의 사랑을 영접한 빅토리아와 그 가족은 주님 안에서 행복이 가득하게 되리라는 것을.

어린 딸 소냐와 리자, 그리고 막내 샤샤는 우리와 함께 다시 교회로 향했다. 교회로 향하는 우리의 발걸음은 가벼웠고, 모두들 즐거워했다. 방학이라 집에만 있어서는 아픈 엄마에게 짐이 되었기 때문에 어린 자녀들은 아빠와 교회에서 지내기로 한 것이다. 샤샤의 자녀들은, 그 순간부터 자석에 쇳가루가 붙듯이 나를 좋아하게 되었다.

나는 주님의 인도로 블라디보스토크를 떠나 상트페테르부르크로 선교지를 옮기게 되었다. 그런 지 두 달쯤 지나서였을까, 나에게 아주 반가운 한 장의 사진이 전송되었다. 빅토리아가 머리를 곱게 빗고 옷을 예쁘게 차려입고 주일에 교회에서 예배를 드리고 나서 아이들과 찍은 사진이었다. '할렐루야'를 연발하는 샤샤의 편지가 감동적이었다.

병색이 가득했지만 미소 띤 빅토리아의 얼굴에는 행복이 넘쳐나고 있었다. 그렇게 굳게 닫았던 마음의 문을 열어주신 주님의 사랑이 놀랍고 감사했다. 빅토리아는 두세 차례 주일예배에 참석하였고, 회개했으며, 3개월 후 하늘나라로 떠났다.

빅토리아의 죽음은 가족들은 물론 함께 기도했던 믿음의 형제자매들에게 슬픔으로 다가왔다. 세 살 막내는 영문도 모른 채 손님들을 바라봤고, 8살, 12살 리자와 소냐는 하염없이 눈물을 흘리며 울었다. 어린 소냐가 장례식에 참석했던 나에게 "요셉이 다녀가서 너무 기뻤다"는 편지를 주었다. 나도 너무 슬퍼서 발걸음이 떨어지지 않았다.

여덟 자녀를 뒤로 하고 엄마는 떠났고, 샤샤는 흐릿했던 신앙생활을 중심잡고 잘하게 되는 전환의 시간이 되었다. 교회공동체가 주님의 사랑으로 이 가정을 돌볼 수 있는 기회가 주어졌고, 실제로 샤샤 가정에 아름다운 변화가 찾아왔다.

우리의 생명을 주관하시는 하나님께서 허락해 주는 시간까지가 이 땅에서의 삶의 시간이다. 우리에게 선물로 주어진 이 시간들 속에서 우리가 쉬지 않고 해야 할 일은 매순간 주님과의 동행이다. 그러한 삶이 우리를 영생의 길로 이끌어 주실 것이다.

지금 이 순간에도 살아계시는 주님

예수님은 세상 누구도 생각하지 못하고 상상하지 못한 일을 하셨다. 물 위를 걸으신 예수님, 죽은 나사로를 살리신 예수님, 두 마리 물고기와 다섯 개의 떡으로 수천 명을 먹이신 예수님…. 하나님의 역사는 놀랍고 통쾌하고 그 어떤 말로도 표현할 수 없다. 그런데 더 놀라운 사실은, 지금 이 순간에도 주님은 살아 계셔서 일하고 계신다는 것이다.

아버지는 일찍이 철도청 일을 그만두시고 떠돌이 전도사가 되셨다. 나의 어릴 적 기억에 남아 있는 아버지는, 작은 가방에 성경 찬송만 가지고 집을 떠나셨다가 10여 일 지난 후 집에 돌아오셨다가 며칠이 지나면 다시 또 떠나시는 모습이다. 그렇게 전국을 다니며 전도하셨다. 사람들에게 살아계신 예수님을 전파하고, 병든 자에게는 건강을, 슬픈 자에게는 기쁨을 전해 주는 전도 사역을 하셨다. 그리고 그 사역 이야기를 어린 나에게 들려주곤 하셨다.

아버지는 아픈 사람을 집에까지 데리고 오셔서 함께 지내기도 하였다.

금식하게 하고는 주님께서 고쳐주시기를 기도하였고, 그러면 대개는 치유함을 받고 감사하며 돌아가곤 하였다. 그런 모습을 보며 자랐기에, 나에게 그런 일들은 일상이었다.

군대를 제대한 후 시골 아버지 집에 머물던 때였다.

"내일, 아픈 사람이 가족들과 함께 집에 올 거야."

아버지의 말씀에 따라 나는 그들이 머물 방을 준비하였다. 다음날, 검은 승용차가 우리 집 마당에 들어오더니 네 명의 가족이 내렸다. 40대의 젊은 남자가 환자였다. 서울 큰 병원에서 암 판정을 받고 수술을 하려고 개복하였으나 손을 쓸 수 없어서 다시 꿰매고 약물 치료를 받고 있었다고 한다. 그런데 약이 어찌나 독한지, 한 번 복용하면 데굴데굴 굴러야 할 정도로 고통스러웠다.

그분은 차라리 죽고 싶었다. 그 광경을 바라보던 아내는 울고, 아이들은 우울해하고… 심방을 가서 사정을 알게 된 아버지는 그렇게 아파서 죽을 지경이라면 사흘만 하나님께 매달려 보자고 하셨고, 아버지의 말을 믿고 가족 모두가 오게 된 것이다.

우리가 기대할 수 있는 것은 주님의 놀라운 기적뿐이었다. 무조건 사흘 동안만 머물라는 아버지의 말씀에 그 가족은 시골에 와서 사흘 동안 지내면서 기도하기로 하였고, 주님이 어떻게 어떤 뜻을 펼치실지 맡겨 보기로 했다.

아버지는 나에게 이 가족을 도와주라고 말씀하셨다. 그땐 나도 믿음이 약했던 터라 곧 죽을 사람을 왜, 이 여름에 더운 곳으로 오게 했을까

하는 의문을 갖고 있었다. 하루가 지나고 이틀이 지나고 사흘째 되는
날, 아팠던 남자가 나를 찾았다.

"요셉 씨! 내가 새벽에 신기한 꿈을 꿨어요!"

나에게 지난밤에 꾼 꿈 이야기를 하기 시작했다. 자기 안에서 살았던
검은 사탄들이 자기가 머물던 방 창문을 열더니 더 이상 이곳에서
살 수 없다면서 모두 나갔다는 것이다. 상상도 하지 못했던 너무나
멋진 꿈이었다. 새 생명이 탄생하는 기쁜 편지를 주님께로부터 받은
것이다.

해병대를 제대하고 태권도 관장으로 일했던 건장했던 남자는 암이라
는 무서운 병에 뼛골만 남게 되었다. 그렇게 죽음의 시간을 기다리던
그에게 마침내 주님의 놀라운 기적이 일어났다.

나는 그 소리를 듣는 순간 그의 두 손을 붙잡고 "하나님, 감사합니다."
라고 큰소리로 외치고는 '당신은 죽음에서 멀어졌으니 승리했다'고
말했다.

사흘 동안 있기로 했던 그는 40일 간 우리 집에서 지냈다. 대학병원에
서 처방해 준 모든 약은 먹고 죽으나 안 먹고 죽으나 똑같다고 하면서
모두 화장실에 스스로 버렸다. 그렇게 40일을 지내는 동안, 살도 찌고
먹는 양도 늘어났다. 전에 다니던 직장에 복직할 수 있다는 소식도
들었다.

나는 가마솥에 물을 데워 붉은 플라스틱통에 채운 다음 그를 목욕시켜 주었다. 온몸의 때를 밀어주었는데, 나보다 열다섯 살 연상이었던 그의 피부가 막 태어난 아이처럼 사랑스럽고 고왔다.

그는 나에게 진심을 담아 감사를 표했다. 지난날 자기 자신이 예수님을 모르고 악하게 살았음을 회개하고, 새로운 생명 주심을 하나님께 감사하고, 새로운 사람이 되겠노라 다짐했다.

세월이 흘렀다. 그는 두 자녀의 아빠였는데 그 후로 아들과 딸을 더 얻어 네 명의 자녀를 두게 되었다. 그리고 신학 공부를 마친 후 목사님이 되었다. 지금은 시골의 작은 교회에서 사역을 하고 계신다. 나는 가끔씩 목사님을 만나 뵌다. 뵐 때마다 너무 신기하고 아팠던 그의 모습을 떠올리며, 하나님께 다시 한 번 감사를 드린다.

누가 생명의 주인인가

"요셉! 많이 아픈 친구를 도와주세요!"

고려인 교회 여집사 세 명이 나에게 찾아와서 아픈 키르기스스탄 여인을 도와달라고 부탁했다. 세 명의 고려인 집사는 40대 중반의 나타샤와 안젤라, 그리고 (다른) 나타샤였다.

아픈 사람 이야기를 자세히 해보라고 하자, 28세의 키르기스스탄 여인 메리는 레스토랑에서 안젤라와 함께 일을 한다고 했다. 임신 4개월째라는 그녀는 키르기스스탄 고향을 떠나 이곳 러시아 상트페테르부르크에서 취직하여 일하고 있었다. 그러나 태중에 아이가 잘못되어 하혈을 하고 너무 스트레스를 받아 밤에 귀신에 쫓기는 무서운 꿈을 꾸며 잠을 못 이룬다고 했다. 태아는 건강하지 못했고 산모 역시 건강을 잃어가고 있었다. 스트레스 받는 이유를 듣는 순간 깜짝 놀랐다. 이 두 번째 아이를 임신한 것을 알고도 남편이 다른 여자와 함께 다른 도시로 도망갔다는 것이다. 멀쩡한 사람도 그런 일을 당하면 충격에 빠질 텐데, 임산부가 그런 일을 당하다니!

집사님 세 분은 약속한 날짜에 맞춰 그녀를 교회로 데리고 왔다. 그녀는 『생명의 열쇠』를 이미 읽었기 때문에 그나마 나의 사역과 살아계신 하나님을 조금은 이해하고 있었다.

키르기스스탄은 이슬람 국가여서 예수님을 잘 모른다. 그런 그녀에게 어떻게 신앙상담을 하고, 귀신을 쫓아내 줄 수 있을까?

하지만 나는 믿는 구석이 있었다. 지난밤에 기도하고 잠이 들었는데, "평안을 전하노라!"라는 메시지를 받았기 때문이다.

"하나님을 믿습니까?"

나는 그녀에게 첫 질문을 했다. 그녀는 50퍼센트는 믿는다고 대답했다.

"절반은 믿는다고요? 그럼 1퍼센트만 더 믿으면 당신은 믿음의 사람이 될 수 있습니다."

나는 그녀를 응원해 주면서 대화를 계속 이어갔다. 그녀는 임신으로 힘든 상태였지만, 밤마다 찾아오는 악몽으로 더욱 힘든 나날을 보내고 있었다. 의사는 산모까지도 생명이 위험하니 빠른 시간 안에 태아를 지우라고 했다고 한다. 더욱이 그녀의 부모님이 키르기스스탄에서 의사로 일하고 있어서 그녀의 현재 상태에 대해 누구보다 잘 알고 있었다.

그러나 그녀는 아이를 지우고 싶은 마음이 죽어도 없다고 했다. 길은 어디에 있을까? 간절한 기도로 응답을 받는 길밖에 없다.

나는 예수님을 잘 모르는 그녀에게 "예수님, 나를 도와주세요!"라고 기도하라고 말했다. 그리고 기도문 앞에 예수님을 꼭 불러야 한다고 가르쳐주었다.

"하루 한 끼 저녁에는 금식을 하고, 사흘 동안만 열심히 기도하십시오. 분명히 응답이 있을 것입니다."

사흘 후 우리는 교회에서 다시 만났다. 놀랍게도 사흘 전보다는 훨씬 밝은 모습이었다. 그녀는 그동안 두 가지 변화가 왔다고 했다. 첫째, 마음의 평안이 찾아왔고, 둘째, 하혈이 사라졌다.

메리의 이 일은 나와 믿음의 집사들에게는 역사적인 사건으로 다가왔다. 만약 무슬림 자매의 기도에 응답이 없었다면, 우리의 믿음이 조금은 흔들렸을 것이다. 세상의 그 어떤 것에 의지하지 않고 생명의 주인에게 생명을 구했더니, 그 기도가 이루어졌던 것이다. "그럼, 그렇지! 우리 예수님이 최고다!"라는 사실을 다시 한 번 확신하는 놀라운 경험이었다.

메리는 4.7킬로그램의 딸을 예정일에 맞춰 출산하였다. 하지만 그 과정이 순조롭지만은 않았다. 출산을 한 달 앞두고 아기가 거꾸로 있다는 진단이 나와서, 우리 모두를 계속 긴장하게 만들었다. 그녀는 이제 기도하는 법을 알았고, 그녀의 기도는 다시 한 번 응답으로 다가왔다. 아기가 출산을 앞두고는 제자리를 찾아 정착한 것이다. 기적은 누구의 것인가? 하나님을 믿고, 맡기고 기도하는 자의 몫이다.

나와 아내는 어렵게 출산한 메리를 늦은 밤 병원으로 찾아가 축하해 주고 또 위로해 주었다. 그때 보여준 메리의 눈물을 잊을 수 없다.

그 눈물의 의미는 여러 가지가 있을 것이다. 새 생명을 지켜낸 것에 대한 기쁨과 감사가 먼저였겠지만, 떠난 남편에 대한 원망과 아쉬움도 남아 있었다.

나는 아무것도 걱정하지 말라고 위로해 주었다. 메리의 딸은 이미 죽은 아이나 다름이 아니었지만, 메리가 하나님께 매달려 생명의 하나님이 살려주신 아이인 것이다. 이 아이는 복된, 축복의 아이라는 것을 거듭 상기시켜 주었다.

요즘 메리는 성경을 읽고 있다. 그리고 곧 세례를 받는다. 무슬림 가정에서 태어난 그녀가 예수님을 만나고 세례를 받는다는 것은 놀라운 일이다. 메리의 구원의 역사는 앞으로 무슬림에게 복음을 전하는 데 귀한 첫걸음이 될 것이다.

나는 세 분의 고려인 집사님들에게 당신들은 이제부터 선교사와 같은 마음으로 살아가야 한다고 했다. 예수님을 모르는 한 자매가 이 도시에 와서 당신의 손에 의해 복음이 전파되고 구원받은 일이 생긴 것은, 선교사가 할 수 있는 일이다. 그러니까 사명감을 갖고 메리를 지켜주고 돌봐주고 의지의 대상이 되어 주어야 한다고 신신당부했다.

붉은 신호등

상트페테르부르크에서 사역하는 블라디슬라바 고려인 목사님께서 나에게 급히 전화를 주셨다. 내용인즉 이러했다. 교회 찬양팀 일원 중 기타를 연주하는 40대 집사가 있는데 갑상선 암으로 수술을 받았다. 그런데 한 달 후 재검 결과 반대쪽 갑상선에서 암이 발견되어 그것마저 수술해야 한다는 진단을 받았다. 10년 넘게 교회에서 기타 연주를 했던 그 집사님은 삶이 끝나기라도 한 것처럼 절망하고 있다. 목사님에게 반항이라도 하듯, 하나님을 두려워하지 않고 자포자기하고 있다. 그 집사님이 요셉을 만나서 상담 받기를 원한다….

다음 날 약속 장소에 나가니, 목사님과 집사님이 근심 가득한 얼굴로 나를 기다리고 있었다. 우리는 인사를 나눈 후 따뜻한 차를 마시며 이야기를 했다. 나이가 나와 동갑이고, 열일곱 살 딸을 둔 가장이었다.

암을 선고받고 수술을 한 후 완치될 줄 알았는데, 재발이라는 청천벽력 같은 소식을 들었다는 것이다. 100킬로그램 가까이 나가는 우람한 남성의 어깨가 축 처져 있었다. 두 번째 수술을 해야 한다는 의사의 통보가 그를 암흑의 세계로 몰아넣었다. '정말 하나님이 계시기나 한 건가? 내가 얼마나 오랫동안 교회에서 찬양하며 봉사하였는데…' 회의와 의심의 파도가 거세게 밀려들었다. 목사님이 아무리 좋은 말로, 믿음의 말로 달래 보았지만 소용이 없었다.

목사님은 한 영혼을 잃어버릴 수는 없기에 나에게 구조 요청을 한 것이었다. 나 역시 그에게 해줄 수 있는 것이 아무것도 없었다. 하지만 성령님은 그를 위해 나에게 메시지를 속삭여 주셨다. 내가 할 수 있는 유일한 일은 그 메시지를 전해주는 것뿐이었다.

"당신은 예배 시간에 기타 치며 찬양할 때만 입술로 주님을 찬양하고 있는 것은 아닌가요?"

나의 질문에 그는 고개를 떨구었다. 나는 그에게, 우리는 주님이 주신 은총에 늘 감사하고 찬양하며 살아야 하는데 그가 찬양 시간에만 입술로 주님을 찬양할 뿐 평소에는 자기 마음대로 살았다는 것을 지적해 주었다. 나는 그에게 한 가지 숙제를 주었다.

"이 시간에 당신에게 필요한 것은 아무것도 없습니다. 당신이 믿었던 예수님을 다시 만나 그분의 뜻대로 살아가는 것뿐, 당신이 할 일은 바로 그것입니다."

두 번째 수술을 받아야 한다는 사실이 그에게는 세상이 무너지는 것과 같았다. 모든 것이 원망스러웠을 뿐만 아니라 목사님 또한 신뢰가 가지 않는다고 멋대로 판단했던 것이다. 나는 그에게 사흘 금식 기도를 권했다.

"주님, 나의 형편을 아시죠? 도와주세요!"

이렇게만 기도하라고 전해 주었다. 그는 알겠노라고 대답했다. 자기 고집만 피울 줄 알았던 그가, 내 앞에서 어린 양처럼 고분고분한 모습을 본 목사님도 신기하다면서 그날 밤 내게 전화를 걸어왔다. 모든 문제는 주님을 만남으로 해결될 것이니, 주님의 은총을 기다려 보자고 했다.

사흘이 지난 일요일 오후, 그에게서 전화가 왔다. 금식 기도를 잘 했으며, 나를 꼭 만나고 싶다고 했다. 한 시간 후, 우리는 한국식당에서 만났다. 얼굴빛이 확연히 달라져 있었다. 희망의 빛이 뚜렷하게 느껴질 정도로 밝아 보였다.

그는 지하철을 타고 오면서 그동안 금식하는 동안에 하나님께서 주신 메시지를 다시 한 번 떠올려 보았다. 무슨 내용인지를 몰라서 내가 과연 제대로 해석을 해줄지, 한편으로는 걱정을 하였다고 한다. 그는 꿈 내용을 말하기 시작했다.

첫날부터 기도를 했지만, "주님, 도와주세요!"라는 기도는 할 수가 없었다. 그동안 주님 앞에서 많은 죄를 지었기에 용서해 달라는 말조차 할 수가 없어서 그저 눈물만 흘리며 사흘을 보냈다. 그런 그의 마음을 나는 충분히 이해할 수 있었다. 그럼에도 불구하고 사랑이 많은 하나님은 그를 불쌍히 여기셔서 사흘 동안 그에게 다섯 가지의 응답을 주셨다.

첫째, 지금 살고 있는 아내와 다시 **결혼식을 올리는 꿈을 꾸었다.**

둘째, 흰 개 두 마리, 검은 개 두 마리가 자기 얼굴을 핥고 있었다.

셋째, 13가지 종류의 악마가 있었는데, 자기는 도저히 이길 수 없는 상대였다. 그런데 자기 손에 장검이 들려 있어서 그 모든 악마를 무찔렀다.

넷째, 지금 사역하는 교회 목사님과 사모님과 함께 배를 타고 그물을 던졌는데, 그물이 찢어질 정도로 많은 물고기가 잡혔다.

다섯째, 밀가루가 있어서 물을 부어 반죽을 하였다.

나는 그에게 꿈을 해석해 주었다.

첫째, 아내와 결혼식을 하는 것은 새로운 삶이 시작된다는 뜻이다.

둘째, 속에서 자기를 주장하던 것들이 정체를 드러낸 것이다.

셋째, 사탄을 물리쳤으니 자기와의 싸움에서 이겼다.

넷째, 다른 나라, 다른 도시로 떠나려고 늘 생각했지만 본 교회 목사님을 섬기며 전도에 힘쓰라는 뜻이다.

다섯째, 밀가루만으로는 빵이 될 수 없다. 우리 존재는 하나님 보시기에 밀가루 분말 입자이다. 그러나 성령 안에서 물로 반죽되면 빵이 될 수 있다. 독불장군처럼 하지 말고 협력해서 선을 이루라는 뜻이다.

꿈을 해석해 주자마자, 그는 눈물을 흘렸다. 그의 성격은 불같았는데, 이제부터는 새로운 사람이 되겠노라 다짐했다. 그의 상황은 하나도 달라지지 않았으나, 그것을 받아들이는 마음의 자세가 달라지니까 새 사람이 되었던 것이다. 이렇듯 우리는 각자가 천국을 살 수도 있고, 지옥을 살 수도 있다는 것을 그는 극명하게 보여주고 있었다.

그에게 병을 주신 하나님은 그가 당신에게 돌이키기를 간절히 바라고 계신다. 병을 통해 그에게 붉은 신호등을 켜 주신 것이다. 모든 고통과 아픔은 하나님께 돌아오라는 붉은 신호등인 것 같다. 그의 이런 변화를 가장 기뻐한 사람은 당연히 그의 아내였다. 그녀는 불같았던 그가 교회에서도 가정에서도 아주 순한 양처럼 변하였고, 이를 본 모든 사람들이 그로 인해 기뻐한다며 감사해했다.

"한국에서 갑상선 암은 암으로 취급하지도 않습니다." 나는 그에게 암은 이제 얼마든지 나을 수 있는 병이라면서, 회개를 했으니 겁내지 말고 얼른 수술을 하자고 권유했다.

두 번째 수술을 받고 목소리가 다시 나오던 날, 그는 나에게 기쁨의 편지를 주었다. 다시 찬양할 수 있음을 기뻐하고 하나님께 감사했다.

죽고 사는 것, 그것은 생명의 주인의 손에 달려 있다. 같은 날 한 공장에서 출고된 자동차라도, 일년도 안 돼 폐차 신세가 될 수도 있고, 20년을 탈 수도 있다. 어떻게 운전하느냐에 따라 수명이 달라진다. 물론 다른 운전자의 실수에 의한 사고로 폐차될 수도 있으나, 대부분은 운전자의 관리 상태가 자동차의 수명을 좌우한다. 우리의 삶도 비슷한 것 같다. 하나님을 믿는다고 하면서 자기 마음대로 성질을 부리고, 욕심을 부리고, 세상 풍조에 빠져 허우적거리면, 길이 아닌 곳을 달리는 자동차가 아무래도 빨리 고장나듯, 하나님의 법, 하나님의 길에서 벗어난 영혼은 아플 수밖에 없다. 하나님을 따르는 길도 분명히 존재한다.

어떻게 따를 것인지, 늘 그 길을 물어야 한다. 잘못된 길을 간 것을 알게 되면 즉각 회개하고, 길을 여쭈어야 한다. 회개하고, 주님께 먼저 구해야 한다.

아르뚜르의 눈물의 회개는 그에게만 필요한 것이 아니다. 주님을 믿는 우리 모두에게 늘 필요한 눈물인 것이다.

제3부

응답받는 기도의 비결

사람들의 기도제목은 거의 엇비슷하다. 현재 처해 있는 어려운 상황 속에서 주님의 도움의 손길을 기대하는 기도이기 일쑤이다. 범주를 나누어보면 대개는 돈, 명예, 생명이라는 세 가지 범위 안에서 맴돈다.

기도를 할 때 하나님과 대화를 하려고 하는 것인지, 일방통보를 하려고 하는 것은 아닌지 스스로 잘 구분해야 한다. 간구를 하는 것과 주문하는 것도 잘 구분해야 한다. 하나님은 우리의 기도를 들으시되 명령의 기도, 주문의 기도, 그리고 자신이 바라는 것을 일방적으로 이루어달라고 떼쓰는 기도는 기뻐하지 않으실 것이다.

번개통신이 가리켜 보인 길

"요셉 선교사! 나와 함께 독일에 다녀옵시다!"

상트페테르부르크에서 만난 홍기영 선교사께서 나에게 보름 일정으로 독일을 비롯하여 동유럽 여러 나라를 탐방하자고 제안하셨다. 상트페테르부르크는 유럽으로 들어가는 관문이라 육로로 유럽을 쉽게 갈 수 있는 도시였다.

베를린에서 동구권 선교대회가 있으니 대회도 참석할 겸 체코, 폴란드, 헝가리, 불가리아, 라트비아, 핀란드 등 여러 나라를 승용차로 관광하자는 계획을 말씀하셨다. 한 번도 방문하지 못한 국가들이어서 기회가 되면 가고 싶었는데, 말만 들어도 가슴이 뛰었다.

선교대회에 참석하는 비용만 나에게 준비하라고 하셨지만, 당시내 주머니엔 여유가 없었다. 같이 가고 싶었으나 아쉽지만 사양할수밖에 없었다. 그런 내 형편을 눈치 채신 선교사님께서 돈 걱정은 하지 말라고 하셨다. 선교사님도 넉넉하지 않은 재정 상태였으나 나의 참가비용과 여행경비 일체를 지원해 주겠다고 약속하셨다. 우리는 독일선교대회 본부에 참가신청을 하고 출발 날짜만 기다리고 있었다.

당시 나의 러시아 비자는 3개월 단수비자라 국경을 한 번 다녀와야 할 형편이었는데, 독일을 다녀오게 되었으니, 잘된 일이었다. 출발 날짜가 다가올수록 처음 방문하게 될 유럽에서의 여정을 떠올리며 들뜬 마음으로 하루하루를 지냈다.

기쁘고 들뜬 마음 한편으로는 약간의 걱정도 있었다. 그 이유는 내가 선교대회 참석이라는 이유로 러시아를 떠나서 유럽 일주를 하는 것을 주님께 여쭤보지 않았던 것이다. 아무래도 먼저 주님께 물어보는 것이 순서인 것 같았다. 출발 이틀 전날 밤, 잠자리에 들기 전 무릎을 꿇고서 "주님, 독일에 가려 합니다. 가는 길이 주님의 뜻입니까?"라고 간단하게 주님께 여쭙고는, 이불 속으로 들어가 잠을 청했다.

어린아이처럼 속으로 "주님, 이번 한번만 눈감아주시고 허락해 주세요!"라고 속마음을 기도 별지로 주님께 전송했다. 아, 주님께서 새벽에 답장을 주셨다. 이른바 "번개통신"이 온 것이다. 주님이 주신 편지 내용은 아주 간단했다.

국경을 통과하려는데 문들이 갑자기 모두 폐쇄되었고, 자동차가

지나가지 못하도록 바리게이트가 내려져 있었다. <STOP>이라는 문구가 선명하게 쓰여 있었다.

눈을 뜨니, 아직 해가 뜨지 않은 새벽이었다. 일어나 앉은 나는 빙그레 웃음이 나왔다. 주님의 뜻이 무엇인지를 확실히 알 수 있었기 때문이다.

"주님! 잘 알겠습니다. 가지 않겠습니다."

사실은 나보다도 선교사님이 더 유럽 여행을 기다리셨는데 어떻게 이 결과를 보고하고 이해시켜 드려야 할지, 난감하였다. 내 비용까지 감당하겠다고 하시면서 함께 여행할 시간을 기다렸는데 실망하실 선교사님을 생각하니 너무 미안했다.

새벽기도회에 가기 전에 선교사님을 잠깐 만났다. 변경된 나의 일정을 빨리 알려야 했기 때문이다. 새벽에 주님께서 우리 차량을 멈추라고 지시하신 일을 사실대로 말씀드렸다. 한참을 듣고 생각하시더니, 주님의 인도하심이 놀랍다며 자신도 독일 일정을 취소하겠노라고 기쁨으로 받아주셨다.

우리의 계획이 아무리 완벽하고 훌륭하다 해도 그것은 어디까지나 우리의 생각일 뿐이다. 선교사로서의 행함을 주님께 아뢰어서 "GO!", "STOP!"이라는 신호를 받을 수 있다는 것은 얼마나 행복한 일인가! 생명줄을 주님께 맡기는 것보다 더 안전하고 또 완벽한 일이 어디 있겠는가?

그렇게 유럽 일정을 접고 일주일쯤 지나서였다. 카자흐스탄에서 한 통의 편지가 왔다. 한 달 전에 『생명의 열쇠』가 카자흐스탄에 전달되었는데, 책을 감명 깊게 읽은 가족이 나를 정식으로 방문해줄 것을 요청한 것이다. 사실 유럽 여행을 포기했던 때라 중앙아시아 국가를 방문한다는 것은 아무래도 흥미가 덜했다. 더군다나 자비로 비행기표를 준비해야 했고, 러시아와 국경인 카자흐스탄이지만 상트페테르부르크에서 비행기로 4시간이나 걸리는 먼 나라였다.

다른 러시아 지역을 방문하는 일정에 맞춰 비행기표를 구입해 놓았기 때문에, 카자흐스탄 방문은 쉽게 이뤄질 수 없는 상황이었다. 그런데 카자흐스탄에서 요셉의 방문을 기다린다는 간절한 편지가 또 왔다. 모든 것을 주님께 맡기고 기도하겠노라는 답장을 보낸 후, 그날 밤 나는 다시 엎드려 기도했다.

주님은 어김없이 응답을 보내주셨다. "어서 카자흐스탄으로 가서 불 꺼진 심령에 불을 켜 줘라!"

주님의 뜻이라면 카자흐스탄으로 방향을 바꿔야 하지 않겠는가? 다른 모든 일정을 다음으로 미루고, 군대에서 전도했던 친구(이수용 집사)에게 전화해서 사정을 이야기하니 카자흐스탄에 다녀올 만한 비용을 후원해 주었다. 이렇게 해서 나는 카자흐스탄으로 선교를 떠나게 되었다. 우리의 생각과 주님의 계획은 정말 다를 때가 많다!

카자흐스탄으로 선교를 떠나게 된 이야기의 내막은 이렇다. 지난해

여름 상트페테르부르크에서 카자흐스탄 단기 선교팀을 만나게 되었다. 일주일 일정으로 이곳을 방문한 20여 명의 청년들은, 교회에서 여름성경학교를 함께하며 주일학교 아이들을 섬기기 위해 자비로 삼년째 방문한 알마타교회 선교팀이었다.

중앙아시아 국가인 카자흐스탄에서 러시아 교회로 단기선교를 왔다는 사실에 나는 처음에는 당황했다. 중앙아시아 모든 국가들이 무슬림인 줄 알았는데, 그런 내 생각이 잘못되었다는 것을 깨달았기 때문이다.

일주일 동안 선교팀의 활동과 개개인의 봉사하는 모습을 지켜보았다. 저마다 자신을 낮추고 섬기는 모습에 감동을 받았다. 나와 함께 할 수 있는 프로그램이 없어서 직접 관계를 맺지 못하였고, 마지막 날 저녁식사를 우리 선교회 식당에서 함께 하면서 처음으로 인사를 나누었다. 대부분 20대 청장년이었고 여성이 많았다. 나는 한국에서 가져온 마스크 팩 20개와 책 세 권을 그들 중 리더로 보이는 여성에게 전달했다. 겨우 3분 정도의 만남이었다. 그렇게 그들은 모든 일정을 마치고 밤 비행기를 타고 카자흐스탄으로 떠났다.

그렇듯 짧은 순간의 만남이었지만, 그 만남을 통해 이루어질 많은 일들이 나를 기다리고 있었다. 그때 그 순간에 이미 나의 선교가 결정되었던 것이다.

그들이 떠난 후 딱 하루가 지난 다음날 밤, 카자흐에서 장문의 편지가 왔다. 러시아어로 쓰여진 그 책은 러시아뿐 아니라 러시아어를 사용하는, 소련연방에 속했던 국가의 사람들 모두가 읽을 수 있다는 것을 그때

비로소 실감했다. 안젤라라는 여성이 나의 책을 단숨에 읽고는 독후감을 편지로 보내온 것이다.

안젤라는 무엇보다 먼저, 우리가 러시아어로 대화할 수 있음을 하나님께 감사했다. 그녀는 책 안에서 일어난 하나님의 놀라운 기적과 이적, 그리고 주께서 함께하신 일들이 자신에게도 전달되었다며 놀랍고 감사한 마음에 편지를 쓰지 않을 수 없었다고 했다. 그녀는 가족과 이웃 교회 친구들과 책을 돌려 보겠노라고 하면서, 나를 카자흐탄으로 초대하고 싶다고 했다.

카자흐스탄, 우즈베키스탄, 키르기스스탄…. 꿈에도 생각지 않았던 국가들이다. 오로지 러시아 한 나라만 보고, 주님이 인도해 주시는 대로 선교해 왔는데, 생각지 않은 곳에 책이 전달되어 감동을 받은 누군가가 나를 초대해주는 편지를 보내 왔다! 신선한 느낌으로 다가왔고, 러시아 언어권 국가들을 다시 한 번 생각해보는 계기가 되었다.

주께서는 때마침 계획중이었던 독일 방문을 막으시고 나를 카자흐스탄으로 인도해 주셨다. 알마타 공항에 도착해서 마중 나온 가족들과 반갑게 만났다. 사실, 처음엔 서로 너무 어색했다. 상트페테르부르크 선교회 사무실에서 3분가량의 만남이 전부인 친구들이었다.

안젤라 가족도 나를 편지로 초대하긴 했지만, 진짜로 요셉이 카자흐에 도착할 줄은 몰랐다고 하였다. 그 말을 들은 우리는 한바탕 웃음으로 주 안에서의 신뢰를 확인하게 되었다.

공항에 마중 나온 안젤라와 그녀의 오빠 알렉, 그리고 안젤라의 둘째 아들 찌무르(고교생), 모두 처음 만난 사이였다. 그들은 "요셉, 안녕하세요?"라고 한국말로 인사하며 나를 반겨주었다. 함께 차를 타고 우리는 안젤라의 집으로 향했다. 알마타 도심에서 조금 떨어진 지역에 위치한 안젤라의 집은 3층으로, 넓은 잔디 정원과 탐스럽게 매달린 사과나무가 인상적이었다.

40대 중반의 안젤라는 두 아들과 친정엄마와 함께 큰 집에서 윤택한 삶을 살고 있는 듯 보였다. 나는 큰아들이 사용하던 방에 여장을 풀고 가족들과 인사를 나누었다.

큰아들은 미국에서 대학을 졸업하고 직장을 다니고 있고, 둘째는 미국에서 고등학교를 졸업하고 엄마와 지내려고 들어왔다고 했다. 남편은 불행하게도 4년 전 과도한 업무 스트레스로 병을 얻어 하늘나라로 먼저 갔다고 했다. 이야기하는 안젤라 친정엄마의 눈에 눈물이 맺혔다. 두 아들만 바라보고 잘 살아왔던 안젤라는 신앙심이 매우 깊어 보였다.

저녁시간이 되자 네 명의 교회 기도모임 자매들이 모여들었다. 우리는 인사를 나눈 후, 카자흐스탄 전통음식을 먹으며 상트페테르부르크에서의 만남부터 이렇게 모이게 되기까지의 여러 이야기들을 서로 나누었다.

한참 이야기를 나누다가 안젤라가 기도모임에 모인 자매들에게 각자 기도제목을 나에게 들려주고 함께 기도하자고 했다. 한 사람씩 돌아가며 기도제목을 말하는데, 모두 세상 것을 구하는 내용이었다. 그런 그들을 잠깐 멈추라고 말한 다음, 나는 세상 것 말고 하나님께서 기뻐 들으실

만한 것을 기도해야 한다고 말했다. 그러면서 그들에게 하나님의 뜻을 구하는 기도를 어떻게 하는 것인지 가르쳐주었다.

"예수님을 믿는 모든 사람들은 기도를 합니다. 그리고 기도제목이 누구에게나 있습니다. 기도제목만 들어보아도 그 사람의 신앙과 가치관을 알 수 있습니다. 주님이 우리의 기도를 모두 들으실까요? 우리에게 진정으로 좋은 것이 무엇인지도 모르는 우리들인데, 우리 마음대로 우리에게 좋은 것을 달라고 주장하는 기도를 주께서 들어 주실까요? 우리가 주님에게 원하는 것이 있듯이, 주님도 우리에게 원하는 것이 있습니다. 오랜 기간 신앙생활을 했다고 하는 사람들도 기도에 대한 응답을 받은 경험은 너무나 드뭅니다. 왜 주께서 응답을 해주시지 않을까요? 자기 멋대로 주께 이런저런 주문을 하고는 그것을 들어 달라고 떼를 쓰는 기도를 하기 일쑤이기 때문입니다."

나를 이곳까지 보내주신 주님은 어두운 방에 불을 켜서 환한 빛 가운데에 가족들을 모이게 하라는 명령을 하셨다. 자기 스스로 모든 것을 정해놓고는 주님께 기도로 이루어 달라고 떼쓰는 어린아이 같은 기도는 주님께서 기뻐 듣지 않으신다.

안젤라의 믿음은 알마타, 아니 러시아에까지 돈독하기로 소문이 날 정도였다. 그런 안젤라에게 살아계신 하나님은 "빛과 소금이 되라"라고 메시지를 주셨다. 모든 일을 주님의 밝은 빛 가운데서 분별하며 순종하라고 가르쳐주셨다.

기도와 믿음으로 살아가는 그녀에게도 한 가지 큰 고민이 있었다.

사랑하는 둘째 아들이 믿음이 없어서 교회에도 안 가고 공부한다는 핑계로 자기 생활만 열심히 하고 있었다. 남편 없이 두 아들을 잘 키웠으나, 둘째의 믿음 없는 생활은 그녀에게 너무나 큰 아픔이었다. 다 큰 사춘기 아들을 억지로 교회에 데리고 다닐 수도 없고, 이래저래 고민이 많았다. 그녀는 손님으로 온 내가 그 아이에게 어떤 식으로든 영향을 미치기를 바라고 있었다.

미국에서 고등학교를 졸업하고 대학입학을 앞두고 있는 아이에게 나는 아주 간단히 몇 가지 질문을 던졌다.

"넌 미국이 좋니? 왜 좋아?"

미국은 시스템이 잘 되어 있어서 살기가 너무 좋다는 대답이 돌아왔다. 내가 미국을 실질적으로 움직이는 사람들이 누구인지 아느냐고 묻자, 아이는 모른다고 고개를 저었다. 나는 미국의 돈은 대부분 유대인이 주인이며, 이스라엘 민족의 역사책이 성경이라는 것, 그리고 하나님의 역사에 대해서 큰 줄거리를 말해 주었다. 하나님을 모르는 채 미국에서 살면, 돈의 하인으로밖에 살 수 없다는 것을 강조했다. 지구와 인간을 창조하신 하나님을 모른다는 것은 미련하고 멸망의 길로 가는 것이라고 말해 주었다. 그러면서 너를 세상에서 가장 사랑하는 사람이 누구냐고 또 다시 질문을 던지니, 자기 엄마라고 대답했다.

"오늘부터 사흘 동안 금식해라!"

내 입술을 통해 성령께서 금식하라는 명령이 전달되었다. 순종하겠다고 아들이 즉시 대답하였고, 엄마도 함께 사흘 동안 금식을 했다.

사흘 동안의 금식을 통해 안젤라의 둘째 아들은 하나님을 만났다. 주일마다 아들 손잡고 교회 간다는 안젤라의 감사편지가 내 마음을 따뜻하게 만들어 주었다.

"무엇이든 살아계신 주님께 질문하십시오!"

사랑하는 안젤라에게 메시지를 전해주고, 나는 러시아 동쪽 변경인 캄차카로 떠났다.

어떤 크리스마스 선물

"여보세요! 당신이 요셉입니까?"

어느 러시아 할머니에게서 전화가 걸려왔다. 내가 요셉이라고 말하자 할머니는 자기의 이름은 율라이며 모스크바에 살고 있다고 자기소개를 했다. 『생명의 열쇠』를 읽고 나에게 질문할 것이 있어서 전화번호를 알아냈다며, 이야기를 시작하셨다.

율라 할머니는 60세 무렵까지만 해도 문학에 취하여 살아왔다. 다 알다시피 러시아에는 세계적인 대문호들이 즐비하다. 톨스토이, 도스토예프스키, 푸시킨, 고골리…. 문학이 세상을 바라보는 거의 유일한 창문이었던 율라 할머니는 10여 년 전에 성경을 처음 읽고서 큰 감동을 받고 놀라움을 금할 수 없었다. 그 후에는 자신이 그토록 아껴왔던 톨스토이, 푸시킨의 책들이 쓰레기처럼 느껴져서 그 많은 책들을 모두 버렸다고 한다.

할머니는 10여 년 동안 다른 책은 거들떠보지도 않고 성경만 읽었다.

그러던 중, 딸에게서 나의 책을 선물 받았다. 화장대 위에 올려놓은 채로 펼쳐보지도 않았는데, 일주일이 지나서야 호기심이 생겼다. 책을 읽기 시작하자 멈출 수가 없어서 그날 밤으로 다 읽어치웠다.

읽는 내내 살아계신 하나님을 만날 수 있었고, 자신의 삶 속에서 예수님과 동행하는 것이 얼마나 중요한지를 느꼈다. 무엇보다도, 자신의 삶을 돌아보고 진심어린 회개를 하게 되었다.

그런 할머니가 나에게 어렵게 전화를 하신 이유는 무엇이었을까? 노인들의 문제라면 건강, 자녀, 남편 문제가 대부분인데, 할머니의 고민은 특이했다. 큰돈을 잃어버렸다며 나에게 찾아달라는 부탁을 하는 것이다!

"아니, 돈을 잃어버렸으면 경찰서에 신고를 해야지, 왜 나에게 찾아달라고 하시는 것입니까?"

할머니는 경찰서에 신고를 할 수가 없는 것이, 돈을 길에서 잃어버린 것이 아니라 집안에서 잃어버렸기 때문이라는 것이다. 알뜰살뜰 모은 돈을 집안 어디엔가 잘 보관해 둔 것은 확실한데, 도대체 어디에 두었는지 생각이 나지 않는다고 했다. 온 집안을 다 뒤져 보았지만, 끝내 돈을 찾지 못해 어려움에 처해 있다는 것이다. 그러던 중, 나의 책을 읽고는 하나님께 기도하면 무엇이든지 가르쳐주시니 요셉에게 기도를 부탁하면 될 것 같아서 이렇게 전화를 하게 되었다고 했다.

한참 이야기를 듣던 나는 나도 모르게 큰소리로, 내가 돈 찾아 달라는 기도를 대신 해주는 사람이냐며 화를 냈다. 많은 사람들을 만나서 신앙상담을 해왔지만 이런 경우는 처음이었다. 정말 어이가 없었다. 할머니는, 그러면 어떻게 해야 하겠느냐고 기어드는 목소리로 나에게 반문했다. 나를 믿고 자기의 고민을 용기 내어 전화를 건 할머니의 마음을 생각하면, 딱 부러지게 거절하기도 어려웠다.

나는 할머니에게 당부하기 시작했다. 몇 가지만 이야기할 테니 잘 들으시라고 했다.

"첫째, 회개하세요! 할머니는 돈을 너무 사랑하기 때문에 하나님께서 돈이 어디 있는지 모르게 숨겨놓으신 겁니다. 먼저, 하나님께 잘못을 회개해야 합니다. 둘째, 회개를 열심히 한 다음에는, 주님께 이렇게 질문하세요. '주님, 그 돈은 지금 어디에 있습니까? 돈을 찾으면 주님이 기뻐하는 곳에 돈을 사용하겠습니다.' 이렇게 하나님께 약속을 하십시오. 선하신 하나님은 할머니의 애타는 마음을 아실 테니 분명히 선한 길로 인도해 주실 것입니다."

더 나아가 나는 영감이 떠오르는 대로 할머니에게 당부를 계속했다. 적어도 5일 동안은 저녁금식을 하며 회개 기도를 하시는 것이 좋겠다고 권면의 말씀을 드렸다.

나의 권면에 따라 할머니는 5일간 회개 금식기도를 하면서 주님의 응답을 기다렸다. 그러나 그 5일 금식기간에는 특별히 주님께 응답받은 것이 없었다. 나 또한 그 후로 아무 소식이 없기에 그냥 잊은 채로 시간이 흘러갔다.

그런데 한 달쯤 지나, 할머니에게 전화가 왔다. "요셉, 기쁜 소식을 전해줄게요!"

할머니는 바로 어제 잃어버린 큰돈을 찾았다며 기쁜 목소리로 소식을 전했다. 5일 회개 금식기도 후로도 스스로 '내가 돈을 너무 사랑했구나.' 하며 매일 주님 앞에 회개하면서 지내고 있었는데, 어느 날 새벽 신기한 꿈을 꾸었다. 자기 손에 편지봉투가 쥐어져 있는데 그 안에 돈이 가득 들어 있는 꿈을 꾼 것이다.

아침에 일어나자마자 남편에게 신기한 꿈 이야기를 했다. 그러고는 할아버지와 할머니는 집안에 있는 편지봉투를 모두 찾아서 일일이 열어 보았다. 그러자 정말 놀라운 일이 벌어졌다. 연애할 때 주고받던 편지를 담아놓은 상자 속을 뒤지다가 한 편지봉투에서 그 돈이 발견된 것이다.

건넌방에서 돈을 찾은 남편은 큰 목소리로 "와우! 오늘 보드카 얻어먹을 수 있겠다!"라고 외치면서, 마치 소풍날 보물찾기 놀이에서 보물을 찾은 아이처럼 기뻐했다. 남편은 돈뭉치를 들고 할머니에게 보여주었고, 둘이는 서로 얼싸안고 기쁨을 감추지 못했다.

나에게 고맙고 감사하다는 말을 몇 번이나 건네던 할머니는, 곧 나를 찾아오겠노라고 약속하였다. 하지만 그때, 나는 그 약속을 솔직히 믿지 않았다. 왜냐하면 모스크바에서 상트페테르부르크까지는 800킬로미터나 떨어진 먼 거리였기 때문이다. 과연 찾아올까? 하는 의심이 생겨서 그냥 기쁜 소식을 받은 것만으로 만족하고는 잊어버렸다.

그러나 율라 할머니는 12월 크리스마스를 며칠 앞둔 어느 날 나를 만나러 상트페테르부르크에 오셨다. 딸과 함께 오셔서 나에게 전화를 주셨고, 기차역 부근 레스토랑에서 만나기로 하였다. 우리는 얼싸안으며 사랑의 인사를 나누었다.

73세의 율라 할머니는 앉자마자 나에게 너무 보고 싶었다고 말했다. 나의 책을 읽고 은혜를 받았으며, 주님의 도움이 아니면 꼼짝없이 돈을 찾을 길이 없었는데, 회개의 기도와 금식이 주님을 만나는 놀라운 체험을 하게 하였음을 고백하셨다.

할머니는 러시아 전통음식을 만드는 요리사였다. 나이가 많은데도 음식솜씨가 뛰어나 여기저기에서 일해 달라는 요청이 들어와서 수입이 많단다. 현금이 모이면 집안 여기저기에 숨겨놓았다. 액수가 늘어날수록 신경이 쓰이더니, 나중에는 마음이 온통 돈에만 있다는 것을 느꼈다.

돈이 모아지기 전에는 늘 교회에 가서 기도를 하기만 하면 주님을 만나는 일이 많았다. 하지만 어느 날부터는 교회에 가서 눈만 감으면 돈다발이 생각났다. 할머니는, 주님이 어디로 가셨는지 사라지고 말았다고 고백하며 눈시울을 붉혔다.

나는 어린아이처럼 말하는 할머니의 손등을 사랑스럽게 서너 차례 소리나게 때려주었다.

"주님을 만나고 주님 뜻대로 살아야 할 사람이 세상과 돈을 사랑하니 주님이 돈을 숨기셨고, 영의 눈을 감아버린 깜깜한 영혼이 되었어요"라고 말하면서 십여 대를 더 때려주었다.

손등을 맞으면서도 할머니는 피하지 않고, 어린아이처럼 웃으며 자기의 잘못을 회개하는 모습을 표현하셨다.

"돈을 찾으면 하나님이 기뻐하는 곳에 쓰겠노라 하나님께 약속했는데, 하나님께서 꿈을 통하여 돈의 사용처를 알려주셨어요. '불쌍하고 가난한 자들에게 식사를 대접하라!' 이것이 하나님이 저에게 주신 명령이었어요."

교회 목사님께, 노숙자가 가장 많은 지하철역에 따뜻한 식사를 제공하는 급식소를 개설하자고 제안했으며, 그 제안을 흔쾌히 받아들인 목사님에게 할머니는 많은 돈을 헌금하셨다. 그런데 헌금을 하고 나자 놀라운 일이 발생했다.

예전처럼 마음에 평안이 넘쳐나게 되었고, 아픈 사람을 위해 기도하면 주께서 기도를 들어주시는 기적 같은 일들이 생기고 있다고 하셨다. 말씀하시는 내내 율라 할머니의 얼굴에서는 광채가 났다. 성령 충만한 기쁨의 얼굴이었다.

할머니는 손가방에서 봉투 하나를 꺼내어 나에게 주었다. "고맙습니다, 요셉!"이라고 쓰여 있는 봉투였다. 요셉의 책을 읽고 꼭 만나보고 싶었고, 요셉을 통해 주님께 회개하고 잃어버린 주님을 다시 만나서 너무 기쁘고 행복하다고 했다. 나에게 준 봉투 안에는 금일봉이 들어 있었다. 러시아 할머니가 감사의 마음을 담아 오셨던 것이다.

세상의 그 어떤 돈보다 가치 있는 돈이었고, 나의 선교사역에 중요한 정점을 찍는 일이었다. 힘들게 번 율라 할머니의 돈이 가난한 이웃에게 따뜻한 밥이 되어 전달된다는 것을 상상만 해도 가슴이 따뜻해졌다.

너무나 아름다운 크리스마스 선물이었다.

　이야기를 마치고 일어나는 율라 할머니는, 지금 마음이 지금 너무 뜨겁고 벅차다는 느낌을 손으로 표현해 보여주셨다. 애타게 돈을 찾았으나 찾지 못했는데, 기도하는 가운데 주님의 인도하심으로 돈을 찾았을 뿐만 아니라 그보다 훨씬 더 큰 것을 다시 찾게 되어 너무나 놀랍고 감사하다고 했다. 다시는 돈을 모으지 않을 것이며, 주님만 의지하고 기쁘게 살아가겠노라고 다짐했다.

　동토의 땅 러시아에서 율라 할머니에게 받은 크리스마스 선물은 내 인생에서 가장 소중하고 따뜻한 선물이 되어줄 것 같다.

사랑의 큰 그릇이 되기 위하여

상트페테르부르크! 러시아 문화의 중심지인 그곳으로 주께서 나를 인도해 주셨다. 처음 상트에 갈 때에는 겨울이어서 모든 강이 얼어붙어 있었고, 나무들은 앙상한 가지만 남아 있었다. 세찬 바람으로 강추위가 나의 외투를 단단히 잠그게 만들었다.

5월 따뜻한 봄날, 상트를 다시 방문하게 되었다. 두 번째 방문 때에는 나의 첫 러시아어 신앙 간증집 『생명의 열쇠』를 여러분들에게 나누어줄 수 있었다.

한 달쯤 되었을 때, 한눈에 봐도 점잖고 카리스마가 있어 보이는 고려인 블라디슬라바 목사님과 항상 웃는 얼굴로 모두에게 인사를 나누는 사모 나타샤를 어느 모임에서 우연히 만나게 되었다. 책을 전해 드린 지 한참이 됐는데도 이렇다 저렇다 반응이 없어서 아직 읽지 않았거나 책이 별로였나 생각하고 있던 참이었다.

목사님은 나를 안아주며 보고 싶었다고 인사를 건넸고, 나타샤 역시 더욱 반갑게 나를 맞아주며 "우리가 기다리던 선교사님이 상트페테르부르크에 오셨다."라고 말했다. 그러면서 지금 어떠한 문제로 기도 중에 있는데, 분별이 되지 않아 주님의 응답을 기다리고 있다고 했다. 바쁜 일들 때문에 나의 책을 읽지 못하다가 며칠 전에야 보게 되었는데, 자기네들이 지금 찾고 기다리던 주님의 메시지가 바로 그 내용 속에 있었다고도 했다. 모임 중이라 길게 이야기를 나누지 못하고 다음에 따로 만나기로 하고 헤어졌다.

그 후, 서로 통화한 후 약속 장소에서 만났다. 지하철역 출구에서 시간에 맞춰 나를 기다리던 나타샤가 가장 먼저 데려간 곳은 자신이 운영하는 두부 공장이었다.

부부가 원래 살았던 곳은 우즈베키스탄 타슈켄트였다. 그곳에서 태어난 목사님은 은행에서 사장으로 일했고 아주 부자로 잘 살았다. 그러나 구소련이 붕괴되고 연방에 소속된 국가들이 독립하면서 우즈베키스탄에서도 소수 민족을 탄압하는 일이 벌어져서 고려인들은 재산과 직장 등 모든 것을 잃게 되었다. 다시 러시아로 들어오게 된 데에는 그런 아픈 사연이 있었다.

빈손으로 들어온 러시아에서 은행을 다녔지만 아무래도 맞지 않아서 예전에 우즈베키스탄에서 했듯이 두부를 만들어 팔기 시작했다. 장사가 잘 되어 점점 사업이 번창해 갔다. 작은 두부 공장이긴 하지만 직원들을 고용해서 두부를 생산, 여러 식료품 가게에 납품하고 있다고 했다.

두부공장을 둘러본 후, 목사님 댁으로 갔다. 맛있는 저녁을 며느리 크리스티나가 준비해 놓고 있었다. 저녁식사를 마친 후, 목사님 부부는 나를 만나고 싶었던 이유를 이야기하기 시작했다.

어느 부자 사장이 찾아와서 좀 더 크고 규모 있는 두부 공장을 만들어 사업을 확장하자는 제안을 했다. 그렇게 결정을 하면 큰돈을 투자하겠다는 내용이었다.

큰 투자를 받아 사업을 넓혀 돈을 벌면 교회 재정도 튼튼해지고 새롭게 교회 건축도 할 수 있겠다는 긍정적인 생각이 먼저 들었다고 했다. 하지만 잘못되었을 때는 모든 것을 잃을 수 있었다. 어떤 선택이 주님 보시기에 옳은지를 몰라서 분별을 위해 주님께 기도하던 중이라고 했다. 하지만 주님은 응답이 없고 어떻게 해야 할지 몰라 혼란스러웠다. 바로 그때, 요셉의 책을 읽고 나니 요셉을 만나고 싶어졌다는 것이다.

나는 나타샤에게 사흘 동안만 저녁 금식을 하면서 주님께 두부 공장을 위해 기도하지 말고 자기 영혼의 평안함을 기도하는 것이 좋겠다고 권면하였다. 이야기를 듣는 과정에서, 목사님과 나타샤는 벌써 마음에 큰 두부 공장을 세우고 있다는 것을 알 수 있었다. 자기네들의 계획대로 일을 진행하려고 한다는 것을 엿볼 수 있었다. 그래서 세상 두부 공장 일은 두 번째로 돌리고, 먼저 그의 나라와 그의 의를 구하는 기도를 하는 것이 중요하다고 말했다. 나타샤의 마음에 평안이 가장 중요하니 그렇게 기도하기를 권했다.

"주님은 사흘 안에 분명히 나타샤에게 응답해 주실 것입니다. 그러니 그 응답을 갖고 다시 만나도록 하지요. 사흘 안에 응답이 없으면 나를 찾지 마십시오."

그런데 사흘이 지나고 나흘째 되는 날 아침, 나에게 문자가 왔다. 주님으로부터 응답이 왔음을 알리는 문자였다.

두 번째 방문한 목사님 댁에서 다시 저녁식사를 마치고, 사흘 동안 기도하며 주님께 응답받은 이야기가 시작되었다.

첫째 날, 나타샤는 기도 시작부터 회개하기 시작했다. 자신을 돌아보게 되었고, 자기 자신이 주님 앞에서 온전하지 못했음을 고백했다. 밤새 회개의 역사가 일어났다. 눈물로 기도하면서, 창피해서 고개를 들 수 없는 정도의 자신을 보게 되었다.

둘째 날, 자기 자신 안에서 무엇인가 다툼이 일어났다. 싸움이 일어나서 마음이 진정되지 않았다. 확실한 주님의 응답은 받지 못했다.

마지막 세 번째 날, 기도하고 난 후 오늘도 응답이 없으면 큰일인데 하며 걱정 반 근심 반으로 기다리며 앉아 있었다. 남편 목사님은 자신이 아내 옆에서 코를 골며 자니까 아내가 응답을 못 받은 것 같다면서, 오늘 밤은 자기가 거실에서 자면서 아내의 눈물의 기도시간을 응원하겠다고 했다.

이렇듯 두 부부의 진실된 바람이 주님께 상달되어서였는지 사흘째 되는 날, 나타샤는 놀라운 주님의 응답을 두 가지 받았다.

첫째, 검은 옷을 입은 성도들이 자기 앞에 모여 있는 것을 보았다.

둘째, 자기 자신 속에 많은 이물질(모래)이 있었는데, 성령의 물이 흘러 자기를 깨끗이 씻겨 주는 모습을 보았다.

나는 그 응답의 소리를 듣는 순간, 나타샤와 목사님을 바라보며 "예수님은 당신들을 정말 사랑하신다."라고 말했다. 그리고 주님의 메시지를 그들에게 이야기해 주었다.

"중요한 것은 사업 확장이 아니라, 지금 목회하는 교회와 목양하는 성도들입니다. 그들을 첫 번째로 바라보고, 그들을 사랑으로 품을 수 있는 넓은 마음과 그릇이 되어야 합니다. 성도들이 검은 옷을 입고 있다는 것은, 그들이 죽어가고 있다는 뜻입니다. 그들을 먼저 돌보는 것이 순서이지요. 그런데 놀랍게도 주께서 성령의 물로 씻겨 주셨으니, 실로 감사한 일이 아닐 수 없습니다."

나는 목사님을 향해 물었다. "큰 두부 공장 잘 돼서 돈 버는 것이 중요합니까? 아니면, 아내 나타샤가 좋은 사람 되는 것이 중요합니까?"

목사님께 묻자 목사님은 일 초도 생각하지 않고 돈보다 좋은 사람 되는 것이 중요하다고 대답하였다. 눈물의 시간이었다. 감사의 눈물로 자기 자신이 아름답게 변화되는 시간이었다.

나타샤는 무엇이 진정으로 중요한지를 사흘 동안 깨달았다고 했다. 자기 자신이 변화하고 거듭나고 부활하는 것이 신앙 생활인으로서의 자세가 되고 과정이 되어야 한다고 스스로 이야기했다.

결국, 목사님은 두부공장 투자 확대사업을 포기했다. 지금 하고 있는 일에 충실하고 감사하면서 성도들과 더불어 사랑하고 주님 복음 전파에 열심을 다하기로 했다. 무엇보다 목회자는 그의 아내가 그리스도 안에서 아름답게 변화되어 성도들을 사랑으로 이끌어 품어주는 일이 중요하다는 주님의 메시지를 전해주었다.

사랑하는 아내를 위해 밤에 잠에서 깨지 않게 조용히 걸어 다니며 기도에 함께 동참해 준 목사님의 고백이 아주 사랑스러웠다. 그리고 사랑하는 아내가 아름답게 변화되어 감사하여 나를 업어 주겠다고까지 농담을 던져 주시는 목사님을 나는 더욱 사랑하게 되었다.

부자 레나, 하나님의 뜻을 구하다

"나도 하나님의 뜻대로 살고 싶어요!"

상트페테르부르크에서 만난 부자 레나는 어떻게 살아야 하는지 하나님의 뜻을 알고 싶다고 말했다. 『생명의 열쇠』를 읽고서 나를 만나길 원했던 레나 집사는 그녀의 담임 목사님과 함께 나를 자신의 집으로 초대했다. 레나는 큰 부자였다. 멋진 아파트에 값비싼 실내 장식과 가구들을 보니, '과연!'이라는 감탄사가 저절로 나왔다.

나는 그녀에게 왜 나를 보자고 했느냐고 질문했다. 그랬더니 아무런 머뭇거림도 없이 "하나님의 뜻대로 살고 싶다."라고 대답하는 것이었다. 어떻게 살아야 하나님 뜻대로 살 수 있을까? 아주 쉬운 질문 같지만, 사실은 그렇지 않다. 많은 사람들을 만나서 심방하고 상담했지만, 하나님의 뜻을 구하는 사람을 만나기란 쉽지 않다. 나는 더욱 가까이 앉아 그녀의 얼굴을 들여다보며 정말 하나님의 뜻을 구하느냐고 재차 질문했다.

그녀는 그렇다고 대답했다. 성경도 많이 읽었고 불쌍한 사람들을 보면 긍휼한 마음으로 도움을 주고 봉사하며 신앙생활을 하고 있다고 목사님께서 인정해 주셨다. 나는 빙그레 웃으며 "그럼 예수님을 만나야 겠네요."라고 말하면서 하나님의 뜻은 내가 가르쳐 주는 것이 아니라, 하나님께서 가르쳐주시는 것이니 순종하기만 하라고 말해 주었다.

나는 그런 레나에게 하나님의 뜻에 대해 성경을 근거로 제시해 주면서, 사도들과 제자들의 행적을 이야기해 주었다. 누구나 다 자기의 계획 속에서 움직이기 쉽다. 성경에서의 주인공들도 선교하면서 각자 갈 길을 정하고 기도했으나 주님의 뜻과 다를 때가 많았다. 그들의 방향이 잘못될 때마다, 하나님은 사도들에게 꿈이나 환상으로 알게 해주시고 그들을 인도해 주셨다.

기도하는 수많은 사람들을 보아왔지만, 하나님의 뜻을 구하는 기도를 하는 레나의 믿음이 나에게 새롭게 다가왔다. 그런 그녀에게 하고 싶은 말은 많았지만 중요한 것은 내 생각을 전하는 것이 아니라, 레나 스스로 주님의 음성을 듣고 그분의 뜻을 아는 것이었다.

나는 레나에게 한 가지 숙제를 내주었다. "5일 금식하세요! 할 수 있어요?"

레나는 할 수 있다고 대답했다.

"금식하면서 기도할 때에는, '주님, 저를 간섭해 주시고 인도해 주세요!'라고만 기도하세요."

레나는 너무 짧은 기도가 아니냐고 나에게 되물었다.

"하나님은 이미 우리의 마음을 다 알고 계십니다. 길게 중언부언 할 필요가 없습니다. 그 짧은 기도문에 당신의 모든 뜻이 다 담겨 있습니다. 가르쳐 준 대로만 그렇게 기도해 보세요. 그러면 주님께서 응답해 주실 것입니다. 소홀히 여기지 말고 잘 기억했다가 기록해 두십시오." 5일 후에 다시 만나자고 했다.

우리는 5일 후에 다시 만나기로 했다. 과연 5일 후, 목사님을 통해서 레나의 소식을 들었다. 레나가 금식을 잘 끝냈으며, 요셉을 만나기를 원한다고 했다.

다시 그녀의 집을 방문하여, 지난 5일간 있었던 이야기를 들었다. 놀랍게도, 주께서는 그녀에게 테마가 있는 응답을 해주셨다. 하나님께서 는 과연 어떤 응답으로 레나를 이끄셨을지, 자못 궁금하였다.

레나의 꿈 이야기를 듣는 순간, 나는 미소 짓지 않을 수 없었다. 과연 하나님의 교육 방법은 상상을 초월한다. 인간으로서는 그 누구도 그런 교육을 할 수가 없다. 꿈 내용은 이러했다.

첫째 날, 큰 양 한 마리가 있는데 양의 배를 갈라서 내장을 들여다보니 심장, 간, 폐, 위 등 모든 장기들이 더러웠다. 그런데 누군가의 손이 그 더러운 장기들을 꺼내더니 맑은 물에 씻어서 다시 제자리에 붙여서 꿰맸다.

레나는 그 꿈의 내용이 무엇이냐고 물었다. 너무나 자명했다. 나는 미소를 지으며 하나님께서 레나를 엄청 사랑하신다고 말문을 연 뒤, 레나가 바로 그 양이라고 말해 주었다. 그런데 왜 내장 속이 더러웠을까?

겉으로는 순종을 잘 하는 순한 양 같지만 속은 더럽다는 것을 가르쳐 준 것이다. 속사람을 보시는 하나님께서 레나의 더러운 내장을 모두 꺼내어 씻어 주셨다는 것은 레나가 이번에 금식 기도를 통하여 하나님의 은혜로 놀랍도록 정화되고 있음을 나타낸다. 옆에서 이야기를 듣던 남편이 웃으면서 요셉의 말이 맞다고 맞장구를 치며 레나의 현재 상황을 확인시켜 주었다.

둘째 날엔, "깨끗한 것만 먹어라"라는 예수님의 말씀이 있었다. 내장을 깨끗이 씻었으니, 이제부터는 깨끗한 것만 먹으라는 뜻이라는 것을 선명하게 알 수 있었다.

깨끗이 씻어 먹으라는 것은 사과, 오이, 상추 등 음식만을 뜻하는 것은 아닐 것이다. 보는 것, 듣는 것, 말하는 것, 숨 쉬는 것, 생각, 정신…. 정신의 음식, 영의 양식을 아름답게 먹으라는 것이 주님의 뜻일 것이다.

셋째 날엔, 큰 빵을 만들었는데 그 크기가 어마어마했다.

혼자서 먹을 수 없는 큰 빵은 무엇을 뜻할까? 모두 함께 나눠 먹으라는 것이 주님의 뜻일 것이다.

넷째 날엔, 천국 가는 비행기를 탔는데, 자기 짐을 실을 자리는 있었는데 자기 좌석은 없었다. 하는 수 없이 짐만 부쳤는데, 자기에게는 내리라고 해서 내리다가 꿈에서 깨어났다.

천국은 마치 길을 가다가 보물이 묻힌 밭을 발견하면 자기의 모든 재산을 팔아서 그 밭을 사는 것과 같다는 예수님의 말씀을 생각나게 하는 꿈이다. 모든 재산을 팔아서 티켓을 사야 마땅한데, 재산을 앞세우는 마음 때문에 정작 '보물'인 비행기표를 구하지 못한 것과 다름이 없게 된 레나의 현재 상황을 단적으로 지적해 주는 꿈이라고 할 수 있었다.

부자 레나는 이 꿈으로 인해 크게 동요를 일으키는 것 같았다. 누구에게나 재물은 영원히 자기의 것이 될 수 없다. 이 지상에 머무는 동안 잠시 관리하는 것뿐이다. 근본적으로는 모든 것 다 하나님께 바치는 마음이어야 한다. 재물에 먼저 마음이 가 있어서는 안 된다. 나는 차분하게 차근차근 그녀에게 천국 가는 티켓 구입 방법을 설명해 주었다.

다섯째 날 꿈엔, 친구 부부가 크게 다투는 광경을 바라보고 있었는데 너무 괴로웠다.

나는, 갈등과 다툼의 자리에 함께 있게 되면 아무래도 좋은 영향을 받을 수 없으니 때로는 피하는 것이 상책일 때가 많은 법이라고 말해 주었다.

자기처럼 주님 앞에서 순종 잘하는 사람이 어디 있느냐며 자부했던 레나가, 어느 순간 숙연해진 모습으로 나를 바라보며 스스로의 문제점을 토로하기 시작했다.

좋은 생각을 해야지 하면서도 악한 생각이 앞서고, 사람을 볼 때 똑바로 보지 않고 눈을 흘기며 어떻게든 낮추어 보곤 했던 자신, 누구와도 화합 없이 자기 말이 법이라도 되는 듯이 우겼던 일, 그리고 마음대로 행동했던 지난날들을 고백했다. 이러한 말과 행동들이 결국은 모두

'순한 양'인 것처럼 행세했던 자기가 먹었던 것들이었다. 그러니 속이 깨끗할 리가 있겠는가? 그 양의 속이 그처럼 더러웠던 것은 너무 당연한 결과이지 않느냐? 레나는 자기의 진짜 속마음을 비유로 알게 해주신 하나님의 사랑이 너무 놀랍다면서 진심으로 회개하였다.

천국 가는 비행기 안에서 세상 짐만 싣고 정작 자신이 탈 자리는 없었다는 것이 충격적이었지만, 그것 또한 하나님의 사랑이 가득 담긴 경고로 받아들이고, 그만큼 조심하고 몸과 마음을 단련하겠노라고 다짐했다. 레나는 또, 하나님의 이러한 교육과 가르침에 감사 예물을 드리겠노라고 말했다.

이야기를 모두 마친 우리는 일주일 후에 다시 만나기로 했다.

다시 만난 레나는 몰라보게 얼굴이 밝아져 있었다. 레나는 나를 안아주면서, 하바로프스크에 사는 자신의 가장 친한 친구가 요셉을 꼭 보고 싶다고 하는데, 그곳에 가면 꼭 만나주길 바란다고 했다.

감사헌금을 하면서 그녀는 나에게 귓속말을 해주었다. 지금도 또렷하게 들리는 듯하다.

"정말 고맙습니다."

엄마의 기도

16세, 14세, 7세의 세 자녀를 홀로 키우는 나타샤의 이야기를 전하고 싶다. 첫째 아이는 키가 180센티미터나 되는 건장한 아들이고, 둘째와 셋째는 딸이다.

홀로 세 아이를 키우는 유치원 교사 나타샤는 믿음의 사람이다. 교회 찬양 팀 단원으로 늘 찬양과 봉사로 주님과 동행하는 사람이다.

어느 날, 나타샤가 큰아들 미샤의 일로 상담을 요청해 왔다. 남편 없이 세 아이를 키우다 보니 큰아들을 믿고 의지하고 기대를 많이 했다. 그런데 사춘기가 오면서 밖으로 나돌고 늦게 귀가하기 시작하면서 결국 담배와 술을 하게 되었다는 것이다. 나를 보고서 눈물을 쏟아내며 아들이 심각한 상황에 처해 있다고 하였다.

미샤는 처음에는 담배 피우는 친구들과 함께 있다가 와서 옷에서 냄새가 나는 것이라고 핑계를 대더니, 시간이 흐르면서 당당하게 자신이 피웠다고 말하기 시작했다. 내 인생이니 내 맘대로 살게 놔두라고 했다는 것이다.

그 말을 듣는 순간, 모든 것이 무너져 내리는 듯하여 어찌할 바를 몰라 상담을 요청한 것이다. 그녀의 이야기를 들으면서 나도 모르게 두 주먹에 힘이 불끈 들어가고, 이 자식을 그냥 두들겨 팰까 하는 마음마저 일어났다. 하지만 한국 선교사가 러시아 소년을 때려서 일이 해결될 리는 단 일 퍼센트도 없는 상황이었다.

눈물을 흘리는 나타샤의 손을 잡고서 모든 것을 주님께 맡기고 기도하라고 했다. 인간인 우리가 어떻게 다른 인간을 변하게 할 수 있으랴? 나는 기도하라고 하는 말 외에 달리 조언할 길이 없었다.

"물을 포도주를 변화시킨 주님, 삐뚤어진 미샤를 붙잡아 주세요!"

기도를 계속해도 미샤의 반항은 멈추지 않았고, 가족들의 걱정은 커져만 갔다. 그러던 어느 날, 미샤가 밤에 미끄러지면서 넘어져서 오른쪽 손목을 다치게 되었고, 이로부터 반전이 일어났다.

다음날 병원에 갔더니, 검사를 마친 의사가 깁스를 해야 한다고 했다. 깁스를 하고 돌아왔는데, 이게 웬일인가? 오른쪽 손목을 다쳤는데 왼쪽 손목에 깁스를 한 것이다. 처음 깁스를 하게 된 미샤는 그저 의사가 하는 대로 지켜보고 있었을 뿐이었다. 깁스를 마치고 집에 돌아온 후에야 미샤는 뭔가 크게 잘못된 것을 알아차렸다.

"엄마, 다친 손목은 오른쪽인데 왜 왼손에 깁스를 해요?"

병원으로 돌아가 항의를 했지만, 다시 풀기가 어렵다면서 다친 오른쪽 손에도 깁스를 해주었다. 그렇게 해서 놀랍게도 양손을 모두 깁스하게 되는 초유의 사태가 발생했다.

이때부터 미샤는 한 달 동안 본의 아니게 두 손을 사용하지 못하게 되었다. 모든 것을 다른 사람의 도움으로만 해결해야 했다.

담배는 물론 술은 상상도 하지 못하게 되었다!

나는 한 달 동안 깁스를 한 미샤를 보고 웃으면서, "하나님이 너를 구속하셨다."라고 말해 주었다. 참으로 아름다운 구속이었다! 울고 있던 나타샤에게는 아들의 구속이 너무 기쁜 일이었다.

한 달 동안 깁스를 하고 지낸 미샤는 예전의 순수했던 자신으로 돌아왔다. 깁스를 풀고 손목이 다시 건강하게 되자, 미샤는 작은 아르바이트를 시작했다. 하루종일 전단지를 길에서 나눠주는 일을 했는데, 하루 일당이 5백 루블(한화로 약 일 만원) 정도였다. 자기 힘으로 돈을 벌었다면서 자랑하는 모습은 천상 어린아이였다.

며칠이 지난 후, 그런 그에게 장난스럽게 물었다.

"너, 지금도 담배를 피우냐?"

"No, No, No!"

펄쩍 뛰면서 아니라고 외치는 그에게 나는 5백 루블을 주었다. 돈을 받는 미샤의 눈이 휘둥그레졌고, 고맙다고 연신 인사를 했다. 하루종일 일을 해서 겨우 500루블을 벌어 본 미샤는 이제 돈의 가치를 알게 되었던 것이다.

미샤의 생활이 정상적으로 돌아온 것을 본 사람들은, 하나님이 역사하시는 놀라운 방법에 대해서 저마다 깊은 생각을 하게 되었다. 하나님은 언제나 우리가 감히 상상도 할 수 없는 방법을 꺼내 드신다.

'원수는 멀리 있지 않고 집안에 있다'는 주님의 말씀처럼, 가족 일원을 위하여 사랑으로 기도하는 가운데 하나님의 축복을 누리는 모두가 되기를!

눈물로 드리는 간절한 기도의 힘

울면서 기도하는 어머니! 세계 어느 나라에서나 볼 수 있는 풍경이지만, 이들에게는 공통점이 있다. 세상의 모든 여인들은 남편을 위해서보다는 아들을 위해서 금식하고 울며 기도한다는 것이다.

상트페테르부르크에서 만난 50대 중반의 나탈리아는 목사님의 사모로서, 기도의 사람이다. 그녀는 젊어서 남편과 사별하고 재혼한 경우로, 34세인 큰아들은 전남편과의 사이에서, 25세인 둘째 아들은 현재의 남편에게서 생긴 자녀였다. 요리사인 큰아들은 결혼해서 예쁜 딸이 있다.

나타샤의 첫 번째 남편은 큰아들 지마를 남기고 30대에 사망했다. 그런데 그 큰아들에게 문제가 많아서 나타샤는 눈에서 눈물이 마를 날이 없었다. 가장 큰 문제는 탈선과 음주, 알코올 중독이었다. 나타샤는 눈물로 기도하면서, 한편으로는 아들을 달래보기도 하고 협박도 해보았지만, 그때뿐이지 소용이 없었다. 결혼하여 딸까지 있지만 술을 한번 마시면 죽음 직전까지 갈 정도로 마셔댔다. 술을 마시고 인사불성이 되어 며칠씩이나 가족들에게 괴로움을 주곤 했다.

이런 사정을 전혀 몰랐던 나는 아들을 위해 기도해 달라는 나타샤의 요청이 처음에는 의아했으나, 여러 차례 그녀의 걱정과 근심을 듣다 보니 공감이 갔다. 처음에는 아들이 '그저 알코올 중독에 빠져 있구나.'라고만 이해했는데, 하루 이틀 대화하는 시간이 지날수록 아들의 상황이 심각한 수위에 이르러 있다는 것을 알게 되었다.

아들과의 관계가 악화되어 3년 동안 연락이 두절되기도 했었다. 예쁜 손녀를 얻었지만 그 손녀 얼굴조차 볼 수 없었던 시간이 더욱 마음을 아팠고, 잠적해 버린 아들을 다시 만나기를 간절히 기도했다. 어머니와 아들의 관계라는 것은 떼려야 뗄 수가 없는 것이다. 그렇게 못된 짓을 많이 한 아들, 걱정거리만 안겨주는 아들이지만, 그를 위해 눈물로 기도하는 시간이 점점 길어졌다.

나타샤는 두 번째 결혼하여 얻은 둘째 아들을 볼 때마다 큰아들이 보고 싶었고, 그럴 때마다 회개하며 아들과의 관계가 회복되기를 간절히 기도했다. 그런 어머니의 눈물의 기도가 결국 이루어지게 되었다. 3년 만에 연락이 되어 재회를 하게 된 것이다. 그 만남을 위해 교회에서 축하 파티까지 열어주었다. 그러나 만남의 기쁨은 잠시잠깐뿐이었다. 아들의 알코올 중독이 멈추지 않았던 것이다. 아들은 더욱 기세등등하게 되어, 만취되면 자기 집이 아닌 나타샤 집에 와서 몇 날이고 취해서 누워 지냈다.

사랑으로 돌봐주는 것도 하루 이틀이지, 큰아들을 바라보는 남편의 심기가 편할 수가 없었다. 서로 불편해지기 시작하더니, 끝내 남편은 참을성이 한계에 도달했다.

2년 동안이나 큰아들의 문제점만 듣던 나는, 그 아들이 궁금해졌다. 처음부터 궁금했으면 만나보고 싶었을 텐데 왜 그렇지 않았는지 모르겠다. 사람의 마음이란 참 묘한 것 같다.

어느 날, 나타샤와 통화하는 중에 내가 그 아들 얼굴 한번 보고 싶다고 했더니 아들이 요셉을 만나줄지 모르겠다는 답변이 돌아왔다. 맞는 말이다. 술주정꾼이 나를 만날 이유가 없겠지. 그러나 주님의 손길이 필요한 나타샤 집안의 일이라, 나는 다시 아들에게 물어보고 만남을 약속하자고 하였다.

전화상으로는 만나자고 했지만, 과연 그 아들을 만나서 무엇을 어떻게 해야 할지 몰랐기에, 오히려 아들이 나를 만나자고 할까봐 조금은 두려운 마음도 있었다. 나는 벌써부터 마음속으로 "알코올 중독 병원에 입원시켜서 치료 받으세요."라고 말하고 있었다.

일주일 후, 나타샤에게 전화가 왔다. "요셉, 만나고 싶답니다. 그러니 날짜를 정해 주세요."

약속을 하고 나서, 나타샤는 큰아들의 아버지와 할아버지의 죽음에 대해서 말하기 시작했다.

첫 남편 지마의 아버지는 32세라는 짧은 생을 살고 저 나라로 떠나갔다. 죽음의 이유는 다른 사고나 질병이 아닌 술병이었다. 더욱 놀라운 것은 지마의 할아버지 또한 34세에 그 또한 술병으로 돌아갔다는 사실이 었다. 아버지와 할아버지가 30세를 겨우 넘긴 나이에 돌아간 것이다. 그 집안에 지마가 유일하게 남은 후손인데 그마저 술에 빠져 삶이 무너지고 있었다.

"엄마, 나도 온전하게 잘 살고 싶어요!" 지마는 술이 깨면 엄마를 붙잡고 울면서 하소연했다고 한다.

나는 나타샤에게 물었다. "그 아들이 그러고 싶어서 그럴까요? 지마의 속에는 천사가 있을까요, 사탄이 있을까요? 그 속에는 예수님이 있을까요, 사탄이 있을까요?"

나의 질문은 너무나 간단했다. 그러자 나타샤는 조금의 틈도 없이 "사탄이 있다"라고 외쳤다. 그렇다. 아들의 속에는 천사도 예수님도 없었다. 그렇다면 어머니가 애정의 몸부림을 치면서 눈물어린 기도를 한다고 해서 과연 사탄이 물러날 것인가?

약속 날짜가 다가올수록 나는 잠이 오지 않았다. 지마의 알코올 중독 문제는 상트페테르부르크의 많은 사람들에게 이미 널리 알려져 있었다. 나는, 살아계신 주님만이 그를 새롭게 할 수 있다는 사실을 너무나 잘 알고 있었다. 그래서 기도할 수밖에 없었다.

"확신을 주세요. 주님, 도와주세요!"

약속한 날짜에 나타샤의 집으로 갔다. 아들을 기다리면서, 과연 그 아들이 제 시간에 올까 하는 의구심도 있었다. 나타샤가 준비해 둔 많은 음식들로 식사를 마칠 때쯤, 초인종 소리가 났다. 아들이었다.

그런데 내가 생각했던 험상궂은 술중독자의 모습이 결코 아니었다. 잘생기고 눈이 부리부리한 청년이 내 앞에 앉았다. 사실 무슨 말을 어디서 어떻게 시작해야 할지를 몰랐다.

나는 10분간만 너에게 이야기하겠노라고 하면서 귀 기울여 잘 들으라고 했다.

"너도 너의 행동이 싫지?"

그러자 그는 고개를 끄덕이며 그렇다고 했다. 그래서 '너는 낚시를 해보았느냐?'라고 물었더니, 해봤다고 했다.

"아무리 큰 고기라도 미끼를 물면 어떻게 되지? 그 물고기는 꼼짝없이 낚시꾼의 물고기가 된다. 그 물고기는 미끼를 물 때까지는 마음놓고 헤엄치며 다닐 수 있지만, 일단 미끼를 물면 낚시꾼이 낚싯줄을 감는 곳으로 끌려가는 신세가 될 수밖에 없어. 그와 마찬가지로, 지마, 네 속에는 사탄이 있어서 너를 조종하고 있는 거야. 바로 그 때문에 너의 마음과 생각대로 되지 않았던 것이지. 넌 사탄의 뜻대로 움직여 왔던 거야."

지마는 잠자코 내 이야기에 귀를 기울이고 있었다.

"'그럼, 그 낚싯줄을 끊으려면 어떻게 해야 할까?'"

나는 또 다른 비유를 그에게 들려주었다.

"자동차가 웅덩이에 빠져서 나오지 못할 때가 있어. 운전자는 처음에는 그냥 운전석에 앉아서 엑셀만 밟아대겠지. 하지만 핸들만 붙잡고 있다고 해서 해결책은 없어. 어떻게 해야 할까? 차문을 열고 밖으로 나와서 지나가는 차들을 향해 손짓하며 도와달라고 해야 할 거야. 누군가 도움을 주겠다고 나서서 그 사람이 자동차를 뒤에서 밀어주면, 운전자가 다시 시동을 걸고 액셀을 힘차게 밟을 때, 자동차가 힘을 받아서 웅덩이에서 빠져나올 수 있어. 기도는 바로 이렇게 밖으로 나와서 누군가에게 도와달라고 외치며 손짓하는 것이야."

지마의 표정을 보니, 내 말이 먹히고 있었다.

"도와달라는 표현은 급할수록 간단하고 짧게, 상대가 알아들을 수 있게 하는 것이 중요해. 하지만 지금은 부모도 너를 도와줄 수가 없어. 오직 예수님만이 너를 도와줄 수 있어. 그러니, 무조건 예수님을 부르고, 예수님께 도와 달라고 기도해. 지금 너의 상태가 아주 절박하니, 길게 설명할 여유도 없고 그럴 필요도 없어. 짧고 간단한 기도를 너의 진심을 담아서 하면 돼. '도와주세요, 살려주세요.'라고 기도해. 당사자인 네가 입을 열고 이 기도를 했을 때만이 너의 구세주 예수님께서 너의 마음속의 사탄을 물리쳐 주실 거야."

내 말을 듣고 있던 나타샤는 '아멘, 아멘'을 연발하며 눈물을 흘렸다.

"어때? 참, 쉽지? 기도는 쉽게 해야 해. 그래야 도와주는 분이 빨리 알아들을 수 있어."

나는 마치 유치원 아이에게 기도를 가르치듯이 34세의 지마에게 주님을 부르는 응급구조 기도의 방법을 알려주었다. 내 말을 충분히 이해했는지 어둡던 지마의 얼굴이 금세 환해졌다. 나는 지마에게 당부했다. 사흘 동안만 저녁 한 끼 금식을 하면서 이렇게 기도를 하라고. 그러면 하면 주님의 도움이 있을 것이라고.

어느새 사흘이 훌쩍 지나갔고, 지마는 사흘 동안 저녁 한 끼 금식기도를 통하여 마음속에 자리하고 있던 사탄을 물리칠 수 있었다. 사흘 동안 무덤에 갇혀 있었던 나사로 다시 살아나서 걸어 나온 것처럼, 지마는 새 사람이 되었다. 그는 담배도 술도 자연히 멀리하게 되었고, 주님을 부르며 찬양하는 놀라운 변화를 맞이했다.

지마가 혼자 기도해서 기적을 만난 것은 결코 아니다. 보이지 않는 곳에서 눈물로 기도하는 엄마의 간절함이 열매를 맺은 것이다. 누가복음 7장에는 주님께 자기 하인을 고쳐 달라고 간구하는 백부장의 이야기가 나온다. 그는 철두철미 주님의 능력을 믿고 있었다. 그래서 자기 집을 구태여 방문하실 것도 없다면서, 이렇게 말한다. "주여, 저는 주님을 제 집에 모실 자격조차 없습니다. 그러니 그저 말씀만 하십시오. 그러면 제 하인이 나을 것입니다. 저도 상관을 모시고 있지만, 저에게도 부하들이 있어서 제가 부하에게 '가라' 하면 가고 '오라' 하면 오며, 하인에게 '이것을 하라' 하면 합니다." 예수께서는 이 말을 들으시고는, "이스라엘 사람들 중에 이만한 믿음을 가진 자를 본 적이 없다."고 칭찬하신다. 하지만 성경에는 백부장의 이름조차 기록되어 있지 않다. 그저 '믿음의 백부장'일 뿐이다.

자신의 믿음이 크다는 것을 드러내려고 하는 성도들이 적지 않다. 드러내는 믿음보다 드러내지 않은 가운데 간절한 믿음을 키워나가는 것이 훨씬 더 중요하다.

사랑의 연쇄반응

1,260일 동안 밤마다 술을 마셨던 어느 레스토랑 사장님이 변화 받은 놀라운 이야기이다.

상트페테르부르크에서 한국식당 매니저로 일하는 타티아나(딴야)라는 고려인 여집사가 있다. 40대 중반의 그녀는 나의 선교 사역을 너무 사랑한다. 사랑하게 된 이유가 분명하기에 우리의 관계는 늘 주 안에서 기쁘고 행복했다.

딴야의 남편인 아르뚜르가 암에 걸려서 힘든 시간을 보낼 때, 주께서 남편을 만져 주시고 마음에 평안을 주시면서 그 가정에 축복이 임하였다. 그런 시간을 통해 나와 그 가정이 매우 친밀해지고 형제처럼 지내게 되었다.

어느 날, 기도 모임이 끝나갈 무렵 딴야가 나에게 한국어판 간증집한 권을 달라고 했다. 한글도 읽지 못하면서 한글판을 왜 달라고 하느냐고 물었더니, 자기가 일하는 레스토랑 사장님에게 전해주고 싶다고 했다. 자기 남편이 러시아어판을 읽고 요셉을 친구로 삼았듯이, 한국 사장님도 요셉의 책을 읽고 회개하고 새 사람이 되어야 한다고 뚜렷이 말했다.

한국식당 사장님은 집사였고 예전엔 교회도 잘 다녔는데, 지금은 교회도 안 가고 매일 밤 술을 먹으며 괴로운 나날을 보내고 있다고 했다. 사업이 어려워지고 여러 문제가 생기다 보니 술로써 풀고 있다면서, 옆에서 지켜보는 직원으로서 마음이 아프다고 했다. 사람은 정말 좋은 사람인데 하는 일마다 문제가 생겨서 어려움이 이만저만이 아니라며, 나에게 꼭 한글 책을 가지고 심방해 줄 것을 요청했다.

잘 모르는 사람을 무작정 찾아가서 책을 전달하고 이야기한다는 것은 쉬운 일이 아니다. 간절히 부탁하는 딴야의 눈빛에는 진심이 담겨 있었다. 2~3개월 지났을까, 딴야는 또 한 번 정식으로 부탁을 해왔다. 늘 딴야의 부탁에 마음이 쓰였던 나는 어떻게 도와줄까, 아니 어떻게 만나고 상담을 해야 할까, 고민하게 되었다.

그러던 어느 날, 우리 선교회에 한국에서 손님들이 방문하셨고 손님들의 초대로 한국식당에서 점심식사를 하게 되었다. 그 장소가 바로 딴야가 일하는 한국식당이었다. 나는 미리 책을 두 권 준비해서 식당으로 향했다. 선교사님들과 함께 점심식사를 마친 후 모두들 밖으로 나갈 때쯤, 나는 맨 끝에 서 있다가 딴야의 손을 잡고 사장님에게 다가갔다.

"안녕하세요! 저는 장요셉 선교사라고 합니다."

나 스스로를 소개한 후, 딴야의 부탁으로 사장님께 책을 두 권 선물로 드리려 한다고 했다. 한 권은 러시아어판이니 직원들이 읽게 하고, 한글판은 사장님께서 저녁에 읽어 보시고 은혜 받으시라고 전해 주었다.

내가 전해주는 책을 받기는 했지만, '이거 뭐야?' 하는 표정으로 다소 황당해하는 것 같았다. 한국말을 못 알아듣는 딴야는 그저 책이 자기 사장에게 전달되었다는 것만으로도 너무 행복해하였다.

"당신을 아끼고 정말로 사랑하는 직원의 부탁이니 꼭 읽어 보시기 바랍니다!"

나는 다시 한 번, 딴야의 믿음으로 오늘 이 시간의 만남이 이루어졌으니 책을 꼭 읽어 보라고 강하게 말했다. 그런데 주님께서 역사하신 놀라운 일이 생기기까지는 그리 오랜 시간이 걸리지 않았다.

다음날 아침, 전화가 왔다. 모르는 번호여서 누군가 싶었는데, 바로 그 식당 사장님의 전화였다. 빠른 시간 안에 만나고 싶다고 했다. 다음 날 점심 무렵에 식당으로 다시 찾아갔다. 두 번째 만남은 사장님 부부의 초대로 이루어졌다. 나를 반갑게 맞아 주었다. 그의 아내가 먼저 말문을 열었다.

"선교사님의 책을 저는 세 시간 만에 다 읽었습니다."

부인이 읽고 남편에게 넘겼는데, 남편은 밤에 퇴근하고 절반을 읽었다. 책을 읽으면서 "내가 지금 인생을 잘못 살고 있구나" 라는 후회와 회개가 자기를 압박하여 자신도 새롭게 잘 살아야겠다는 다짐이 생겼다. 그 시간 이후로 술을 마시지 않겠다고 결정했고, 이틀 동안 정말로 술을 마시지 않았다. 남편의 변화된 모습을 보고 아내는 나를 초대하자고 남편에게 제안했다.

"오늘부터 사흘 동안 금식하세요."

부부에게 금식을 권했고, 그들은 아멘으로 대답했다. 우리는 금식을 마치고 다시 만날 것을 약속했다. 사흘 후, 나는 그들의 집에 초대받아 가게 되었다.

"선교사님, 우리 집은 넓고 빈 방이 있으니 함께 살면 어떨까요?"

난데없는 동거 요청에 갈 곳이 없는 우리 부부는 기도해 보겠노라 말하고, 그날 밤 주님께 기도했다. 주님은 우리 부부를 그 사장님 집으로 인도해 주셨다.

"제가 1,240일 동안 밤마다 술을 마셨더라구요."

남편이 하루도 빠짐없이 술이 마셔대자, 부부는 밤마다 다투기 일쑤였다. 그 시간 동안에는 기쁨도, 희망도, 신앙도 사라졌다. 삶 전체가 망가졌다. 사장님은 안 되는 일을 원망하며 술로써 풀려 했던 자신을 돌아보게 되었다. 30여 년 동안 마셨던 술과 담배를 하루아침에 끊게 된 것은 누군가의 황금 같은 조언 덕분도 아니었고, 병원도 아니었고, 금연 프로그램도 아니었다. 살아계신 주님의 사랑이 그를 변화시켰고, 새로운 삶을 살 수 있도록 한 것이다.

어느새 새로운 삶을 산 지 10개월이 지났다. 검게 그을렸던 그의 얼굴은 혈색이 좋아졌고, 조급했던 마음은 넓어졌다. 세상은 변한 게 없는데, 자기 자신이 아름답게 변하니 모든 것이 새롭게 되었다. 그는 지난날의 자신을 후회하며 하나님께 감사의 기도를 드렸다.

"선교사님, 손을 줘 보세요."

그는 나의 손목에 시계를 채워 주었다. 비싼 것은 아니고 자기가 차서 조금은 낡았지만 정말 좋은 시계이니 자신의 마음이라 생각하고 기념으로 주고 싶다고 했다. 그의 마음이 와 닿아 나는 기쁜 마음으로 선물을 받았다.

코로나 19로 인해 부부는 식당의 문을 강제로 닫아야 할 위기에 처했다. 모스크바에 호텔도 있었지만, 그쪽 경제 상황도 마찬가지로 어려워졌다. 어떻게 살아가야 할지, 부부 집사님은 사흘 동안 금식기도를 했다. 주께서는 한국으로 인도해 주셨고, 부부는 모든 것을 정리하고 한국으로 이사하였다.

나는 이 부부를 사랑한다. 하나님께서 이 부부를 사랑하셔서 다툼에서 화목으로, 악한 마음에서 선한 마음으로, 좌절과 실망에서 희망찬 미래로 인도하셨다. 그런 그들을 볼 때마다 그들을 만나게 해준 딴야와 아르뚜르를 잊을 수 없고, 딴야와 아르뚜르를 만나게 해준 블라디슬리바 목사님 부부를 또한 잊을 수 없고, 또 목사님 부부를 만나게 해주신 성령님의 은혜를 잊을 수가 없다.

갈리나, 무슬림을 품어라!

선교사라면 누구나 바울을 닮고 싶어 하고, 바울과 같은 선교 사역을 꿈꾼다. 바울은 어떤 선교사인가? 바울이 어떻게 선교를 하였기에 모든 선교사들이 바울을 좋아하고 바울을 닮기 원하는 것일까? 바울은 예수님을 직접 만나지 못했을 뿐만 아니라 직접 가르침을 받은 일도 없다. 그러나 주님께서 친히 그를 인도하시고 그와 항상 함께하시며 역사하셨다.

사도행전은 예수께서 부활 승천하시고 예수를 믿는 자들에게 성령을 선물로 보내 주셔서 성령이 역사하는 내용으로 점철되어 있다. 선교사들에게는 매우 중요한 성경일 수밖에 없다.

사도행전에서 중요한 두 가지 사건이 있다. 하나는 베드로와 고넬료가 만난 역사이고, 다른 하나는 바울이 아시아로 선교여행을 떠나려 할 때 주님께서 가로막으시고 마케도냐로 인도하신 사건이다.

갈리나 선교사는 29세 여성으로, 미국 선교단체에서 러시아 대표로 3년 간 선교훈련 프로그램에 참여한 후 세계 16개국을 다니며 선교훈련을 쌓았다. 이렇게 훈련하고 배우면서 선교사로서의 꿈을 키워가는 과정을 마치고 이곳 상트페테르부르크에 돌아왔다.

  선교훈련을 떠나가기 전과 돌아온 후의 그녀의 모습과 성격은 180도로 변해 있었다. 선교에 대한 뜨거운 열정과 목표, 무엇보다 주님을 사랑하는 마음을 느낄 수 있었다. 나는 나의 책을 갈리나에게 선물했다. 갈리나는 "주님, 나를 인도하소서! 내가 무엇을 하리이까?"라는 책 표지에 있는 문구가 자기 마음에 쏙 들어와서 단숨에 책을 읽었다고 했다.

  이 책 표지의 문구처럼 선교사가 구해야 할 기도는 딱 한 가지이다. 그것은 바로 "주님, 나를 인도하소서. 내가 순종하겠습니다."라는 것이다. 이렇게 간단명료하게 단 두 문장으로 기도하면 그만인 것이다. 예수 믿는 사람은 누구나 저마다의 기도제목이 있다. 저마다의 위치와 역할에 따라 각기 다른 내용으로 기도한다. 초신자, 집사, 권사, 장로, 목사, 선교사가 각기 다른 기도를 하는데, 기도제목만 보아도 그 사람의 신앙관 가치관을 어느 정도는 알 수 있다.

  16개국을 돌아다니며 3년 동안 훈련받고 러시아로 돌아온 갈리나는 훈련이 몸에 배어 있어 선교에 적극적인 자세를 지니고 있었다. 선교단체에서의 훈련은 잘 짜인 시스템과 프로그램으로, 그 단체의 보호 속에서 이루어진다. 마치 신병교육대에서 가상 전쟁, 가상 전투를 매일 반복하며 몸이 전쟁과 전투 속에서 이겨내게끔 훈련하는 것과도 같다. 하지만 훈련소에서 교육과 훈련을 마치고 전쟁터에 떨어지면 현실은 훈련소

프로그램과는 전혀 다르게 움직일 때가 많다. 선교 또한 마찬가지다.

선교사로서, 전쟁터에서 가장 중요한 것은 무엇일까? 믿음은 당연한 것이고, 말씀은 또한 법전이어서 중요하다. 그러나 무엇보다 중요한 것은, 바로 성령이다. 사도행전에서 베드로를 고넬료와 만나게 하고 바울을 마케도냐로 인도해 주신 성령님은 어느 훈련에서나, 어느 프로그램을 통하여나 배울 수 있는 것이 아니다.

살아계신 주님은 우리를 늘 지켜보신다. 그리고 우리에게는 누구나 계획이 있고, 프로그램이 있고, 방향이 설정되어 있다. 하늘에 계신 아버지는 우리의 중심과 생각을 모두 알고 계신다. 그렇기에 전능자에게 기도할 때는 우리의 생각과 계획을 모두 내려놓는 것이 중요하다.

하나님도 기도만 듣는 분일까? 그렇지 않다. 전능자는 듣기도 하시고 우리에게 응답도 해주신다. 주님께 기도할 때 모든 것을 맡기고 기도해야 하는 이유가 바로 여기에 있다.

갈리나는 훈련이 잘 되어 있었다. 무엇이 중요하고 무엇을 기도해야 하는지를 아는 뜨거운 선교사였다. 하지만 그녀는 주님의 응답 받는 법을 잘 모르고 배우지 못했다고 고백했다. 그녀는 요셉의 책을 읽다 보니 수많은 상황 속에서 주님의 가르침이 나침반이 되어 인도해 주심이 놀랍다며, 어떻게 그렇게 될 수 있는지 알고 싶다고 했다.

그런 갈리나에게 내일부터 사흘 금식기도를 하라고 권유했다. 주님의 응답을 기다리면서 기도하라고 했다. 우리는 삶 속에서 크고 작은 고민을 안고 살아가면서, 주님께 기도한다. 그러나 주님의 뜻이 어디에 있는지를 몰라서 방황할 때가 많다.

주께서는 베드로와 고넬료가 각자의 꿈으로 만나도록 인도해 주셨고, 바울에게는 마케도냐 사람이 도와달라는 환상을 보게 함으로써 선교지를 바꾸도록 인도해 주셨다. 꿈과 환상! 참으로 신비한 것이다.

많은 사람들이 꿈을 꾸지만, 어떤 꿈은 맞고 어떤 꿈은 틀리다. 도저히 믿을 수 없는 꿈을 꿀 때도 있다. 대부분의 성직자들은 꿈 이야기를 하면 신뢰하지 않는다. 우리에게 가장 중요한 것은, 우리 안에 누가 혹은 무엇이 주인 노릇을 하고 있느냐 하는 것이다.

지금도 바울은 우리에게 질문을 던진다.
"예수님을 믿을 때 당신 안에 예수님이 있습니까?"
"예수님을 믿을 때 당신 안에 성령이 있습니까?"

이 질문은 이방인에게 던지는 질문이 아니고 당시의 예수를 믿는 성도들에게 던졌다. 그리고 오늘, 우리도 똑같은 질문 앞에 서 있다. 바울은 단호하게 말한다. 예수를 믿는다고 하면서 우리 안에 그리스도가 없으면 버린 자식이라고.

"천사가 있음을 믿습니까?"
"그럼, 마귀가 있음을 믿습니까?"

나는 러시아 사람들을 만나서 상담할 때나 복음을 전할 때, 자주 이 질문을 던진다. 천사가 있음을 믿느냐고 할 때, 사람들은 모두 백퍼센트 있음을 인정한다. 마귀가 있음을 믿느냐고 할 때도 마찬가지로 인정한다. 그러면 나는 다시 반문한다.

"당신 속에는 지금 무엇이 주인 노릇을 하고 있습니까?"

마약 중독자는 골목길에 들어가 마약을 하는 꿈을 꾸곤 한다. 게임 중독자는 꿈속에서도 게임을 한다. 꿈의 세계는 우리 육신이 무엇에 빠져 있느냐에 깊이 연결되어 있는 것이다. 세상에 빠진 사람은 세상 꿈을 꾸고, 주님께 붙잡힌 사람은 주님 나라의 꿈을 꾼다. 꿈도, 환상도 자기 속에 주장하는 정체의 응답이기 때문에 영분별을 잘 해야 한다.

예수님을 아는 것과 믿는 것과 많이 다르다. 아는 것은 예수님이 밖에 있는 것이고, 믿는 것은 내 안에 계신 것이다.

갈리나 선교사에게 나는 중요한 이야기를 해주었다. 3년간 배운 것이 이 땅 러시아에서는 맞지 않을 것이다. 그러니 그 훈련을 접목해서 선교하려고 했다가는 상처만 받고 지치니까 내 말을 듣고 기다리라고 하였다. 무엇보다 중요한 것이 성령님의 인도함을 받는 것이다. 갈리나 에게는 사흘 동안 이런저런 기도를 하지 말고 단 일 분 동안만 간절하게 '일분 기도'를 하라고 가르쳐주었다.

"주님, 내가 무엇을 하리이까?"
"나를 인도하여 주소서!"
이 기도만이 선교사에게 딱 맞는 중요한 기도라고 가르쳐주었다. 그렇게 하기만 하면 지금도 살아계신 주님이 바울을 마케도냐로 인도해 주셨던 것처럼 당신을 인도해 주실 것이라고 말했다. 갈리나는 내 이야기를 듣는 시간 내내 초롱초롱 눈을 빛냈다. 여러 모로 부족한 나의 러시아어로도 성령님이 함께 하시니 그녀의 가슴에 가 닿는 듯했다. 나는 아무 걱정이 없었다. 왜냐하면 성령님께서 간절히 기도하는 갈리나를 인도해 주시고 간섭해 주시리라는 것을 확신할 수 있었기 때문이다.

일주일, 한 달. 백 일, 천 일 동안 기도하는 것이 중요한 것이 아니다. 지금 이 시간 주님의 뜻을 알고 그 뜻대로 행하는 것이 주님께서 기뻐하는 선교이다.

주님의 응답은 하룻밤도 걸리지 않았다. 아침에 이야기 나누고 헤어졌는데 점심때 응답을 받았다며 이메일이 왔다. 분명히 백퍼센트 주님이 주신 응답이었다.

"무슬림을 전도하라. 무슬림에 복음을 전해라."

주님의 응답은 너무 간단명료했다. 아버지의 뜻은 갈리나 선교사에게 무슬림들을 찾아가 전도하라는 것이었다.

러시아에는 200여 민족이 살고 있다. 전통적 기독교인도 있지만 전통적 무슬림도 함께 살고 있다. 놀라운 사실은, 천 년이 넘는 러시아 기독교 역사 속에서도 성경을 한 번도 읽지 않은 교인이 있듯이, 전통적 무슬림 중에도 코란을 한 번도 읽지 않은 사람들이 많다는 것이다. 성경을 읽지 않은 기독교인, 코란을 읽지 않은 무슬림, 둘 다 똑같은 모양새다.

갈리나의 선교방향이 분명해졌다. 여자 선교사로서 갈 길이 힘들고 어렵겠지만, 그 또한 걱정할 것이 없다. 성령님과 함께라면 항상 감사하고 기뻐하게 될 것이다!

그 후 한국에 와서 선교 보고를 할 때마다 나는 갈리나 선교사 이야기를 전하게 되었다. 아가씨 선교사가 무슬림 지역으로 홀로 선교하러 갔고 그녀에게는 후원이 필요하다고 조심스럽게 말하자 두 교회에서 갈리나 선교사를 후원하겠다고 나섰다.

놀라운 일은, 갈리나를 돕고자 이야기를 꺼냈는데, 나의 아들 모세의 분유값 육아비 후원도 받게 되었다는 것이다. 남을 위해 도우려 했던 선행이 나에게 복으로 연결되어 원플러스원으로 선물을 받았으니 우리 의 기쁨은 두 배가 되었다.

하나님이 준비하신 양식

나의 사랑하는 선교 동역자 갈리나는 정말 귀하다. 10년 동안 러시아 땅에서 선교하며 많은 사람을 만났지만, 갈리나처럼 주님 앞에 복종하며 선교하겠노라고 하는 사람은 처음 만났기 때문이다.

나와 함께 디베랴교회를 섬기며 주어진 각자의 사명 가운데 복음 전파에 열심인 갈리나 선교사는, 국가 장학생으로 뽑혀 시골에서 이곳 상트페테르부르크대학교에서 조선기계를 전공했으며, 야간엔 신학을 공부하며 신앙을 키워 나갔다.

"요셉, 영어로 이야기할까? 러시아어로 이야기할까?"

러시아 사람이면서도 영어가 능통한 갈리나는 지금 갈림길에 서 있다. 삶, 생활, 선교. 모든 것이 중요하다. 취직하여 월급을 받아 안정적으로 살아가는 것도 중요한데, 갈리나는 두 가지 일을 겸하기란 쉽지 않은 데다가 선교에 대한 열정이 남달랐기 때문에 대기업에서 일할 수 있는 자리를 포기하였다. 그리고 온전히 선교에만 전념하기로 다짐했다.

"주님, 갈리나를 도와주세요!"

우리가 살아가는 지구라는 물질 세상에서는 선교사에게도 물질이 중요할 수밖에 없다. 선교사 또한 물질에서 자유롭지 못하다. 더구나 이곳 상트페테르부르크는 집세가 비싸서 살아가려면 기본적인 고정수입이 필요하다.

갈리나가 사흘 금식기도를 하는 가운데 주께서는 갈리나의 양식 공급처를 알려주셨다.

"양손에 한국 음식이 담겨 있는 바구니를 들고 먹었다."

이것은 분명 갈리나의 선교후원이 한국을 통해서 이루어질 것이라는 예시였다.

"갈리나, 아무것도 걱정하지 마세요! 벌써 하나님께서 당신을 위해 당신의 양식을 준비해 두셨네요."

러시아어, 영어는 잘해도 한국말을 전혀 못하는 갈리나에게 나는 한국 사람들과 믿음의 친구들을 소개해주기로 마음먹었다. 그들에게 갈리나의 선교후원을 부탁해야겠다는 생각이 들었다.

내가 방문하는 한국 집사님 부부 댁에 갈리나와 함께 가기로 했다. 러시아 선교사와 함께 방문하겠노라고 전화했더니, 뜬금없이 웬 러시아 손님과 함께 하느냐고 하다가 이내 선교사님이 함께하는 이유가 분명히 있을 터이니 기쁘게 영접해 주겠노라고 하였다. 한국 집사님 부부는 나를 신뢰하고 사랑해 주신다. 절망 속에서 괴로운 나날을 보내던 때 주님을 만나서 평안을 받은 후, 나와 믿음의 형제가 되신 분들이었다.

영어를 잘하는 남자 집사님이어서 갈리나는 영어로 한참 대화를 나누었다. 집사님은 갈리나의 나이가 자기 큰아들과 같다며 더욱 반가워하시며, 자신의 아들에 비하면 갈리나는 인생관, 신앙관이 뚜렷하고 똑똑하다며 칭찬이 대단하였다.

두 사람이 대화를 하는 동안, 나는 아내 집사님과 잠깐 주방에서 대화를 나누었다. 사실 갈리나는 형편이 어려운 선교사다, 후원이 필요한데 오늘 이렇게 온 것은… 하고 머뭇거리면서도 내가 생각했던 일을 감행하였다. 나는 주머니에서 돈을 꺼내어 갈리나 선교비이니 집사님이 격려하며 전해주라고 부탁을 했다. 그랬더니 그 집사님은 깜짝 놀라면서 그렇지 않아도 러시아 선교사가 온다고 해서 자기들도 무엇 때문일까 생각 끝에 선교후원을 해야겠다는 마음을 주셔서 이미 준비했다면서, 선교사님의 돈은 다시 넣으라고 극구 만류하는 것이었다. 순간 얼굴이 빨개진 나는 손에 꺼내든 돈을 주머니에 다시 넣고서 거실로 향했다.

서로 은혜로운 시간을 보낸 후 집을 나서는데 갈리나가 대표로 기도하겠노라 해서 서로 축복기도를 하였다. 그리고 집사님이 준비한 선교후원비를 갈리나에게 전달하였다.

갈리나가 꿈에 한국음식을 먹은 일은 이렇게 현실이 되었다.

믿음의 친구 아르뚜르

성인이 되어서 친구를 사귀기란 쉽지 않다. 그것도 외국에서 마음 맞는 동갑내기 친구를 만나기란 더욱 쉽지 않을 것이다. 그런데 상트페테르부르크에서 동갑내기 아르뚜르를 만났다. 그것도 생명이 달린 문제로 만나, 믿음의 친구가 되었다. 우리 가운데 주님이 함께하셔서 아르뚜르가 새 생명을 얻었고, 이전의 삶이 아닌, 주님이 주신 새로운 삶으로 180도 바뀌었다.

아르뚜르는 190센티미터, 100킬로그램이 넘는 체격의 멋진 남자다. 멀리서 봐도 한눈에 알아볼 수 있을 만큼 당당한 체격이, 같은 남자로서 조금은 부러운 마음도 든다. 마음도 따뜻하고 착하기까지 하다. 한국어학과를 나와서 한국말도 잘한다. "요셉! 요셉!"하고 나를 부르는 소리가 사랑스럽게 들리곤 했다.

그는 두 번의 암수술을 성공적으로 받았다. 한 번 수술도 힘들고 어려운 일인데, 두 번이나 죽음의 고통을 넘기고 당당히 살아가고 있다. 그의 아내 따띠아나 또한 나와 나의 아내를 사랑해 주어서, 우리는 가족처럼 지낸다.

아르뚜르에게는 고등학교를 갓 졸업하고 대학을 준비하고 있는 예쁜 딸도 있다. 프리랜서로 통역 일을 했다고 한다. 이곳 상트페테르부르크는 한국 기업도 많고 관공서나 기관마다 한국 사람들의 업무가 많기에, 한국말을 잘하는 아르뚜르에게는 늘 할 일이 많다.

일 년 전쯤 아르뚜르는 갈림길에 서 있었다. 한국에서 어떤 사장님이 상트에 와서, 앞으로 회사를 만들 텐데 함께 일을 하자는 제안을 해왔다. 그러나 그 일의 시작 날짜가 아직 정해지지 않아서 어떻게 해야 할지를 몰랐다. 당장 일을 해야 하는데, 그 사장님의 제안이 너무 맘에 들어서 고민을 하게 되었다.

살다 보면 양 갈래 길은 물론 세 갈래 길이나 네 갈래 길도 만나게 된다. 목적지가 분명하면 지도를 펼치거나 내비게이션을 보면 확실히 알 수 있는데, 우리 인생의 갈림길에서는 지도나 내비게이션의 도움을 받을 수가 없을뿐더러 목적지 또한 어디로 정해야 할지 불확실할 때가 많다.

그러나 예수님을 믿는 우리는 걱정할 필요가 없다. 우리의 목표까지 우리를 인도해 주실 지도와 내비게이션을 주님이 가지고 계시기 때문이다. 주님은 알고 계신다. 우리가 어떤 길로 가야 할지를 주님께 묻고, 응답받은 대로 믿고 맡기면 된다. 믿음이 충만한 아르뚜르는 당장 주님께 기도했고, 주님의 응답을 받았다.

"주님, 어떤 길로 갈까요?"

나는 가끔 아르뚜르와 대화할 때 놀라곤 한다. 주님께서 아르뚜르를 사랑해 주시는 강도가 보통이 아님을 느끼곤 한다. 주님은 확실히 각 사람의 믿음대로 응답해 주시는 것 같다. 아르뚜르는 고민의 갈림길에 설 때마다 늘 주님의 인도대로 살아간다. 그래서인지 그의 입에서는 늘 하나님께 대한 감사가 떨어지지 않는다.

아르뚜르는 나의 결혼식에도 참석하였고, 아들이 태어났다고 일부러 찾아와 큰돈을 주기도 하였다. 자신은 얼마 안 된다고 겸손하게 말했지만, 정말 많은 돈을 선물해 주었다.

그의 아내 딴야는 레스토랑에서 매니저로 일했는데, 요리 솜씨가 매우 훌륭했다. 딴야가 실직을 하게 되자 조그마한 가게를 얻어서 직접 음식을 만들어 파는 카페를 구상하게 되었다. 요식업이 쉬운 일이 아닌 줄 알지만, 솜씨가 좋으니 조금만 노력하면 좋은 결과가 있을 거라고 생각했다.

나는 그 일을 놓고 주님께 기도하자고 제안했다. 오늘 내일 오픈하기로 한 것도 아니니, 복을 주관하시는 주님께 갈 길을 알려주시기를 기도하자고 했다. 아르뚜르는 그렇게 말하는 나를 바라보며 당연하다는 듯이 빙그레 웃었다. 삶 속에서 주님과 함께한다는 것, 살아계신 하나님을 체험한다는 것, 주님과의 만남을 느낀다는 것, 주님께 받은 증거가 크면 클수록 우리의 믿음 또한 날로 커질 수밖에 없다.

딴야의 작은 음식점 오픈 계획은 좋았으나, 주님은 하지 말라고 하셨다. 살아계신 주님을 믿고 순종하는 것은 우리 인간의 본분이다.

사도행전에 나타난 사도들의 선교 사역은 오늘날에도 계속해서 이어지고 있다. 지금도 그분은 자신의 친구들을 통하여 세계 곳곳에서 일하고 계신다. 누구나 주님의 음성을 듣고 싶어 한다. 그러나 주님은 알고 계신다. 순종하려는 자와 불순종하려는 자를.

믿음 속에서 순종을 늘 일삼는 아르뚜르와 딴야, 나의 신앙의 친구가 너무나 사랑스럽고 소중하다.

어느 중년 신사의 믿음

　사람의 욕심은 끝이 없는 것 같다. 결혼 전에는 늘 버스, 트람바이, 지하철을 타고 다니며 심방을 다녔는데, 결혼할 즈음에 어느 목사님께서 나에게 중고차를 선물로 물려주셨다. 좋은 차를 구입하신 목사님께서 전에 타셨던 현대 엑센트를 나에게 주신 것이다.

　상트페테르부르크는 겨울에 눈이 많이 내린다. 11월부터 4월까지는 눈이 항상 쌓여 있다고 생각하면 된다. 그러니 염화칼슘이 항상 도로에 뿌려져 있어서 자동차 하부가 언더코팅이 되어 있어야 한다. 그렇지 않으면 쉽게 부식되기 때문이다. 목사님께서 주신 자동차는 코팅이 안 되어 있어서 바닥과 문짝들은 물론이고 여기저기가 많이 부식되어 있었다.

　그래도 엔진은 멀쩡해서 장거리 심방을 다닐 때는 여러 번 지하철을 갈아타지 않고 한 번에 갈 수 있어서 그때마다 감사하는 마음이 들곤 했다. 그런데 중고차가 한 대 생기기 시작하니, 여기저기에서 자동차들이 나에게 맡겨졌다. 폭스바겐, 마즈다 같은 좋은 자동차 열쇠가 나에게 주어졌다. 선교사님들이 잠시 안식년을 떠나면서 나에게 자동차를 관리할 겸 맡겨 주어서 내가 타게 되었고, 엑센트는 주차장에서 늘 대기 상태에 있게 되었다.

아내를 처음 만난 후 그 좋은 차들을 타고 데이트를 하면서 황금 같은 시간을 보냈다. 결혼 준비는 물론 모든 행사를 선교사님들이 맡겨 주신 자동차들로 할 수 있었다. 그러다가 선교사님들이 돌아오자 자동차를 반납하고, 엑센트를 다시 타게 되었다. 기계는 사용하지 않으면 더 낡아진다는 말이 맞는 모양이다. 5~6개월 세워 두었다가 시동을 켜니 곳곳에서 소음이 나고 매연이 심해졌다.

아침 기도시간인 7시에 맞추어 가려면 내가 살고 있는 곳에서 30여 분 자동차를 타고 교회에 가야 하는데, 매연이 실내로 들어오기 시작했다. 창문을 열자니 겨울이라 너무 춥고, 안 열면 공기가 나빠서 우리는 하는 수 없이 모자와 장갑을 낀 채로 창문을 조금 열고 다녔다. 수리를 하려고 해도 부식되어 스며들어 오는 매연을 잡기란 쉬운 일이 아니었다.

그러던 중 한국에서 60대 초반의 신사 한 분이 우리 부부를 찾아왔다. 그분은 신앙 간증집을 읽고 감동 받아서 상트페테르부르크까지 직접 나를 만나러 오신 것이다. 그분은 다른 일들은 모두 공부하면 어느 정도 알 수 있는데, 예수님 믿는 것은 그렇지가 않았다고 하셨다. 아무래도 참된 믿음이 도저히 생기지 않아서 고민하던 중, 나의 책을 읽고 "요셉을 만나면 예수님을 빨리 만날 수 있을 것 같다."라는 확신이 생겨서 찾아왔다는 것이다.

그분은 부자였고, 돈에 대한 관념이 투철했다. 부자가 되려면 불필요한 지출이 없어야 한다고 믿었고, 돈을 쓰는 데에는 분명한 목적이 있어야 한다고 생각했다. 부자가 되는 강의를 하는 것이 아니고 예수님을 만나기 위해서 왔기에, 그분의 부자 강의는 뒤로 물리고 나는 그분에게 비법 아닌 비법을 이야기했다.

"주님, 저를 인도해 주세요. 주님을 만나고 싶습니다!"

이렇게 기도를 하시라고 했다. 우리 아파트에서 일주일을 지내면서 아침이면 함께 교회에 가고, 이후에는 상트페테르부르크를 누비고 다니며 함께 시간을 보냈다.

"차가 많이 낡았네요."

그분이 나의 차를 보고 처음 하셨던 말이다. 예전에 미국에서 공부할 때에는 이렇게 낡은 차를 타고 다녔다면서 절약하며 살았던 그 시절에 대해 이야기하셨다. 솔직히 너무 미안했다. 한두 군데 손본다고 해결될 일이 아닌, 총체적 난국의 자동차였기에 손님을 모시기에는 적합하지 않았다. 그러나 어쩔 수 없었다. 렌터카나 택시로 다니기엔 불편하고 비용도 만만치 않았기 때문이다.

"선교사님, 선교하시는 데 꼭 필요한 것을 선물하고 싶습니다."

그분은 일주일 동안 함께 지내며 많은 것을 느끼고 배웠다고 했다. 어린아이 같은 기도는 자기의 삶 가운데 중요한 터닝 포인트가 되었고, 지금까지 부자로 살아왔는데 어려운 고비마다 스스로 잘나고 똑똑해서 어려움을 이겨냈던 것이 아니고, 주님께서 도와주셨다는 것을 깨달았다고 고백하였다. 그러면서 더욱 진실된 신앙생활을 하고 싶다고 하였다.

그런 은혜와 은총을 받은 그분이 나에게 무엇이 필요하느냐고 물으시길래 나는 망설임 없이 자동차가 필요하다고 말씀드렸다. 그분은 긍정도 부정도 아닌 표정을 지으며 생각해 보자고 했다. 괜히 말했나? 하는 생각이 들었다. 아무래도 실수를 한 것만 같았다.

그분이 일정을 마치고 한국으로 돌아가는 날 밤, 비행기를 타기 위해 트렁크에 가방을 싣고서 자동차 시동을 걸고 출발하려고 하는데 라이트가 켜지지 않았다. 아무리 차가 낡고 매연이 심해도 달릴 수 있었던 것은 멀쩡한 엔진과 밤에 라이트가 제대로 작동했기 때문이었는데, 라이트가 켜지지 않으니 매우 난감했다. 비행기 시간은 정해졌고 어찌할 바를 몰랐다. 본네트를 열고 여기저기 만져보고 점검하였다.

휴즈 박스를 열고 라이트 휴즈를 만지니 놀랍게도 불이 들어왔다. 놀란 가슴을 안고 자리에 앉아서 출발 기도를 했다. 내가 기도를 마치고 나자 그분은 지갑을 열고 지폐를 꺼내어 내게 주면서 "이 돈으로 자동차를 수리하세요."라는 것이었다. 나에게 돈을 건네주면서, 자동차를 고치면 당분간 탈 수 있을 것이라고 하였다. 그렇게 그분은 한국으로 떠나셨다.

2개월이 지났을까. 어느 날 그분에게 이메일이 왔다. 요셉의 통장에 자동차를 살 수 있는 돈을 넣었으니 돈에 맞게 차를 사라는 것이었다. 그분은 어느 교회의 직분을 가진 분도 아니고, 목회자도 아니셨다. 나에게 큰돈을 후원해 주셔서, 그분이 가신 지 5개월 후 우리는 주님께서 가르쳐 주신 자동차를 할인을 많이 받고서 구입하였다.

그분은 순전히 나의 책을 통해서 맺어진 인연이다. 연령도, 학교도, 교회도, 경제력도, 동호회도, 그 무엇 하나 겹치는 부분이 없다. 우리 결혼식 소식을 듣고는 50만 원을 선뜻 보내주셨다. 얼굴도 모르는 분에게서 받은 그 돈으로 아내에게 웨딩드레스를 사주었다. 그러니 우리는 그분을 잊지 못했다. 그 인연으로 상트페테르부르크까지 오셨고, 우리에게 자동차를 선물해 주셨다.

"나는 요셉과 나스자를 통해서 하나님이 살아 계셔서 일하신다는 것을 알았어요."

선교사로서 이보다 더 큰 칭찬이 있겠는가? 우리의 형편과 사정을 아시는 주님, 감사합니다.

내 안에 계시는 분

"요셉, 한국에서 지내는 동안 자동차 필요해요?"

어느 권사님이 전화를 걸어와 다짜고짜 하신 질문이다. 한국에 잠시 머무는 동안 심방할 곳이 많아 자동차가 필요하다고 생각했는데, 때마침 그렇게 헤아려 주시니 권사님이 너무 감사했다. 권사님과 함께 어느 여자 목사님 집에 심방을 가리고 약속했었는데, 그 목사님이 자동차를 팔려고 하는데 그 차를 나에게 사용하도록 허락했다는 것이다.

사흘 후, 나와 권사님은 약속된 장소에서 만나 목사님 댁을 심방했다. 65세의 목사님은 혼자 살고 계셨고 서재에 기독교 관련 서적이 가득했다. 늘 기도하고 예배하는 서재라고 했다. 나는 목사님에게 초대한 이유를 물었고, 나의 책을 읽은 목사님은 당황한 기색도 없이 대답과 함께 직설적인 질문을 동시에 하였다.

"하나님 뜻대로 살고 싶어요. 어떻게 살아야 하나님의 뜻대로 살수 있나요?"

"제가 그것을 어떻게 알아요? 내가 하나님이 아닌 이상…. 하나님 아버지께 직접 물어 보셔야죠!"

목사님에게는 두 아들이 있고, 90세 친정어머니가 살아계셨다. 그런데 왜 다른 가족들과 함께 살지 않고 혼자 지내시는지 궁금했다. 한참을 이야기하다 보니, 목사님은 어려움에 처해 있는 자신의 상황을 서서히 털어놓으셨다. 한 가지 큰일을 겪은 후부터는 모두 흩어져서 살게 되었고, 지금은 전화 통화도 하지 않는다고 했다.

목사님의 어머니가 일 년 전에 치매 판정을 받고 거동도 약간 불편해지자, 목사님은 어머니를 노인 요양병원에 입원시켰다. 자신도 허리 수술을 했었기에 어머니를 도저히 돌볼 수가 없어서 고민 끝에 그런 결정을 하신 것이다. 그러자 두 아들이 할머니를 어떻게 병원에 버릴 수 있느냐고 거세게 반항하며 목사님 곁을 떠났다. 친정어머니는 병원으로 떠나고 두 아들도 집을 나가 버려서, 졸지에 혼자가 되신 것이다.

두 아들은 할머니에 대한 사랑이 각별했다. 목사님이 외국생활을 할 때 어린 시절을 할머니 손에 자랐기에 할머니에 대한 고마움과 사랑이 남달랐다. 아들들은 그런 할머니가 아프다고 요양병원에 맡긴 엄마를 이해하지 못했던 것이다.

코로나바이러스로 인해 병원 면회도 제대로 할 수 없는 상황이 지금까지 이어져 왔다. 두 아들과의 관계가 단절된 상황이 너무 마음이 아프고 괴로워서 어떻게 해야 할지 모르겠다고 눈물을 흘리셨다.

아무리 같은 성도라고 해도 다른 사람의 가정사에 끼어들어 이래라

저래라 훈수하기란 정말 어려운 일이다. 가족의 문제는 가족 구성원 간의 갈등이 빚어낸 일들이기 때문에 풀기가 쉽지 않다. 각 저마다의 상처와 오해 그리고 애증이 얽혀 있기에 각자의 입장에서 들어보면 모두가 맞는 이야기인 경우가 많다. 그러니 일치점을 찾으려면, 우리 모두 돌아가야 한다. 창조주 하나님께 돌아가야만 정답을 얻을 수 있다. 나는 목사님의 이야기를 듣고 뭐라고 할 말이 없었다.

"우리도 엄마가 늙고 힘 떨어지면 병원에 버릴 거야."

그 옛날 고려장을 비유하며 충격적인 말을 했다는 아들을 이해할 수 있었다.

"허리가 아파보지 않은 사람은 그 심정을 모른다!"

허리가 아파서 고생하시는 목사님이 자기보다 키도 크고 힘이 센 어머니를 돌보는 것은 결코 쉬운 일이 아니었기에 요양시설에 맡긴 것도 충분히 이해되었다.

이 시점에서 하나님을 믿는 우리는 기도해야 마땅할 것이다. 두 아들이 돌아오게 해 달라고, 그리고 어머니의 건강도 회복되기를, 깨진 가정도 회복되기를…. 신앙생활은 입술로 하는 것이 아니다. 나는 목사님께 사흘 금식을 권면하였다. 그리고 다른 기도는 하지 말고 꼭 세 문장으로만 기도하라고 가르쳐주었다.

"하나님, 당신의 뜻은 무엇입니까?"

"내가 무엇을 하오리까?"

"순종하겠습니다."

나도 실은 이 상황을 어떻게 해야 할지 모른다, 당신의 간절한 기도를 주님께서 들으시면 당신에게 응답을 해주실 거다, 그러면 순종해야 한다는 말을 강조했다.

나는 목사님께 사흘 금식 기도를 하면서 응답을 받으면 다시 만나자고 약속하였다. 그리고 자동차 열쇠를 받아 차를 출발시키려고 하는데, 목사님은 창문을 열게 하시더니 고속도로 통행료 후불카드를 주셨다.

'과연 하나님께서 목사님께 어떤 응답을 해주실까?'

나 또한 궁금해하면서 응답해 주시기를 기도했다.

응답의 시간은 오래 걸리지 않았다. 다음날 아침, 나에게 전화가 왔다.

"선교사님, 내가 응답을 받았어요."

주님의 응답은 간단하고 분명했다. 병원에 있는 어머니를 집으로 모셔와 봉양하라는 것이었다. 나는 금식을 끝내자마자 곧바로 어머니를 모셔오는 것이 좋겠다고 말씀드렸다.

목사님은 기적 같은 일이 생겼다고 하셨다. 어머니를 모시고 살아야겠다고 다짐하니 두려움이 사라지고 용기와 희망이 생겼다고 하셨다. 그러면서 어머니를 꼭 모셔오겠다고 약속하였다.

그런데 어머님을 모셔오려면 자동차가 필요하다고 했다. 나는 당연히 돌려드리겠다고 했다. 순간, 내가 목사님을 도와서 할머니를 함께 퇴원시켜 집으로 모셔다 드려야겠다는 생각이 났다. 나의 말을 들은 목사님은 너무 기뻐하셨다.

충청남도 어느 요양병원에서 우리는 만날 약속을 했다. 퇴원 날짜가 되어 모든 수속을 마친 목사님과 나는 할머니를 모시고 목사님의 집으로 향했다. 할머니는 일 년 만에 딸네 집으로 돌아가시는 셈이었다. 할머니를 안아보니 몸무게가 묵직하게 느껴져 건강하다는 것을 알 수 있었다. 두 시간 이상을 달려가야 했지만, 토요일 오후의 가을 하늘이 그렇게 푸르고 예쁠 수가 없었다.

"엄마, 집에 가고 싶었지?"

딸이 어머니를 향해 던진 첫번째 질문이었다.

"그럼!"

할머니의 짧은 답변에 딸은 소리 내어 엉엉 울기 시작했다. 한참을 울던 딸은 회개하기 시작했다. 잘못했다고, 그리고 용서해 달라고 눈물로 용서를 구했다. 한참을 들으신 할머니께서 "이제 되었다."라고 말씀하셨다.

집에 도착하기까지의 세 시간 동안, 우리는 침묵 속에서 각자 생각에 빠져 있었다. 두 분을 모시고 운전하는 나 또한 많은 감동과 은혜 그리고 놀라운 하나님의 뜻을 알게 되었다.

다툼이 어려운 일인가? 화해가 어려운 일인가? 미움과 사랑은 공존한다. 단지 우리의 선택에 달려 있는 것이다. 보이지 않는 하나님은 우리의 마음을 감찰하신다. 미움도, 사랑도, 우리 몸 어느 곳에 붙어 있는 것이 아니다. 두려움도, 용기도 마찬가지다. 우리가 어떤 마음을 먹느냐에 따라 발동되고 안 되고 하는 것이다. 우리는 늘 선택하고 선택을 받기도 한다.

목사님은 자유를 얻었다. 주님이 주시는 자유를 얻으니 두 아들이 돌아오든 안 오든 문제 되지 않았지만, 두 아들은 시간이 흐르자 자연스럽게 돌아왔다. 허리 아픈 목사님을 향한 도움의 손길도 이어졌다. 두려움의 늪에서 헤어날 용기를 주신 주님을 찬양하고 감사한다고 했다.

선교사로서 이보다 더 기쁜 일이 어디 있겠는가? 사람과 사람 사이의 불화는 천사가 하는 일이 아니다. 사탄이 평화와 화목을 깨뜨리는 것이다.

하나님의 뜻은 우주 저 멀리에 있는 것이 아니다. 하나님은 내 안에 계신다. 모든 이웃을 그리스도의 마음으로 바라보고 섬기고 사랑할 때, 내 안에 진정한 그리스도의 평안의 열매가 선물로 주어지게 된다.

주문형 기도냐, 질문형 기도냐

신앙인에게는 누구나 다 기도제목이 있다. 기도제목을 보면 그 사람의 신앙 상태와 가치관을 알 수 있다. 그리고 하나님은 우리의 기도를 듣기도 하시고 우리에게 응답도 해주신다. 기도는 하나님과의 대화이다. 대화에는 듣는 상대가 있고 이야기를 듣고 응수해 주는 상대가 있듯이, 기도 또한 마찬가지이다.

대화와 기도는 서로 소통하는 가운데 이루어져야 하는데도 그렇지 못한 경우가 많다. 대화를 한다면서 어느 한쪽이 일방통행으로 한다면 대화가 되지 않듯이, 기도 또한 마찬가지이다. 전능하신 하나님께 기도를 하는 데 있어서도 일방적인 기도를 할 때가 많다. 아니 오늘날의 크리스천들 대부분이 일방적인 기도를 하고 있는 것은 아닌지, 자못 염려스럽기까지 하다.

하나의 기도제목을 정해 놓고 그 문제를 해결해 달라고 간절히 기도하는 일들이 많다. 이른 봄에 탱자나무를 심어 놓고 물을 주고 믿음으로 기도하기를, 가을에 귤을 따게 해 달라고, 많이 딸 수 있게 해 달라고 한다. 아무리 전능하신 하나님이라 할지라도 탱자나무에서 귤을 따게 할 수는 없는 노릇이다. 그것도 일년 안에 그렇게 하기란 불가능하다. 그런데도 그렇게 기도하는 일이 너무나 많다. 그것은 믿음이 아니라 자기 자신의 주장이고 주문일 뿐이다.

사람들의 기도제목은 거의 엇비슷하다. 현재 처해 있는 어려운 상황 속에서 주님의 도움의 손길을 기대하는 기도이기 일쑤이다. 범주를 나누어보면 대개는 돈, 명예, 생명이라는 세 가지 범위 안에서 맴돈다.

기도를 할 때 하나님과 대화를 하려고 하는 것인지, 일방 통보를 하려고 하는 것은 아닌지 스스로 잘 구분해야 한다. 간구를 하는 것과 주문하는 것도 잘 구분해야 한다. 하나님은 우리의 기도를 들으시되 명령의 기도, 주문의 기도, 그리고 자신이 바라는 것을 일방적으로 이루어달라고 떼쓰는 기도는 기뻐하지 않으실 것이다.

지난 설날에는, 우리 선교회 기도원에서 고려인 10여 명이 철야기도를 했다. 다음날 아침 나를 초대하여 함께 기도시간을 갖게 되었다. 한국에서야 설날이 명절이지, 러시아에서의 설날은 그저 새해맞이일 뿐이다.

며칠 동안 눈이 많이 내렸고, 그날 아침은 영하 28도로 매우 추웠다. 시골에 위치한 기도원 가는 길은 비포장도로로, 도로 양쪽에 자작나무들이 펼쳐져 있었다. 내린 눈이 얼어붙어 눈꽃 길이 장관이었다. 추위 속에서 눈길을 한 시간가량 헤치고 도착한 기도원에는 밤새 철야기도를 하고 아침 8시에 모두들 잠자리에 들어, 고요했다.

맛있는 점심식사를 대접하고 싶어서 고기를 준비해 갔다. 한 명 두 명씩 식당으로 내려왔다. 인사를 나누고 준비한 음식을 먹으며 교제의 시간을 가졌다. 20대부터 50대까지 믿음의 성도들이 이 추운 날 철야기도를 할 정도라니, 그들의 믿음의 강도를 충분히 느낄 수 있었다. 그들은 모두 내가 손님으로 온 것과 더욱이 점심을 준비한 것에 기뻐하면서 맛있는 점심을 함께 즐겼다.

나의 신앙상담에는 원칙이 있다. 상담 중에 반드시 하나님의 간섭이 있어야 한다는 것이다. 하나님의 간섭하심이 없는 상담은 그저 인생 상담으로 끝날 때가 많다. 그래서 나는 늘 하나님의, 주님의, 성령의 간섭하심을 간구한다.

밤새 기도하고 아침도 금식했던 터라 이들은 내가 준비한 음식을 순식간에 먹어 치웠다. 식사가 끝나고 교제를 나누는 중에는 10여 명이 돌아가며 각자의 기도제목을 이야기했다. 모두 다른 환경 속에서 살고 있었고, 처해 있는 상황과 어려움이 달라서 기도제목 또한 다양하게 나왔다.

여성 7명, 남성 3명이었다. 나는 신앙상담을 할 때면 창세기 40장을 자주 인용한다. 요셉이 감옥에서 두 명의 관원장을 상담해주는 이야기인데, 이미 하나님으로부터 그들의 운명에 대해 응답 받은 상황 속에서 하나님의 뜻, 하나님의 정해진 운명의 뜻을 요셉이 해석해 주는 내용이다. 창세기의 요셉이 관원장을 상대한 것처럼 나 또한 앞날의 비전을 도모하는 상담방식을 좋아하고 또 거기에 도전한다. 훗날 요셉은 이집트 왕의 꿈 내용을 해석하는데, 모든 결론과 해석은 하나님께서 이미 주셨다는 것을 너무나 잘 알고 있었던 요셉은 왕 앞에서도 당당하게 말할 수 있었다. 나 역시 하나님께서 응답을 이미 주셨다는 사실을 알기에 확신 있게 말하게 되곤 한다. 이 얼마나 멋진 일인가.

우리 모두는 어떠한 문제에 봉착해 있다고 하더라도 이미 응답을 받았다. 밤새 기도하고 나온 이들에게 나는 다소 엉뚱한 질문 던졌다.

"여러분은 하나님을 믿습니까?"

믿음은 순종으로 이어져야만 열매가 있다. 어린아이처럼 떼쓴다고 이뤄지는 것이 절대 아니다. 막대기 꽂아 놓고 싹이 나고 뿌리 내리고 열매 맺히기를 기도하면 안 된다. 살아계신 하나님은 각자의 형편과 사정을 아시기에 이미 응답해 주셨다. 우리가 지금 무엇이 필요한지 그분이 더 잘 아시기에, 우리는 그분의 뜻을 이해하는 데 주력해야 한다.

내가 이 기도원에 이른 아침에 왔지만 누군가가 문을 열어주지 않았으면 들어올 수 없었듯이, 우리의 마음을 열어야 주님이 들어오실 수 있는 것이다. 문밖에 계신 주님께 부르짖기만 해서는 안 된다. 문을 열고 그 주님을 모셔 들여서 함께 살아가는 것이 중요하다.

알렉세이라는 청년은 새벽에 기도 후에 잠이 들었는데 꿈을 꾸었다. 그의 집 대문 바깥에 예수님이 서 계셨고 문을 두드리며 문을 열어 달라고 하셨다. 자기 생각으로 주님을 믿어 왔던 알렉세이는 도저히 마음의 문이 열리지 않아 믿음의 확신이 없었던 참이었다. 그런데 놀랍게도, 그런 꿈을 꾸고 나자 예수님이 자기 집 대문을 두드렸다며 모두들 앞에서 간증을 했다.

"내가 그분을 초대하고 문 열어주는 것"은 정말 중요한 일이다. 주님은 늘 우리를 기다리신다. 우리가 문 열어주시기를. 우리는 우리가 주인이 되어 우리 마음대로 살고 싶어 한다. 그렇기에 자기를 부인하다는 것은 쉬운 일이 아니다. 그리고 자기를 부인하지 않으면, 주님이 들어올 수 있도록 문을 열어주려는 마음도 생기지 않는다.

믿음의 기도, 영접의 기도, 간구의 기도는 주님을 내 집으로 모실 수 있는 길이다. 그들 가운데 가장 어린 자매 제냐가 나에게 질문했다.

"요셉은 어떤 꿈 이야기를 해도 해석을 해줄 수 있나요?"

내가 어떻게 그 꿈들을 다 이해하고 해석할 수 있겠는가? 해석은 하나님께 달려 있는 것이다.

스물세 살인 제냐는 대학 졸업반으로, 마음에 흠모하는 남자가 있었다. 새벽에 그 친구와 손을 잡고 산책하는 꿈을 꾸었다. 한참을 걷다 얼굴을 보니 얼굴이 다른 사람으로 변해 있었다. 또 한참을 걷다 보니 완전히 다른 사람으로 변해 있어서 잡았던 손을 놓고 각자의 길을 걸어가게 되었다.

"너의 기도제목이 무엇이냐?"

이렇게 묻자 그녀는 좋은 남자 만나서 결혼하는 것이라고 대답했다. 그래서 철야기도 시간에 그 남자와 행복하게 영원히 살게 해달라는 기도만 했다는 것이다. 그분의 응답은 아주 분명했다. 나는 제냐의 꿈을 해석해 주었다. "좋아하는 그 남자, 지금 그 남자는 너의 영원한 동반자가 아니다."

처음엔 받아들이려 하지 않았다. 그렇게 뜻이 분명한데도, 막상 그런 꿈을 꾼 당사자들은 자기 마음대로 해석하려 할 뿐 객관적으로 바라볼 힘과 능력을 상실하고 있기 일쑤다. 제냐는 결국 울음을 터뜨렸다. 그런 제냐에게 "하나님, 감사합니다."라고 기도하라고 했다.

누구나 다 결혼을 앞두고 불확실한 미래에 대한 걱정으로 기도한다. 행복을 기도하지만 결혼 후에 다시 헤어지는 일이 너무나 많으니, 우리의 미래를 누가 어떻게 알 수 있겠는가? 그러나 주님은 미리 알고 계셔서, 길을 묻는 진실된 신앙인에게는 복된 길을 가리켜 보여주신다.

선택은 물론 제냐의 몫이요, 선택은 자유다. 함께 기도했던 과부 집사님들이 제냐를 위로했다. 그리고 제냐에게 '너는 복된 하나님을 만났다. 우리는 이미 남편이 바람나서 도망가고 홀로 살아가는데, 시간을 돌릴 수 있다면 하나님께 기도하여 하나님을 뜻에 따라 선택하고 싶다.'라고 말해 주었다.

선배들의 조언은 그냥 조언이 아닌 '뼈가 부러지는 소리'였다. 인생을 두 번 살 수 있는 사람은 없다. 그리고 우리는 늘 갈림길에 놓인다. 나침반과 내비게이션은 언제 필요한가? 바로 갈 길을 모를 때, 어찌해야 할지 모를 때 필요한 것이다. 꿈이란 신앙생활을 하는 데 필요한 나침반과 내비게이션과 같은 것이다. 길을 잘못 들어섰다는 것을 안다면, 교정하는 자세를 가져야 한다. 그렇지 않으면 영원히 돌아올 수 없게 된다.

다윗 왕이 위대한 것은 무엇 때문인가? 항상 모든 것을 여호와께 아뢰며 "질문하는 기도"를 했기 때문이다. 왕이 되기까지 죽음의 고비를 숱하게 넘겼고, 그때마다 그는 기도했다. 그리고 응답을 받았고, 순종했다.

알렉세이와 제냐는 자유를 얻었다. 제냐를 일주일 후에 만났는데, 나에게 햄버거를 선물했다. 처음에는 하나님이 자신의 뜻대로 기도를 들어주셔서 축복해 주길 원했는데, 나의 상담을 받은 후에는 그것이 잘못되었다는 것을 알았다고 했다. 길을 찾았을 뿐만 아니라, 많은 깨달음을 얻었다고 고마워했다.

이 시간에도 많은 성도들이 기도하고 있다. 그 기도가 자기 뜻을 이루기 위한 것이 아닌, 우리의 주인이신 그분의 뜻을 물어보는 귀한 시간이 되기를 소망한다.

중보 기도의 힘

남을 위해 기도한다는 것은 쉬운 일이 아니다. 그리스도인에게 있어서 기도는 곧 안식이기도 하다. 그분과 일대일로 대면하면서 우리의 간절한 마음을 표현하는 직접적인 행위이다. 그렇기 때문에 기도는 믿음 생활을 하는 데 매우 중요한 요소이다. 자기를 위해 진실되게 기도하기도 어렵지만, 나 아닌 타인을 위해 간절히 기도한다는 것 또한 쉬운 일이 아니다.

하지만 성도가 서로 어려운 가운데 처했을 때 중보 기도하는 것은 영적으로 크게 도움이 될 뿐만 아니라, 그렇게 모아진 기도의 힘은 상상을 초월하는 기적을 만나게 해준다. 그렇기 때문에 '쉬지 말고 기도하라'는 말씀은 우리의 삶 가운데 늘 진행형으로 이어져야 한다. 예수님도 습관적으로 기도하셨다. 기도를 통해서 하나님 아버지의 뜻을 알았고, 기도를 통해서 갈 길을, 하고자 하는 일을 분명하게 직시할 수 있었던 것이다.

새벽기도, 저녁기도, 식사기도, 금요기도, 40일 작정기도, 중보기도, 개인기도, 구국기도 등 기도의 제목도 기도의 형식도 실로 다양하다. 기도의 역사를 체험해 보지 않은 사람은 알 수도, 이해할 수도 없다. 누군가의 기도가 힘이 되어 삶을 포기하려 했던 사람이 새 삶을 살아가기도 한다. 그리고 하나님은 축복의 기도를, 회개의 기도를, 용서의 기도를, 그 어떤 기도든지 다 들으시고 응답하신다.

러시아 상트페테르부르크의 미르선교회에서는 25년째 새벽기도를 해오고 있다. 성도들과 선교사가 함께하는 새벽기도가 그토록 오래 이어져 왔다는 것은, 러시아에서도 미르선교회가 그만큼 힘이 있고 하나님을 향한 간절한 마음이 모아졌다는 증거이다.

"통증 없이 돌아가시도록 우리 어머니를 위해서 기도해 주세요."

기도시간에 한국에서 한 통의 문자가 왔다. 대부분은 '병든 어머니를 고쳐주세요.'라고 치유를 소망하는데, 어느 목사님의 기도제목은 어머니가 통증 없이 돌아가시는 것이었다.

폐암 초기인 88세의 할머니는 기침할 때마다 폐가, 가슴이 너무 아파서 고통스러워한다고 하였다. 그래서 하늘나라에 가실 때 무통으로 돌아가시기를 기도 부탁하는 문자였다. 편지를 받은 후 얼굴도 모르는 할머니의 건강을 위해서 기도하기 시작했다.

"하나님, 할머니의 생이 이대로 끝나는 것입니까?"

사실 나의 기도는 주문형 기도가 아닌 질문형 기도가 99퍼센트이다. 우리는 전능자 하나님께 무엇인가 자신이 바라는 바를 이루기 위해 기도하곤 하지만, 우리 모두가 그보다 앞서서 구해야 할 것은 자신이 바라는 것이 과연 하나님의 뜻에도 부합하느냐이다. 우리 자신의 바람보다도 그분의 계획과 뜻이 더욱 중요한 것이다. 그런 이유에서, 하나님의 뜻을 알고자 하는 질문의 기도가 나에게는 생활화되어 있다. 나의 질문에 하나님은 응답을 주셨다.

"회개하라, 회개하라!"

주님의 은총이 할머니에게 임한 것이 분명했다. 나는 시간을 끌지 않고 곧바로 한국의 목사님께 메시지를 보냈다. 목사님의 어머니는 돌아가시지 않으니 얼른 회개하게 하라고 전해주고는, 하나님께 감사하라고 했다. 나의 메시지를 받은 목사님은 "아멘, 할렐루야"를 외쳤다. 우리는 그렇게 새벽부터 긴박하게 그분의 생명의 메시지를 주고받으며 하루를 시작했다.

한 치의 의심도 없었다. 나로서는 목사님은 물론이고 그분의 어머니는 더 더욱 모르는 상황이었지만, 나에게 중보기도를 부탁하신 목사님의 마음에 고개 숙이고 기도했을 뿐이다. 그런데 주님의 응답은 놀라웠다. 생명의 소식을 들은 목사님은 죽을 날만 기다리고 있는 어머니에게 메시지를 그대로 전했다.

"엄마, 회개하세요. 그러면 주님께서 지켜주신대요!"

목사님의 강한 메시지는 할머니로 하여금 죽을 날을 기다리던 힘 빠진 삶에 회개하는 숙제를 안겨 드렸다. 할머니는 바로 그 시간부터 기도를 시작했다고 했다.

시간이 흘렀다. 그리고 나에게 한 통의 편지가 왔다. 기적, 기적 같은 일이 그 할머니에게 일어났다는 편지였다. 수술을 할 수 없는 곳에 암이 자리 잡고 있어서 수술이 불가능했다고 한다. 그저 약물 치료만 하고 있는 상황이었는데, 건강 상태가 나빠지면서 통증이 심각해졌다.

그런데 회개의 시간이 있고부터 통증이 사라졌고, 2개월 후 검사결과 80퍼센트의 암이 폐에서 떨어져 나갔다. 놀라운 일이었다.

이렇듯 죽고 사는 것은 하나님께 달려 있다. 그러나 죽든지 살든지 회개는 마땅히 우리가 해야 할 몫이다. 우리가 할 수 있는 것을 하고 나서, 하나님께 맡기고 그분의 결정을 기다려야 한다.

우리는 각자 삶의 시간표는 다르지만 목적지는 동일하다. 우리는 살아가면서 누군가를 사랑하고 또 그를 위해서 기도해야 한다. 그리고 누군가 나를 사랑해 주는 사람도 있어야 한다. 그래야 나를 위해 또 기도를 해주지 않겠는가. 이렇게 나를 중심으로 위아래, 좌우로 사랑을 주고받는 사람이 항상 가까이 있어야 한다. 그래서 중보기도가 늘 삶 속에 자리 잡고 있어야 한다.

기도는 입술로가 아닌 사랑의 마음으로 해야 한다. 아픈 누군가를 위해 누군가가 그의 아픔을 진실로 공유하며 기도하는 것을, 전능자 하나님은 낱낱이 다 지켜보고 계신다.

우리는 늘 사람들과 관계를 맺고 살아간다. 그 관계가 어떤 관계인지는, 좋은 일이든 나쁜 일이든 무슨 일이 생겼을 때 비로소 증명이 된다. 신앙생활도 마찬가지다. 잘 하고 있는지 못하고 있는지, 어려운 일에 당면했을 때 알 수 있다. 믿음을 가지고 의심 없이 흔들림 없이 주님만 바라보는 것, 이것은 말처럼 쉬운 일이 아니다. 주님과 나의 관계는 어떤가? 그 답은 자기 스스로만이 알 수 있다.

깊은 우정, 깊은 신뢰, 깊은 믿음으로 다져지는 인간관계는 우리에게 삶의 기쁨과 보람을 가져다준다. 그 모든 인간관계의 바탕은 주님께서 토대를 닦아주셔야 한다. 아니, 주님과의 관계가 먼저 깊어져야 인간관계도 사랑의 열매를 거둘 수 있게 된다. 그리고 주님과의 깊은 관계는 바로 그분의 뜻대로 살아갈 때라야 비로소 가능해진다.

죽음 직전에 다시 살아나신 할머니는 인터넷으로 나의 책을 구입했다. 그리고 책과 함께 찍은 사진을 나에게 보내주셨다. 할머니에게는 큰 변화가 생겼다. 건강에도 변화가 생겼지만 무엇보다도 착해졌다고 했다. 90세가 다 된 할머니가 그 입술로 착해졌다고 고백을 할 때, 마치 순진무구한 다섯 살짜리 꼬마 아이처럼 느껴졌다. 우리는 주님 앞에서 늘 어린아이 같은 모습이어야 한다.

할머니의 기적 같은 일은 주변 사람들에게 큰 영향력을 끼쳤다. 기적은 주님의 것이다. 아무에게나 일어나는 것이 아니다. 믿음과 사랑으로 서로 기도하는 곳에는 특별한 축복이 임한다. 나는 덩달아 그 가족에게 사랑을 받게 되었다.

통증에서 회복한 할머니에게는 네 딸이 있었는데, 딸들도 덩달아

나를 사랑해 주셨고, 일평생 마음의 문을 열지 않았던 남편 장로님
또한 회개하며 변화된 모습을 보여주셨다. 중보기도로 얻어진 믿음의
열매는 우리가 측량할 수 없는 귀한 축복으로 이어졌다.

선교센터에서 생긴 일

선교여행을 다니다 보면 다양한 사람들을 만나게 된다. 누구를 만나느냐에 따라 인생이 달라진다. 나는 늘 계획 없이 다니면서 늘 새로운 사람을 만났고, 그 만남 가운데서 하나님의 놀라운 역사를 체험할 수 있었다.

우스리스크에서 사역하는 김개방 선교사님이 한국에 들어가야 하는 일정이 있어서 40여 일 동안 선교센터의 문을 열 수가 없다면서, 나에게 열쇠를 주고 떠나셨다. 여기저기 오가며 전도를 하다가 잠깐씩 센터에 머물다 가라고 하셨다. 20일쯤 지났을 때, 한국의 선교사님으로부터 한 통의 문자가 왔다. 12명의 손님이 선교센터에서 7일간 머물 계획이니 그분들에게 열쇠를 주고, 7일 후에 열쇠를 다시 받아 문단속을 해줄 것을 부탁하는 내용이었다.

선교센터는 목조로 지은 3층 건물로, 많은 공간이 있어 손님들이 머물 수 있는 장소로 적합했다. 날짜에 맞춰 나도 일정을 만들어 그

도시에 다시 들어가 손님들을 만나게 되었다. 모두 목회자들이었다. 벨기에, 중국, 러시아, 한국 등 세계 여러 나라에서 오신 분들이 모임을 위해 이 도시에 모인 것이다.

서로서로 인사를 나누고 정해진 각자의 숙소에서 첫날을 지냈다. 다음날부터 일정이 잡혀 집회가 열릴 줄 알았는데, 무슨 이유에서인지 모든 집회 일정이 취소되었다. 그러다 보니 특별한 계획 없이 그저 숙소에 머무르며 다른 일정을 만드는 데 서로 회의하느라 바빴다.

나를 그저 러시아 선교여행자라고 여겼던 그분들은 나를 안쓰럽게 생각하는 눈치였다. 그들은 웬일인지 신앙 간증과 집회 강의를 나에게 넘겨주었고, 나는 조심스럽게 이야기를 꺼내기 시작했다.

나는 일찍이 하나님께서 영 분별의 은사를 주셨기에, 이미 그들의 대표 강사 목사에 대해 영 분별을 마친 상태였다. 나는 나의 살아계신 하나님, 나를 인도해 주신 예수님, 그리고 항상 나와 동행하며 역사하시는 성령님에 대해서 강의를 시작했다.

그분들은 처음엔 시큰둥했지만, 시간이 흐를수록 모두 귀를 쫑긋 세우고 듣기 시작했다. 그렇게 시작한 강의가 한 시간이 넘도록 계속되었다. 한결같이 놀랍다는 반응들이었다. 대표 목사님은 아무 말 없이 듣고만 계시다가, 나에게 명함을 건네주시며 함께하면 좋겠다고 제안하셨다.

그날부터 그들이 떠나는 날 오후 시간까지 나는 신앙 강의를 새벽 2시까지 계속했다. 그분들은 한목소리로, "우리가 사실 세계를 다니며 강의하는 사람들인데, 요셉에게 강의를 듣게 되었다."며 살아계신 하나님의 생생한 강의를 통해 자신들의 현재 모습을 발견하게 되었다고 고백했다.

그중의 한 목사님이, 왼쪽 손가락이 접히지 않고 어깨를 올릴 수가 없을 정도로 많이 아팠다며 나에게 기도를 부탁했다.

"먼저 회개를 하셔야 합니다. 회개는 누가 대신 해줄 수 없습니다. 회개하시면 될 일이지, 누구에게 기도를 부탁할 일은 아닙니다."

목사님은 당장 왜 자신의 손과 팔이 아픈지 이유를 알았다면서 당장 회개하겠다고 하셨다.

다음날, 식탁에 앉은 목사님은 손가락을 움직여 보더니 놀랍게도 움직여지고 어깨도 많이 올라간다고 하시고는, 회개의 역사가 증명되었음을 하나님께 감사드렸다.

어느 강사님은 "형제와 화해하라"라는 메시지를 받았다. 세계 곳곳을 다니며 예수님을 믿으라고 외치고 다녔지만 정작 형제와 조카들은 돌아보지 못했음을 고백하고는, 이번 러시아를 마지막으로 한국에서 형제자매 돌아보는 일을 열심히 하겠노라고 약속했다.

어느 목회자는 자기는 설교를 잘하는데 왜 사람들이 알아주지 않는지 나에게 물었다. 나는 이렇게 답했다.

"설교는 설명이 아닙니다. 성령께서 함께하시는 설교여야 듣는 이들의 마음이 열리고 눈이 열려서 깨닫고 회개하게 되는 것입니다. 설교를 듣는 사람들이 더 잘 알고 판단합니다. 설교자가 주님 앞에 순종하는지 안하는지, 성도들이 먼저 알아차립니다. 그러니 먼저 성령을 구하시기 바랍니다."

그때 함께했던 모든 목회자들에게 하나님께서 큰 은혜를 내려주셨다. 그분들은 모두 각자의 심령을 뒤돌아보고 회개하는 역사의 시간을 가졌다.

제4부

무덤으로 가는 길,
생명으로 가는 길

"나는 주님을 위해서 무엇을 버렸는가?"

노신사를 자신의 인생을 뒤돌아보면서, 버린 것보다 하나라도 더
보태고자 기도하며 애쓴 자신을 발견하였다. 예수님의 첫 번째 제자
베드로는 예수님을 만나고 그물과 배를 버리고 예수님을 쫓았다.
이것이 성경에는 간단하게 한 줄로 기록되어 있지만, 배와 그물을
버린다는 것은 결코 쉬운 일이 아니다.

주님, 나의 길을 인도해 주세요!

나의 선교 이야기를 한참 듣고 있던 어느 중년의 선교사가 나의 선교사역이 부럽다며 속내를 말했다. 그 누구도 의지하지 않고 주님의 인도대로 살려고 노력하는 나의 삶이 그저 신기하고 부럽다며 아이처럼 순수한 선교사역을 하고 싶다고 고백했다.

"선교사님도 얼마든지 주님의 인도대로 일할 수 있는 선교사가 될 수 있어요."

"어떻게 하면 그리 할 수 있지요?"

마치 내가 극적인 해답을 쥐고 있기라도 한 것처럼 선교사님은 적극적으로 다가왔다. 물론 나에게 '극적인 해답'이 있는 것은 아니다. 하지만 나는 적어도 무엇이 길인지는 알고 있다고 자부한다. 나는 빙그레 웃으며. 오늘밤에는 예전과 다르게 기도해 보라고 권유했다. 50년 이상 예수를 믿고 선교사가 되어 외국에서 선교사역을 하는 선교사님께 기도를 가르쳐준다는 게 멋쩍고 아이러니했지만, 나는 내가 늘 하는 나의 기도법을 그분에게 가르쳐주었다.

"주님! 내가 여기 있습니다.
나를 간섭하여 주시고 인도해 주세요!
순종하겠습니다!"

이것이야말로 내가 알고 있는 최상의 기도였다. 나는 선교사님께, 주께서는 이렇게 기도하는 것을 가장 기뻐 들으시니 사흘 동안 엎드려 기도하고 순종을 구하라고 말해 주었다. 적을 것도, 외울 것도 없이 30초도 걸리지 않는 이 기도문을 듣는 순간, 그는 겨우 그게 전부냐고 되물었다.

"꼭! 이렇게 삼일만 간절히 기도하면 주님께서 기도를 들으시고 선교사님을 인도해 주실 것입니다. 그러면 선교사님은 순종하기만 하면 됩니다."

그날 밤, 우리는 각자의 방에서 기도하고 잠자리에 들었다.

다음날 새벽 예배시간에 만난 우리는 웃음 띤 얼굴로 인사를 나누고 예배를 드린 후 이야기를 나누었다. 그가 지난밤에 가르쳐준 대로 기도하고 잠을 잤는데 놀랍게도 주님께서 그를 간섭해 주시고 인도해 주셨다. 혹시, 이런 것도 주님의 인도하심이냐며 나에게 조심스럽게 물었다. 30초도 안 되는 짧은 기도를 마친 후 잠을 자는데 비몽사몽간에 환상을 보셨다는 것이다.

선교사님은 꿈속에서 한국에 있는 자신의 고향을 찾아갔다. 큰 무덤이 있는데, 무덤 속에서 사람의 대화 소리가 들렸다. 그래서 무덤 속으로 손을 뻗어 그 사람 손을 잡아 세상 밖으로 당겼더니, 밝은 세상으로 나온 사람이 놀랍게도 선교사님의 아버지였다. 더 놀라운 일은, 아버지만 따라 나온 것이 아니라 손에 손을 잡고 세 명이 따라 나왔다는 것이다.

실로 놀라운 꿈이었고, 놀랍고 신기한 주님의 응답이었다. 선교사님의 아버지를 구원하라는 주님의 명령이 아니고 무엇이란 말인가! 그렇게 말하자 선교사님은 자기 아버지가 '예수를 믿지 않는다'라고 말하면서, 그래서 선교 사역 중에도 믿지 않는 아버지를 생각할 때마다 걱정이 앞섰다는 것이다. 그러나 아버지의 강한 성격 탓에 전도가 쉽지 않았음을 고백했다.

"살았으나 죽은 자!"

무덤 속에 갇혀 있다는 것은 바로 그것이었다. 나는 육적으로 살았으나 영적으로 죽었다는 뜻이니, 빨리 한국에 가서 아버지를 전도하라고 강하게 말했다. 선교사님은 예전에 수없이 전도하려고 노력했으나 헛수고일 뿐이었다고 망설이는 말을 하였다. 나는, 아버지가 예전엔 자기의 강함으로 버텼으나 지금은 주님의 인도가 있으니 순종하는 마음으로 서둘러 출발하라고 독려했다.

아버지를 구원시키면 아버지를 통해서 믿지 않는 자들도 덩달아 구원을 받는 놀라운 역사가 일어날 것이었다. 그러니 외국에서 아무개 전도하는 것도 중요하지만, 지금 이 순간 주님의 뜻은 고향 아버지가 우선순위인 것이 너무나 분명했다.

나의 이야기를 듣던 선교사님은 나에게 자기 아버지 연락처를 줄 테니 나보고 심방 다녀올 것을 부탁했다. 나는 '그분이 누구의 아버지냐'고 목소리를 높였다. 난 당장 그분이 돌아가신다 해도 슬프지 않은 사람이지만 당신은 아니지 않느냐고, 냉정하게 어서 순종하라고 말했다.

한참을 생각하던 선교사님은 주님의 인도하심에 감사하고는, 고국으로 돌아가야겠다고 다짐했다.

우리는 늘 자기 위주로 생각하고 기도하고 계획을 세운다. 하지만 기도를 하고 주님의 뜻을 묻지 않으면, 우리에게 바라시는 주님의 뜻을 우리는 알 길이 없다. 주님을 믿는다고 하면서, 우리보다 수천 수만 배 더 넓고 깊은 주님의 계획을 모른다는 것은, 눈가리개로 눈을 가리고 지내는 것과도 같다. 지금 나 자신의 모든 생각과 계획을 내려놓고, 먼저 주님의 뜻과 계획부터 물어야 한다.

우리가 돌아가야 할 고향은 어디인가

사람은 누구나 걱정 근심이 있게 마련이다. "짐진 자들은 다 내게로 오라" 하신 예수님을 믿는다면 걱정을 주님께 맡기면 될 텐데, 그것이 말처럼 쉽지 않다. 모든 것을 믿고 맡긴다고 하면서도 그러지 못하고, 자신의 방법이 옳은지 틀린지도 주님께 묻지 않는 채 자신의 방법을 고집한다.

『생명의 열쇠』가 세상에 나온 지 한 달쯤 지났을 때, 책을 읽고 감동을 받았다는 집사님을 만났다. 이 만남을 통해 역사하시는 주님의 놀라운 은총에 감사드리지 않을 수 없었고, 이로써 나의 선교사역이 한 단계 업그레이드되었다.

블라디보스토크의 어느 교회를 방문한 날은 때마침 미용사 집사님이 와서 봉사해 주는 날이었다. 방문객인 나에게도 머리를 깎으라는 목사님의 제안으로, 나는 의자에 앉아서 그 집사님으로부터 머리를 다듬게 되었다.

목사님은, 48세의 고려인 집사 마리아가 예수님을 영접한 지 오래된 신실한 집사라고 소개해 주었다. 그런데 머리를 다듬으며 거울에 비친 마리아의 얼굴엔 어두운 그림자가 가득했다. 금방이라도 울 것 같은 표정이었다. 무언가 큰 근심에 쌓여 있는 것이 분명했다.

마리아에게는 18세와 11세의 두 아들이 있다고 했다. 방문한 교회에서 뜻밖에도 이발을 하게 되니, 덤으로 은총을 받은 느낌이었다. 깔끔하게 다듬고 나니 기분이 날아갈 듯했다.

이발을 마친 후, 목사님과 함께 차를 마시는 가운데 마리아의 숨겨진 고민을 듣게 되었다. 6개월 전에 마리아의 가정에 큰 아픔이 생겼다. 20여 년 동안 함께 살던 남편이 다른 여자를 만나서 멀리 모스크바로 떠나갔다는 것이다. 온 가족이 함께 교회에 나오던, 행복했던 가정이 순식간에 슬픔 속에 빠지고 말았다.

남편은 밤마다 전화를 걸어와 이혼을 요구한다고 했다. 믿음으로 주 안에서 해결하고 싶었던 마리아와 교회 기도회 가족들은 밤마다 집을 나간 마리아의 남편이 집으로 돌아오길 간절히 기도하고 있다고 했다. 목사님은 나에게도 특별히 마리아를 위해서 기도해 줄 것을 부탁하셨다.

그날 오후, 교회의 기도 모임에 참석한 나는 기도를 마치고 나서 따로 상담 시간을 가졌다. 실의에 빠진 마리아에게 어떻게 위로를 해주어야 할지, 그리고 어떤 비전을 제시해 주어야 할지, 막막하기만 했다. 남편의 전화번호를 달라고 해서 내가 일만 킬로미터나 떨어진 모스크바로 찾아가서 데려다줄 수만 있다면 그렇게라도 하고 싶었다. 하지만 아무래도 그건 무리일 것이다. 어떤 위로로도 그녀를 슬픔에서 건져줄 수는 없을 것 같았다.

마리아의 고민을 애타는 마음으로 경청한 나는, 새벽 3시까지 잠을 이루지 못하고 뒤척였다. 아무리 궁리해도 뾰족한 방법이 떠오르지 않았다. 나의 책을 읽은 첫 독자와의 만남인 셈인데, 전혀 예상하지 못했던 만남이었다. 나의 첫 독자는 지금, 남편이 하루빨리 돌아오게 해 달라는 기적을 요구하고 있는 것이었다.

그녀를 위해서 기도는 백번이라도 할 수 있겠지만, 과연 나의 기도가 실현될 수 있을까? 의심이 들었고, 걱정이 되었다. 그 걱정에 압도당한 나는 처음으로 책을 괜히 썼다고 후회마저 하게 되었다.

"주님! 마리아를 도와주세요!"

새벽 3시까지 뒤척이다가 끝내는 엎드려서 기도하지 않을 수 없었는데, 뜻밖에도 주님이 아주 간단한 말로 응답을 해셨다.

"마리아에게 평안을 전하노라!"

다음날, 나는 마리아를 만나서 "예수님을 믿습니까?"라는 어린아이와 같은 질문을 던졌다. 그러자 "물론이죠."라는 대답이 돌아왔다. 나는 이어서 마리아에게 물었다.

"그렇다면 마리아의 마음속에는 주님이 계십니까?"

그녀는 곧바로 대답하지 못하고 고개를 떨구었다. 그녀의 마음속에는 남편에 대한 원망과 증오의 마음이 가득했다.

우리는 한 시간 동안 주님께 기도를 드렸다. 그녀의 기도는 원망으로 터져 나오는 말들로, 주님이 기뻐하지 않으실 내용뿐이었다. 그런 마리아의 마음을 주님께서 나에게 알려주셨고, 나는 그녀에게 당부했다.

"밤에 잠자리에 들기 전에 딱 일 분 동안만 기도하십시오. 이렇게 기도하십시오. 주님, 나에게 평안을 주세요. 예수님의 이름으로 기도드립니다. 아멘!"

이처럼 어린아이와 같은 마음으로 주님께 평안을 간구하라고 가르쳐 주었다. 절대 집 나간 남편 이야기는 꺼내지도 말고, 자기 영혼을 위해서 기도하라고 했다. 지금 이 시간에도 예수님이 우리 옆에 계신다면, 마땅히 각자의 영혼을 위해서 기도하라고 말씀하실 것이다.

다음날 오후, 교회를 방문한 마리아가 멀리서부터 나를 찾는 소리가 들렸다. 나의 얼굴을 보더니, 기적이 일어났다고 상기되어 말했다. 기적이란 소리를 듣자마자, 나도 모르게 집 나간 남편이 돌아왔느냐고 물었다. 그녀는 웃으면서 남편이 돌아온 것이 아니지만, 어제 내가 가르쳐준 대로 기도하고 있는데, 갑자기 가슴에서 주먹만한 무엇인가가 떨어지는 느낌을 받았다는 것이다. 그러고 나니 마음이 평안해졌고, 그대로 쓰러져 단잠을 잤다고 했다. 오랜만에 근심 걱정 없이 잠을 푹 자고 일어나니 너무 좋았을 뿐만 아니라, 더 놀라운 일이 벌어졌다. 남편에 대한 생각이 많이 사라진 것을 스스로 느꼈다는 것이다.

마리아는 또, 재미있는 꿈도 꾸었다고 했다. 떠난 남편이 돌아왔는데도 그렇게 기쁘지 않았다면서 웃음 띤 얼굴로 말했다.

이런 현상은 주님께서 자기를 불쌍히 여겨서 만져 주신 것이고, 놀라운 기적이 일어난 것이라고 확신하였다. 나도 뛸 듯이 기뻤고, 우리는 서로 손을 마주잡고 주님께 감사의 기도를 드렸다.

남편이 지금 돌아온다 해도 마리아의 마음에 분노와 미움이 가득하면 싸우는 일밖에 없을 것이다. 중요한 것은 마리아의 마음 상태이다. 그런데 마리아를 사랑하시는 주님께서 마리아에게 평안을 선물로 주셨다. 주님이 주시는 평안은 사람이 주는 위안과는 다르다. 사람이 주는 위안은 날씨처럼 변덕이 부리게 마련이지만, 주님이 주시는 평안은 어떠한 조건이나 환경에도 변할 수 없는 영원한 것이다.

일주일 후, 주일 예배시간에 목사님께서 간증하고 싶은 성도는 나와서 간증하라고 말하자, 마리아가 제일 먼저 마이크를 붙잡고 간증하기 시작했다. 자신의 형편을 알고 불쌍하게 여겼던 교인들에게 주님께서 자신에게 평안을 주셨으며 지금 괜찮아졌다고, 이 일을 통해서 인내와 회개를 배웠다고, 큰소리로 자신에 넘쳐서 간증하였다. 마리아는 우리 모두 회개하고 주님의 평안 속에서 살자고 권면하기도 했다.

일정을 마치고 상트페테르부르크로 출발하기 하루 전날, 마리아가 찾아왔다. 자기의 열한 살 된 둘째 아들이 "요셉이 상트페테르부르크에 가지 말고 우리 교회에 계속 있었으면 좋겠다."라고 말하면서, 엄마가 요셉을 붙잡아 놓으라고 슬퍼하며 부탁했다고 한다.

나는 그 어린 아들의 마음을 백퍼센트 이해한다. 오랜 시간 엄마가 슬픔에 빠져 울고 지내다가 요셉을 만나서 주님께서 엄마와 가정에 평안을 주셨으니 얼마나 좋을까! 그 아이는 자기가 모아둔 용돈이 있으니 그 돈으로 멋있는 레스토랑에 가서 함께 식사를 했으면 한단다. 어린아이의 깊은 생각과 마음 씀씀이가 너무 예뻐서 다음에 꼭 다시 이곳을 방문하겠노라고 약속했다.

4개월 뒤 다시 그 교회를 방문하여 성도들을 반갑게 만났다. 마리아와 그 가족들의 안부가 가장 궁금했다. 내가 왔다는 소식을 듣고 마리아의 가족들이 왔는데, 마리아의 얼굴에서는 예전의 근심 가득했던 어두운 빛은 찾아볼 수 없었다. 나를 보고 밝게 웃으며, 무척이나 반갑게 인사를 했다. 마리아가 변한 것이다, 아주 아름답게!

나는 마리아의 집에 심방을 갔다. 그녀는 맛있는 음식을 정성껏 준비했고, 어린 아들은 케이크를 준비했다. 그동안 그녀는 미용사로서 사람들의 머리를 다듬어 주면서 자기가 만난 예수님을 자랑하곤 했다고 한다. 일터가 주님을 전도하는 전도지가 되어 얼마나 기쁜지 모르겠다고 했다. 집 떠난 남편은 아예 잊었으며, 대신 주님을 신랑 삼아 두 아들을 잘 키우며 살아야겠다고 다짐했다.

마리아는 이제야 비로소 자신이 영원히 깃들 만한 곳이 어디인지 영혼의 고향을 찾았고, 거기에 안긴 것이다.

어떤 사랑의 인사

　　나는 찬송 부르기를 좋아한다. 어려서 시골에서 살았기 때문에 숲속이나 큰 창고 같은 곳에서나 시골길을 혼자 걸을 때면 찬송을 부르곤 했다. 찬송을 부르다 보면 기쁨이 넘쳤고, 주님의 은혜가 샘솟듯 하였다. 주님과 동행함을 느낄 수 있었다.

　　좋아하는 찬송은 많지만 그중 가장 애창하는 곡은 '주님의 뜻을 이루소서'라는 찬송이다. 그중에서도 "주님과 함께 동거함을 만민이 알게 하옵소서"라는 가사는 내가 기도처럼 항상 마음에 간직하고 다닌다.

　　러시아에서 사람들을 만나고 그들 가정에 심방을 다니다 보면 짧은 시간에 그들에게 믿음과 신뢰를 전달해야 하는데 완벽하지 않은 나의 러시아어 실력이 길을 가로막곤 한다. 그럴 때 찾아낸 나만의 기도가 바로 어릴 때부터 즐겨 불렀던 이 찬송가에 들어 있다. "요셉이 주님과 함께 동거함을 이 성도들이 알게 해주세요!"

블라디보스토크에 있을 당시, 나와 동갑인 나리사의 초대로 그의 집을 방문하게 되었다. 나리사는 한국에서 알게 된 친구로, 체육학을 전공한 당당한 체격의 여자친구다.

철도청에서 열차를 운전하는 남편, 결혼한 딸, 학교 다니는 아들, 사위, 손녀가 모여서 러시아식 저녁식사를 하는 자리에, 초대 손님인 나를 식탁 가운데에 앉게 하고 모두 둘러앉았다.

처음 방문한 가정이었고 사실 가족들을 잘 모르는 상태여서 무슨 이야기를 시작해야 할지 난감했다. 모두 중앙에 앉은 내 얼굴만 바라보며 무슨 말을 할지 궁금해하는 눈빛을 보냈다. 어떤 말로 이야기를 시작해야 할지 모르는 어색한 시간이 잠시 흘렀다.

초대한 가족들도 서로 눈치만 보며 이 어색한 상황을 어떻게 할까 생각하고 있는 것 같았다. 그때 친구의 다섯 살짜리 손녀 다샤가 자기의 엄마 귀에 대고서 무슨 말인가를 속삭였다. 한참을 듣던 엄마는 웃으면서 다샤에게 "네가 직접 말해라."라고 하자, 어린 다샤는 창피한 듯 엄마 뒤로 몸을 숨겼다.

엄마가 대신 나서서 다샤의 말을 전하려 하는 순간이었다. 다샤가 엄마의 입을 고사리 같은 손으로 막았다. 엄마는 웃으며 괜찮다고 하며 딸아이의 손을 잡고서 말했다.

"다샤가 이렇게 말하네요. 나는 벌써 요셉을 사랑한다!"

그 순간 식탁에 둘러앉은 가족들이 함박웃음을 터뜨리며 금세 분위기가 화기애애해졌다. 이어서 친구의 딸 알리나가 웃으면서 말했다.

"이렇게 어린아이가 요셉을 사랑한다고 말하는 것을 보니, 요셉은 정말 좋은 사람인가 봐요. 어린아이의 보는 눈이 정확하지요."

순간, 하나님께서 어린아이의 작은 입술을 통해서 역사하셨다는 것을 깨달았다. 그래서일까? 다샤는 정말 그 후로 나를 잘 따랐는데, 보면 볼수록 정말 사랑스러운 아이다.

회계사 안나의 눈물

"선교사님! 우리 교회 안나 집사가 다른 교회로 옮기고 싶대요…"

신앙심 깊은 안나 집사가 갑자기 교회를 옮기겠다는 선포에 상트페테르부르크에서 사역하시는 목사님 부부는 몹시 걱정스러운 마음으로 나에게 기도를 부탁하셨다. 50대 중반의 회계사인 안나는 당뇨병이 심해서 생활하는 데 어려움이 있다고 했다. 내일 기도모임이 선교사님 댁에서 있으니, 나도 함께 참여하여 신앙상담을 해주라는 것이었다.

주님의 뜻이 어디에 있는지 몰라서, 그날 밤 기도를 했다. "주님! 안나에게 여러 가지 문제가 있어요. 아픈 안나를 어떻게 해야 하죠?"

얼굴도 모르고 이름만 들은 안나이지만, 주님의 도우심이 아니고서는 어찌할 수가 없는 상황이었다. 그런데 신기하게도, 주님께서 메시지를 주셨다.

"안나의 중심에 무엇이 있는가?"

"하나님은 중심을 보신다!"

다음날 기도모임 시간이 되자 여러 성도들이 선교사님 댁에 모였다. 기도시간을 마친 후, 안나 집사와 대화할 수 있는 시간이 주어졌다. 그날도 안나 집사는 몸이 좋지 않아 청바지 위로 스스로 인슐린 주사를 놓았다고 했다. 안나는 그 누구보다 교회에서 봉사하며 신앙생활을 열심히 했다고 했다.

그런 그녀가 갑자기 교회를 옮기겠다고 하는 이유를 몰랐던 선교사님은, 내가 안나와 함께 대화를 나눌 수 있도록 자리를 만들어 주셨다. 어떤 말로 대화를 시작해야 할지 몰라서 가족관계부터 묻고는, 언제부터 예수님을 믿었느냐, 당뇨병은 언제 걸렸는지… 등을 간단한 러시아어로 질문하고 대답하며 이야기를 이어갔다.

사실, 매끄럽지 못한 러시아어로 처음 만나는 러시아 여성에게 신앙상담을 한다는 것 자체가 기적이었다. 상대가 나에게 마음의 문을 열지 않으면 대화가 불가능한 상황이었다. 나의 간증집을 읽었다면 좀더 대화가 쉬웠을 텐데, 선교사님으로부터 받기는 했으나, 시간이 없는 관계로 아직 읽어보지 못했다고 했다.

그녀는 자신이 교회를 떠나려는 이유는, 교회가 은혜가 없어서라고 자기 소신을 분명히 밝혔다. 교회가 은혜가 없다는 그녀의 말에 나는 무슨 말로도 그녀를 설득할 수가 없을 것 같은 생각이 들었다. 지난밤 주님께서 나에게 메시지를 주신 것을 질문을 통해서 그녀에게 전달할 수밖에 없었다.

"안나, 당신은 예수님을 믿습니까? 당신의 중심에 예수님이 있습니까?"

이렇게 질문을 던진 후, 사람은 얼굴을 보고 판단하지만 하나님은 중심을 보신다, 우리의 중심에 무엇이 있느냐가 중요하다고 메시지를 전해주었다. 그러자 그녀가 갑자기 고개를 숙이더니 눈물을 흘리는 것이 아닌가! '요셉의 말을 백퍼센트 이해했다, 지금 요셉이 무슨 말을 하는지 알겠다.'고 하는 것이었다.

안나는, 자기가 머리로는 예수님과 성경을 너무 잘 아는데도 마음에는 주님이 없음을 고백했다. 지금 교회생활이 기쁘지 않고 싫증나서 교회를 떠나려고 하는 진짜 이유는 자기에게 문제가 있음을 고백했다. 안나는 더 이상 이야기를 하지 않아도 된다면서, 숙연한 모습으로 집으로 돌아갔다.

안나는 그렇게 울면서 가방을 서둘러 챙겨 교회를 떠났고, 그런 안나를 지켜본 목사님은, 요셉은 얼마나 러시아 말을 잘 하면 은혜롭게 상담해 주고 눈물까지 흘리게 했느냐며 우리 둘만의 이야기를 궁금해하셨다.

다음날, 안나로부터 전화가 왔다. 밝은 목소리로 "감사합니다,. 요셉!" 이라고 말문을 열었다. 어제 주님께서 자기 영혼을 지적해 주셔서 회개했다면서, '감사합니다!'를 열 번도 더 되풀이했다. 일주일간 휴가라 멀리 소치를 다녀오는데 그동안 나의 간증집 『생명의 열쇠』를 읽어

보겠다고 했다. 그렇게 안나는 휴가를 떠났고, 나는 주님께 안나의 영혼을 위해 기도했다.

안나는 소치에서 휴가를 마치고 주일 점심때 돌아왔다. 상트페테르부르크에 도착하자마자 교회로 나를 만나러 왔다. 지난 일주일간 많이 기도하며 자신의 중심에 주님이 없음을 회개했다고 했다.

안나를 사랑하시는 주님께서는, 회개하고 돌아선 그녀를 새롭게 변화시켜 주셨다. 평안함과 기쁨을 되찾은 안나와 두 손을 붙잡고 감사의 기도를 드렸다. 일 분가량 짧은 기도를 올리는데, 안나의 두 눈에서 눈물이 흘러내렸다. 감사와 기쁨의 눈물이었다.

자기 마음에 주님이 없었다는 것이 너무 슬프고 괴로웠다고 고백하는 그녀의 모습이 사랑스러웠다.

교회를 오래 다닌 것을 두고 자랑스럽게 여기는 분이 적지 않지만, 그것은 그저 겉모습일 뿐이다. 사람은 그런 겉모습을 보고 판단하지만, 주님은 우리의 중심을 보신다. 나의 중심에 주님이 살아 계셔야 하는 것이다!

날개 달린 천사가 되어 돌아온 샤샤

새벽예배를 마치고 나서 믿음의 친구 마리아 집사와 눈이 마주쳤다. 마리아는 갑자기 나의 옷자락을 잡아당겨 한쪽으로 데려가더니 나에게 급히 심방을 갈 곳이 있는데 언제 시간이 있느냐고 다그쳤다. 평소답지 않게 서두르는 것을 보니 예삿일이 아닌 것 같았다.

이유를 묻자, 그녀와 같은 교회에 다니는 샤샤라는 청년을 꼭 만나야 한다고 했다. 무엇 때문에 만나야 하느냐고 재차 묻자, 내 귀에 대고 속삭였다. 샤샤가 지금 마약에 빠져서 집안에서만 지내고 밖에 나오지 않고, 그저 자기 신세를 비관하며 마약만 의지하고 시간을 보내고 있다는 것이다. 그러면서 손으로 주사 놓는 모습을 연출하며 샤샤의 현재 상태가 위험하다는 것을 생생하게 표현했다.

내가 알고 있는 샤샤는 요리사로서, 교회생활은 물론 신학 공부까지 열심히 하는 청년이었다. 그런 그가 한 달간 잠시 내가 한국을 다녀온 사이에 엄청난 시험에 빠져 있었다니, 아무래도 믿기지 않았다. 5일 후에 함께 심방하기로 시간 약속을 하고 마리아와 헤어졌다.

술과 마약에 빠진 그를 어떻게 도와야 할까? 믿음이 강한 마리아집사의 도움 요청에 가겠노라고 대답은 했지만, 방문날짜가 다가올수록 나 역시도 어찌해야 할지 앞이 캄캄했다. 술과 마약에 취해 있는 사람이 무슨 말을 한들 귀를 기울이겠는가! 러시아는 술과 담배 등 마약류가 한국보다 가격이 저렴하고 구하기도 쉽다. 그래서일까, 아직도 많은 사람이 마약 중독으로 그늘에서 헤매고 있는 것을 볼 수 있다.

"주님, 샤샤를 도와주세요!"

내가 믿는 것은 오직 전능하신 주님밖에 없었다. 간절한 기도를 주님께 드리고 잠을 잤다. 그런데 그날 밤 놀라운 꿈을 꾸었고, 주께서 샤샤의 생명을 건져주시리라는 확신을 가질 수 있었다.

마리아와 함께 약속한 날이 되자, 우리는 샤샤가 살고 있는 아파트로 향했다. 마리아는 내 자동차에 올라타더니, 요셉이 온 것을 샤샤가 알면 아파트 출입문도 열어주지 않을 것이라고 했다. 그러니 만남 자체가 이루어지지 않을 수도 있다는 것이다.

"너 같으면 순순히 환영하며 문을 열어주겠니?"

걱정하는 마리아에게 나는 오히려 웃으며 걱정하지 말라며 반문했다. 주님이 먼저 방문하셔서 샤샤의 마음을 만져주셨으니, 우린 믿음만 갖고 달려가자고 마리아를 안심시켜 주었다. 그러자 마리아는 '아멘'을 연발하며 얼굴에 화색이 돌아왔다. 우리는 함께 기도하면서 샤샤의 아파트로 향했다.

아파트에 도착해서 샤샤에게 도착했다는 문자를 보낸 다음 엘리베이터를 타고 13층 버튼을 눌렀다. 샤샤를 만나면 무슨 말로 인사를 건네야 좋을지를 생각하고 있는데, 순식간에 도착하여 문이 열렸다. 그런데 이게 웬일인가? 샤샤가 추운 날씨에 반바지 차림으로 엘리베이터 앞에서 우리를 기다리고 있는 것이었다. 주님의 손이 샤샤의 마음을 먼저 어루만져 주셔서 우리를 영접해주는 기적이 일어난 것이다.

초췌한 얼굴과 나를 똑바로 바라보지 못하는 눈동자, 그러나 분명한 것은 샤샤가 우리를 기다리고 있었다는 것이었다.

집안으로 들어가 차를 마시며, 모두들 내 입에서 무슨 말이 나올지 나만 바라보고 있었다. 선교사로서 교회로 돌아오라는 말, 성경 읽으라는 말, 기도하고 예배하자는 말, 샤샤는 이 세 가지 중에 한 가지 말로 이야기를 시작할 줄 알았을 것이다. 하지만 나는 샤샤에게 먼저 "외국에 오갈 때 있어야 하는 여권이 있느냐?"라는 질문부터 했다. 나의 첫 질문에 샤샤는 황당한 표정을 지었다.

두 사람은 서로 얼굴을 바라보며 "웬 여권?"하고 놀랐다. 나는 샤샤에게 무조건 한국에 갈 준비를 하라고 일렀다. 준비해서 일

년 정도 외국생활을 하고 돌아오라고 엉뚱해 보이는 이야기를 했다.

알코올이나 마약 중독자에게는 환경을 바꾸는 일이 매우 중요하다. 악의 구렁텅이에서 탈출하려면 생활의 변화부터 시도해야 한다. 스스로 환경을 바꾸기란 어렵기 때문에 도움의 손길이 필요하다.

샤샤는 나의 제안에 손을 저으며 한국에 가지 않겠다고 강하게 부정했다. 엉뚱한 한국행 이야기로 우리의 대화는 시작되었고, 시간이 흐르면서 샤샤의 안색이 조금씩 밝아지기 시작했다. 동행했던 마리아도 샤샤의 표정과 우리를 대하는 태도를 유심히 살펴보면서 안도의 한숨을 쉬었다.

그날이 내 생일이었던 것을 알았던 마리아가 케이크를 나도 모르게 준비했고, 순식간에 조촐한 생일 파티가 열렸다. 분위기가 더욱 따뜻하게 고조되었고, 샤샤는 우리에게 손수 케이크를 접시에 담아주는 등 친절을 베풀었다. 처음의 어색했던 마음들은 멀찍이 사라져버렸다.

그렇게 두어 시간 이야기를 마친 후 집을 나서는데, 샤샤가 나를 끌어안으며 방문해주어서 고맙다고 말했다. 경직되고 어둡던 샤샤의 얼굴이 생기 있게 변한 것을 보니 너무 기뻤다. 나는 샤샤에게, 샤샤를 사랑하는 믿음의 친구가 있음을 감사하고 마리아의 의견을 잘 듣고 함께 신앙생활 열심히 하라고 당부했다.

"나도 요셉 같은 선교사가 되고 싶어!"

함께 걸어 나와 차에 올라타던 마리아 집사가 고백했다. 살아계신 하나님께서 죽고 싶다는 샤샤를 건져주신 현장을 목격한 그녀에게 하나님께서 더욱 큰 믿음을 허락해 주신 것이다.

일주일이 지난 주일저녁 예배 시간이었다. 예배가 한창 진행 중인데, 출입문이 열리더니 샤샤가 고개를 숙이고 예배실 안으로 들어왔다. 예배를 마친 후, 우리 모두 다시 돌아온 샤샤를 환영하고, 케이크를 준비해서 다시 태어난 샤샤를 축하해 주었다. 함께 기도하고, 하나님께 감사의 찬양을 불렀다.

나를 보더니 반갑게 안아주면서 "감사합니다."라고 말하는 샤샤가 너무 사랑스러웠다. 주님의 품으로 돌아온 샤샤에게 좋은 일이 생겼다. 연말 불우이웃을 돕기 위한 바자회가 교회에서 열렸는데, 샤샤는 자신의 주특기인 초밥을 만들어 제공했다. 많은 손님들이 좋은 일에 함께하였다. 어느 레스토랑 사장님은 성실히 초밥을 만드는 샤샤를 유심히 지켜보더니 그에게 다가가 이런저런 질문을 던지면서 이야기를 나누었다. 그 사장님은 샤샤에게 명함을 건네주고는 한번 찾아오라고 말했다. 일자리를 주겠다는 뜻이었다. 샤샤에게 그보다 더 좋은 일이 있을 수 없었다. 어려움에 빠져 있던 그가 주님께 다시 돌아오고 일자리도 얻게 된 것이다.

샤샤는 예전의 모습을 되찾았다. 새벽기도를 마친 후 일터로 즐겁게 향하는 샤샤의 모습을 보노라면, 주님의 은혜와 사랑에 다시 한 번 고개 숙여 감사하는 마음이 된다.

성탄절 예배가 끝난 다음, 청년부가 준비한 <예수 그리스도의 탄생>이라는 연극이 상연되었다. 모든 조명이 꺼져서 어둡던 시간이 한참 흐르고 나자 한 줄기의 빛이 한 인물을 비추는 것으로 막이 열렸다. 조명을 한몸에 받은 샤샤에게서 천사의 대사가 흘러나왔다. 그러자 모든 성도들은 날개 달린 천사가 된 샤샤를 보고는 크게 환호하였다. 모두가 천사의 대사에 귀 기울였다. 너무나 감동적인 장면이었다.

천사와 샤샤의 조합은 누구도 상상하지 못했다. 한 줄기 조명을 받고 있는 샤샤의 모습은 어느 누구보다 나에게 큰 감동으로 다가왔다. 앞자리에 앉아서 지켜보던 마리아도 뒤돌아보며 나와 눈을 맞추었다. 마리아 또한 너무나 행복해 하였다.

그래 맞아! 샤샤는 날개달린 천사가 되었어!

어둡고 희망이 없던 샤샤가 새 생명과 새 삶을 얻고 세상을 이긴 예수님께 붙잡혀 살아가게 되다니! 이 모든 감동적인 연극 속의 중심에는 주님이 계셨다.

날개 달린 천사 샤샤는 우리 모두에게 너무나 아름다운 성탄 선물이었다.

엄마의 눈물

"요셉! 우리 아들 때문에 걱정이야."

나와 동갑인 아들을 둔 고려인 집사님의 한숨 섞인 걱정은 하루이틀 일이 아니었다.

우연히 늦은 밤 택시를 탔는데, 택시기사가 고려인 남자였고 한국말을 조금 할 줄 알았다. 이런저런 이야기 끝에 택시 기사는 자신의 엄마가 예전에 한국 회사에서(러시아에 세워진) 통역으로 일을 했는데 지금은 쉬고 있다며 통역할 일자리가 있으면 소개해 달라고 부탁했다. 사람의 인연이란 알 수가 없다. 그렇게 해서 받아 놓은 택시기사의 엄마 전화번호가 몇 달 후에 효력을 발휘하였다.

내가 사역했던 선교센터의 통역자리가 공백이 되자 그때 받은 전화번호가 생각이 났다. 그렇게 해서 택시 기사의 어머니는 면접을 거쳐 곧바로 우리 선교센터에서 일하게 되었다. 통역 집사님은 70세로, 남편은 일찍 돌아가고 외아들과 함께 살고 있었다. 그런데 이 집사님에게는 하나밖에 없는 아들이 아주 큰 걱정거리였다. 아들은 일찍 결혼해서 딸을 낳고 잘 살다가 이혼을 하고서 마음을 잡지 못하여 방탕한 생활에 빠졌다. 음대를 졸업하고 악기 연주도 잘하는 아들은 하루 일하고 며칠씩 술을 먹고 놀아버려서 엄마뿐 아니라 가족 모두에게 걱정거리였다.

나와 동갑이어서인지 나를 볼 때마다 아들 걱정을 많이 했다. 혼자서 울며 속상했던 날이 많다고 했다. 그러던 어느 날 내가 집사님 집을 방문하게 되었다.

집사님은 허물없이 아들처럼 나를 사랑해 주셨다. 차를 한잔 마신 후 나는 차분히 집사님 집에 방문한 목적을 이야기했다. 공연히 아들이 정신을 못 차리고 방황하는 것이 아니라, 아들은 영적 치유가 필요하기 때문에 간절히 주님께 기도하자고 말한 뒤 함께 찬송과 기도의 시간을 가졌다. 그날 밤 나는 집사님 집에서 잠을 자며 늦은 밤에도 기도했다.

"주님, 이 아들이 방황합니다. 주님의 도움이 필요합니다. 저를 믿고 주님께 기도를 부탁하는 집사님의 마음을 보시고 도와주세요."

이렇게 기도하다가 잠이 들었는데, 새벽녘 비몽사몽간에 환상이 열렸다. 이 아들이 성채 같은 감옥에 갇혀 있었다. 창문이 없고 어두컴컴한 그 방은 흑암 자체였다. 그런데 내 손에 돌을 자르는 그라인더가 들려 있었고, 아들이 갇혀 있는 방에 창문을 만들어 빛이 그 안으로 들어가게 했다.

순식간에 보여준 환상이라 나도 놀랐고 당황했지만, 밝은 빛이 그에게 비춰지는 모습에 "이제는 되었구나." 하는 안도감과 함께 하나님께 진심으로 감사의 기도를 드렸다.

"내 영혼에 햇빛 비치니 그 영광 찬란해/ 이 세상에 어떤 빛보다 이 빛 더 빛나네/ 주의 영광 빛난 광채 내게 비춰 주시옵소서/ 그 밝은 얼굴 뵈올 때 나의 영혼 기쁘다."

작은 창으로 햇빛이 들어가 비추는 광경은 그림 같았다. 엄마가 눈물로 지냈던 시간, 주님께 기도했던 시간, 나를 초대해 함께 기도했던 귀한 시간, 하나님께서 나를 통해서 일하셨던 그 시간, 모든 것이 너무나 감사하다.

나는 집사님에게 방황했던 아들을 이제는 주님께서 붙잡아 주시니 절대 걱정하지 말라고 말했다. 그리고 주님께 감사하라고 했다.

시간이 흘렀다. 그 아들이 변했다. 한 여인을 만나서 결혼하고 큰 외항선 요리사로 취직해서 아내와 함께 일하며 성실한 사람이 되었다.

집사님이 얼마 전 많이 아팠는데, 단숨에 외국에서 달려와 큰 병원으로 모시고 가서 수술도 받고 아들 된 도리를 잘 하였다. 집사님도 건강을 되찾았고, 지금은 아들 자랑하면서 하나님께 감사드리며 살아가고 있다.

공연히 잘 되고 공연히 아픔이 오는 것은 아닐 것이다. 모든 일은 주님의 뜻을 찾기 위한 주님의 방법이다. 밤에 잠자는 가운데에도 심장이 멈추지 않고 뛰듯이, 주님은 우리가 방황하는 가운데에도 우리를 지켜보고 계신다. 우리가 문을 닫아걸고 있기 때문에, 캄캄한 어둠속에서 헤매면서 아파하게 되는 것이다.

주님은 지금도 어둠속에서 방황하는 사람들의 문을 두드리고 계신다.

"생명의 열쇠", 생명을 전하다

"선교사님, 제 아내가 착해졌습니다."

『생명의 열쇠』 한글판이 출간된 후 한 달여가 지나자 한국 독자들에게서 일어난 감동적인 이야기들이 멀리 러시아까지 전해졌다. 예전에 알고 지냈던 지인들의 반응과 전혀 알지 못했던 사람들의 반응은 비교될 정도로 달랐다.

예전부터 나를 알던 사람들은 겉으로만 알던 사람들과 나를 조금 깊이 알고 지내던 사람들로 나눠지는데, 그 반응 역시 각기 달랐다. 책 제목을 "생명의 열쇠"로 정한 데서 알 수 있듯이, 영혼이 갈급한 이들이 이 책을 통하여 마음과 영혼의 문을 열고 생명의 길에 들어서기를 바라는 마음이 가장 컸다. 많은 독자들이 전해주는 이야기 또한 매우 감동적이어서 혼자서 듣기에는 귀하기에 나누고 싶다.

어느 교회의 선교부장 집사님 부부의 이야기

남편이 책을 선물 받아서 집에 가져갔는데, 낮에는 아내가 읽고 밤에는 남편이 읽었다. 무엇보다 살아계신 주님께 기도하면 주님께서 응답해 주고 순종하는 선교사의 삶이 너무 좋았다.

선교부장 집사님은 대뜸 "제 아내가 착해졌습니다."라고 말했다. "착해졌다는 말이 무슨 뜻입니까?" 하고 되물으니, 둘이서 책을 은혜롭게 다 읽고 그날 밤 주님께 기도를 하고 잤다고 한다. 그런데 새벽에 아내가 일어나 곤히 자고 있는 자기를 흔들어 깨우며 "아주 무서운 꿈을 꿨어요."라고 말했다. 아내는 두려움에 벌벌 떨고 있었다.

꿈 내용은 이러했다. 누군가가 자기에게 입을 벌리고 혀를 내 놓으라고 하더니 그 혀를 잘라 버렸다. 너무 무서워 놀라 깼는데, 잘려 나가는 혀의 모습이 너무나 생생했다. 예전 같으면 꿈을 꾸어도 그냥 무시하고 대수롭지 않게 넘겼을 텐데, 책을 읽고 난 후 하나님이 응답해 주신 것 같아서 무시할 수가 없었다.

우리의 신체는 매우 중요한데 신체의 일부가 잘려 나갔다는 것은 시사하는 바가 매우 컸다. 얼마나 큰 실수가 있었을까? 지금 우리가 신앙생활을 잘못하고 있는 것 같다는 아내의 고백으로 인해 부부는 새벽부터 깊은 회개의 시간을 갖게 되었다.

성령님은 모든 것을 깨닫게 해주신다. 한참을 놀란 상태에 있다가 남편이 아내에게 이야기했다. 내가 어제 금요 기도회를 마치고 집에 와서 이 책을 다 읽었는데, 당신이 거실에서 교회 어느 집사와 통화하는 소리를 들었다. 그런데 당신의 말씨가 너무 거칠고 선을 넘어선 비판과 정죄의 말을 하고 있었다. 사람이 사람을 심판하는 일을 하나님이 기쁘게 보지 않는 것 같다.

아내는 틈만 나면 마음에 맞는 집사와 통화하며 교인들에 대해 이야기했다고 한다.

"당신의 그런 태도를 나무라면 싸움만 일어날 것 같아서 참고 있었어요. 그런데 혀가 잘려 나가는 꿈을 꾸다니, 하나님께서 당신에게 꿈으로 알려주신 것이 분명하오. 우리 함께 회개합시다!"

두 부부는 무릎을 꿇고 회개의 기도를 마치고 나서 다시 잠자리에 들었다. 그 후로 아내는 말을 많이 자제하고 지금은 착해졌다고 남편 집사님이 기쁜 목소리로 말하였다.

"누구든지 스스로 경건하다 생각하며 자기 혀를 재갈 물리지 아니하고 자기 마음을 속이면 이 사람의 경건은 헛것이라"(약 1:26).

집사님은 책 100권을 개인적으로 사고 싶다고 하셨다. 책을 통해서 자기의 생활이 신앙생활과는 거리가 먼 것임을 깨달았고, 행실을 고치는 것이 중요하다는 사실을 깨달았다고 했다. 다른 사람들의 지적과 간섭, 가르침은 한계가 있다. 그러나 전능자이신 하나님의 지적은 사람에게 변화를 주신다. 우리의 주인은 누구인가? 우리는 '주님! 주님!'하고 입으로 부르기만 한다. '주님!'하고 불러놓고는 삶을 자기 마음대로 계획하고, 자기 원대로 이루어지기를 기도한다. 하지만 주님은 이미 자신의 뜻을

세우고 계시며, 그 뜻이 무엇인지를 물어주기를 기다리신다. 인생의
끝에 이르기 전에, 주님의 뜻에 따라 살 수 있는 힘이 있을 때, 그
뜻을 주님께 물어 그 말씀에 순종하고 복종하는 성도가 되어야 한다.

어느 100년 된 교회 장로님의 편지

어느 시골 교회 장로님은 창립 100주년을 기념해 낡은 성전을 허물고
현대식으로 새 성전을 건축하기로 했다. 당회를 거쳐 투표 결과 51대
49로 새 성전 건축이 결정되었다. 장로님은 건축 담당 장로로 임명되어
설계부터 건축 시공까지 모두를 책임지고 주도하게 되었다.

그러던 중 나의 책을 읽고 하나님의 뜻이 어디에 있느냐가 중요하다는
것을 깨달은 장로님은 엎드려서 주님께 기도했다.

"주님! 큰돈을 들여서 교회를 건축하는 것이 주님의 뜻입니까?"

시골 교회가 무슨 재정이 있겠는가? 일단 건축 시작한 다음 대출을
받아 건축을 마무리하고 성도들이 빚을 떠안고 갚아가는 것이 방법이라
고 생각했다. 그런데 놀라운 주님의 응답을 보라!

꿈속에서 새로운 교회가 세워지고 십자가 종탑이 세워져서 너무
아름다웠다. 그런데 갑자기 높은 십자가 종탑이 칼로 벤 것처럼 잘려져서
꽝 소리와 함께 넘어갔다. 사람의 손으로 도저히 다시 세울 수 없어서
크레인을 타고 올라가 보니, 다시 세우기란 불가능해 보였다. 그럼에도
종탑을 세우려고 끙끙대다 그만 세우지 못하고 꿈에서 깨어났다.

성전을 건축하는 일은 물론 기쁜 일이고, 하나님께 영광을 돌리는 일이다. 그러나 많은 빚을 지고 건축했을 때, 시골 교회의 한계는 불을 보듯 뻔한 일이었다. 하나님의 응답은 너무나 분명했다. 우리는 조금 후에 일어날 일도 알지 못한다. 그러면서 나름대로 계획표를 세우고 일을 진행한다. 하지만 하나님은 이미 다 알고 계신다. 하나님께 먼저 하나님의 뜻을 물어야 한다. 그분의 뜻을 묻고, 그 뜻을 따라 순종해야 한다.

장로님은 고민에 빠졌다. 하나님의 뜻을 생각하면 시작을 해서는 안 될 일이고, 당회의 결정을 보면 업자가 선정되었으니 서둘러 시작을 해야 마땅했다.

영광도. 낭패도 시작하는 시작점이 있다. 일단 시작되면 바꾸기가 어렵다. 하지만 결단을 내릴 때는 내려야 한다. 입으로만 하나님을 믿는 것이 아니라, 진실로 하나님의 뜻을 믿고 순종함으로써 하나님께 영광을 돌려야 한다. 우리는 모두 하나님의 뜻을 구현하기 위하여 이 땅에 온 존재들이기 때문이다.

일을 저질러 놓고 해결해 주시기를 기도하는 것은 바른 기도가 아니다. 일을 저지르기 전에, 전쟁을 시작하기 전에 주님의 뜻을 물어야 한다. 그리고 응답받은 바, 그분의 뜻을 따라 순종하는 것이 진정한 그리스도인 이라 할 수 있다.

나는 감히 그 장로님에게 말씀드릴 수 있었다. 고민할 일은 하나도 없다는 것을!

"일어서서 뒤로 돌면 됩니다."

내가 앞에 서서 가는 것이 아니라 뒤돌아서서 내 앞에 예수님을 앞세우고 그분을 따라가야 하는 것이다.

믿음의 공회전과 진정한 성장

교회를 오래 다니다 보면 그만큼 신앙도 성장했을 거라는 착각에 빠질 때가 적지 않다. 주님을 처음 만난 귀한 시간을 잊어버리고, 어느새 자신도 모르게 찬양 사역, 식당 봉사, 차량 운전, 성가대 지휘, 반주, 설교 등 자기가 맡은 분야에서 역할을 하는 시간에만 천사가 되는 사람들을 종종 만나게 된다. 상트페테르부르크 블라디슬라바 목사님의 둘째 아들 이야기이다.

24세 찌무르는 교회에서 찬양 리더로 건반을 연주하며 찬양 팀을 훌륭하게 이끌고 있는 사역자다. 그는 피아노를 배우지도 않았는데 하나님께서 주신 달란트로 독학으로 연주법을 익혔다. 찬양도 이 넓은 도시에서 다섯 손가락 안에 들 정도로 수준이 높다. 그의 찬양을 듣노라면 은혜가 넘쳐 그에게 재능을 주신 하나님께 저절로 영광을 돌리게 된다.

그는 어려서 죽을병에 걸렸었다. 그의 부모는 당시 살림이 몹시 어려웠다. 우즈베키스탄에서 은행 부총재를 지낼 정도로 금융 고위직이었던 블라디슬라바 목사님은, 우즈베키스탄이 러시아에서 독립하면서 소수민족 말살정책의 소용돌이 속에서 애써 일군 재산을 다 빼앗기고 상트페테르부르크로 오게 되었다.

상트에서 은행 말단 직원으로 일을 하게 되었으나 적응하지 못하여 그만두고, 날마다 술로 살다시피 했다. 부인 나탈리아는 예수님을 만나 신앙생활을 열심히 했지만, 남편의 방황과 방탕은 어떤 말로도 위로가 되지 못하였고, 그저 기도하며 바라볼 수밖에 없었다. 그 어려움 속에 어린 아들이 병에 걸렸으니 얼마나 힘들었겠는가.

우리는 하나님의 뜻을 도무지 알 수가 없다. 병원 의사들도 고개를 흔들었던 병에 걸렸던 것이다.

"내 아들만 살려주신다면 하나님을 믿겠습니다."

막다른 골목에 다다른 목사님은 그때 처음으로 간절한 기도를 했고, 기도를 들으신 하나님께서 아들의 건강을 회복시켜 주셨다. 그 일을 계기로 새사람이 된 목사님은 신학을 공부하게 되고, 시간이 흘러 목사가 된다. 어린 아들이 믿음 안에서 잘 성장하여 교회에서 찬양을 하니, 보고 들을 때마다 가슴이 뜨겁고 주님께 감사했다고 한다. 그러던 어느 날, 나탈리아 사모님께서 전화를 해왔다.

"요셉! 우리 아들이 많이 아파요! 눈이 얼마나 아픈지, 햇빛을 바라볼 수가 없어요. 해만 뜨면 눈이 아파서 밖에 나갈 때는 꼭 선글라스를 써야 해요."

그렇게 아픈 지 이미 오랜 시간이 흘렀다고 고백하며, 나에게 기도를
부탁하고는 심방해 줄 것을 요청했다.

블라디슬라바 목사님 부부는 나를 많이 사랑해 주신다. 수많은 사람들
을 이곳 상트페테르부르크에서 만났지만 처음으로 진실되게 만난 사람
이라고 해도 과언이 아니다. 우리의 만남은 주 안에서 축복이었고,
진실된 교제 가운데 서로를 신뢰하고 사랑하게 되었다. 나는 찌무르를
위하여 아주 간단하게 기도하였고, 놀랍게도 기도 후에 주님의 응답을
받았다.

"주님, 찌무르 눈이 많이 아프답니다. 도와주세요!"

사탄을 모두 물리쳐 주시는 주님이니, 걱정할 필요가 없다는 응답을
받았다. 하나님의 메시지를 받은 다음날, 저녁 약속을 하고 아내와
함께 심방했다. 나는 찌무르와 즉문즉답을 하였다.

"눈이 많이 아프냐?"

"그래요."

"너, 기도는 하니? 성경은 몇 번이나 읽었니?" (그는 그저 웃는다.)

"너는 찬양 시간에만 천사구나! 너의 눈 속에, 너의 마음에 예수님이
있니?"

"네!"

"그런데 너는 왜 찬양할 때만 예수님이 계시고 찬송이 끝나면 너의
성질대로 살아가는 거지?"

그러자 옆에 앉아 있던 나탈리아가 울기 시작했다. 그녀의 우는 모습에 당황했지만, 그 눈물의 의미를 그녀의 이야기를 통해서 알 수 있었다. 목사님과 아들이 전쟁 중이라고 했다. 서로 의견이 맞지 않아 언쟁을 하곤 하는데 어린 아들이 도저히 입에 담을 수 없는 말을 아버지에게 한다는 것이다. 그렇게 부딪히기만 하면 싸웠는데 그 모습을 볼 때마다 엄마는 괴로워서 어찌할 바를 몰랐다고 한다.

찬양이든 설교든 기도든, 우리는 모두 하나님께 영광을 돌리기 위해서 한다. 그리고 그렇게 살아야 한다. 우리 모두는 그 사실을 다 알고 있다. 하지만 실천이 뒤따르지 않는다면 모두 헛것이다. 입으로만 찬양을 하고, 기도할 때만 마음을 내고, 설교를 할 때나 들을 때만 경건한 상태가 된다면, 그 믿음은 모두 엔진이 공회전을 하고 있는 것이나 다를 바가 없다. 그런데 그렇게 살지 못하는 것은 무엇 때문일까? 사람 속에 들어 있는 마귀 때문이다. 마귀 사탄은 우리 안에서 자기의 집을 지으려고 무진 애를 쓴다.

찬양을 인도하는 찌무르에게는 그 자신도 모르게 그 마음에 사탄이 들어간 것이다. 그래서 겁도 없이 목사인 아버지께 하지 말아야 할 폭언을 예사로 한 것이다. 슬픔에 빠진 부부는 어찌 할 바를 몰랐다.

예수님은 사랑이시고, 사랑은 절대 책망하지 않으신다. 대신, 그 안에서 주인 노릇 하고 있는 사탄을 책망하신다. 나는 찌무르에게 아주 어린아이와 같은 기도를 하라고 일러주었다.

"예수님, 나를 불쌍히 여겨 주세요. 그리고 도와주세요!"

그리고 단호하게 말했다. "너는 절대 이길 수 없다. 그 누구도 너를 도와줄 수 없다. 찬양할 때만 은혜 가득하고 찬양 끝나면 싸울 생각만 했다. 너를 도와줄 수 있는 분은 오직 예수님뿐이다."

몸만 교회에 다닐 뿐, 생각과 마음은 늘 어지럽고 속에 가시를 품고 있는 성도들을 종종 볼 수 있다. 찌무르는 누가 봐도 훌륭한 하나님의 일꾼이 될 자질을 지니고 있었다.

"마귀는 너를 잘 알고 있다. 그렇기에 너를 넘어지게 하려고 극성을 부릴 것이다. 하나님은 너를 악하게, 화나게, 삐딱하게 끌고 가는 정체를 너에게 보여주실 것이다. 살아계신 예수님을 만나는 귀한 시간이 되기 바란다. 어려움을 너에게 주신 것은, 예수님을 만나는 시간과 기회를 주기 위한 것이다!"

일주일 후에 찌무르에게서 전화가 왔다. 수화기 너머로 기쁨에 들뜬 목소리로 외치다시피 나에게 말했다.

"통증이 사라졌어요!"
"그럼, 그렇지! 우리 예수님은 만병의 의사이시니까 당연하지!"

기적의 역사는 진정한 믿음에서 일어나는 것이다. 회개 기도를 했던 찌무르는 마음의 평안을 얻었다. 나는 주님의 손길이 믿음의 가정을 만져 주심을 감사드렸다. 모든 고통과 아픔은 주님께 돌아오라는 신호인 것이다.

아버지와 아들이 싸움만 하지 않아도 감사하다고 했던 나탈리아는, 아들에게서 통증이 사라진 일은 주님께서 주신 보너스 선물이라며 감사의 눈물을 흘렸다.

"찌무르, 너는 행복한 사람인 줄 알아야 해! 러시아 땅에서 너처럼 이렇게 믿음의 부모, 너를 위해 기도해 주는 부모가 있다는 것을 감사하고 부모를 공경하라!"

이렇듯 나는 찌무르에게 십계명을 다시 상기시켜 주었다. 우리의 만남이 더욱 주님 뜻대로 살아가도록 하기 위함이었다는 것을 모두가 깨닫는 시간이었다.

무덤에서 생명으로 옮겨주신 주님

주일이면 가끔씩 초대를 받아 다른 교회에서 설교를 하게 된다. 선교사님께서 다른 나라에 가셨거나 불가피하게 선교지 교회에 설교자가 없을 때는, 새로운 성도들과 함께 예배를 드리고 은혜의 시간을 갖게 되는 것이다.

나의 설교는 독특하다. 성경 공부 같은 설교가 아닌, 러시아 선교사로서 러시아에서 지내며 만나는 사람들, 그리고 그 가운데서 벌어지는 은혜 넘치는 이야기들을 전한다. 그러니 설교의 내용이 매번 다르고 신기하고 놀라운 일들을 중심으로 선포하게 된다.

성령님의 하시는 일은 사람들의 생각과 방법, 그리고 계획과는 다른 방향으로, 다른 결과로 이끌어 가시기에, 하나님에 관한 간증들은 신기하고도 은혜로울 수밖에 없다.

힘차게 설교를 마치고 오후 예배를 위해 서둘러 교회 밖으로 나와

주차장을 향해 가고 있는데, 어느 중년의 여집사님이 따라왔다. 예배를 드리는 중에 눈이 많이 내려서 쌓인 눈을 치우고 출발하려고 하는데, 그 집사님이 말을 걸어왔다.

"선교사님, 오늘 설교 큰 도움이 되었습니다. 다름이 아니라, 선교사님의 아내는 러시아 사람이죠?"

집사님은 자기 며느리도 러시아 사람이라며 며느리 이야기를 꺼냈다.

"선교사님의 아내 나스자를 예전에 봤는데, 믿음이 너무 좋아 보여 부러웠어요. 제 며느리는 착하고 예쁘지만 믿음이 없어서 걱정이에요. 선교사님께서 언제 한 번 며느리를 만나서 신앙상담을 해줄 수 있을까요?"

어렵게 부탁을 하시길래, 아내와 함께 심방을 가겠노라고 약속을 했다. 약속 장소는 집사님 댁도 아니고 아들 집도 아니고 아주 멋진 이태리 레스토랑이었다. 시내 중심가에 백화점 5층, 극장이 있는 층에 30여 명의 직원이 일하는 고급 레스토랑이었다.

왜 이곳에서 만나자고 했는지를 묻자, 집사님은 웃으시며 자기가 운영하는 곳이니 뭐든지 먹고 싶은 것을 주문하라고 하셨다. 아내가 임신 4개월째여서 음식을 아무거나 먹을 수 없는 것이 아쉬웠다. 아내의 취향에 맞는 음식을 주문하고 우리는 대화를 이어갔다. 나는 그저 상투적으로 "집사님, 부자시네요"라고 부럽다는 표현을 짧게 건넸다. 그러자 집사님이 곧바로 나에게 반문했다.

"내가 부자 같아요? 선교사님, 사실 이 레스토랑 때문에 우리 부부가 매우 어려움에 처해 있어요."

매월 적자가 커서 운영이 너무 힘들다고 했다. 쓰레기만 가득 차 있던 이곳을 남편이 계약을 하고 새롭게 인테리어를 하여 개업하게 되었다. 오픈하기까지 들어간 돈이 우리나라 돈으로 7억이 넘었다. 이곳에서 돈을 벌어 교회를 건축하는 것이 목표였는데, 남편 집사님의 바람은 시간이 흐를수록 멀어져갔다. 적자폭이 갈수록 커져서 감당하기가 힘들어진 것이다.

경제 사정은 둘째치고 부부는 밤마다 다투기에 바빴다. 밤낮으로 힘들다 보니 신앙은 어디로 가버리고 소망도 없이 레스토랑에 매달리다 보니 도대체 어디에서부터 풀어 나가야 할지 몰라 나에게 기도를 부탁했던 것이다.

내가 컨설팅을 하는 사람도 아니고, 그렇다고 주방 메뉴 개발자도 아니었다. 무엇을 어떻게 도와주어야 할지 알 수가 없었다. 그러나 분명하게 알 수 있는 한 가지는, 바로 주님의 뜻이 어디에 있는지를 먼저 묻는 것이었다. 이 물음이 무엇보다 중요하다. 생사화복을 주관하시는 하나님만이 모든 것을 알고 계시기 때문이다.

기독교인이 개업한 장소에 가면 늘 액자에 걸려 있는 성경구절이 있다. '네 시작은 미약하였으나 네 나중은 창대하리라'라는 것이다. 이 성경구절을 중앙에 떡하니 붙여 놓은 것을 보면, 믿음이 꽤나 있어 보이지만, 나는 그런 분들의 믿음을 믿지 않는다.

집사님은 '지금 몹시 괴롭다, 20명이 넘는 직원들 월급 주기도 벅차다,

언제쯤 장사가 잘 될까?'라고 하소연하였다. 나는, 아니 우리 모두는 알 수가 없다. 그렇다고 내가 기도해서 될 일도 아닌 것이 분명하다. 왜냐하면 지금 가장 간절한 사람은 내가 아니라, 내 앞에 있는 주인들이기 때문이다. 나는 그들에게 조언과 충고를 아끼지 않고 말해 주면서 간단한 기도를 가르쳐주었다.

"나야 뭐, 이렇든 저렇든 관계가 없지요. 힘든 것은 두 분 집사님입니다. 두 분이 오늘부터 삼일 간 금식하면서 기도하세요. 하나님이 시켜서 오픈한 식당이라면 하나님께서 책임지겠지만, 본인들 계획 아래 시작한 일이라면 주님께 물어보세요. '주님, 이 식당에 희망이 있는 것입니까? 주님이 명령하는 대로 순종하겠습니다.' 다른 기도는 하지 말고 이렇게 만 기도하십시오. 그리고, 주님의 뜻과 명령을 따르세요. 그것만이 여러분이 살 길입니다."

부부는 삼일 동안 금식기도를 했다. 가장 바쁜 연말인데도 모든 걸 걸고 주님께 기도했다. 마침내 집사님은 기도의 응답을 받았다.

"초가 있고 촛불이 있는데 바람이 불어와서 희미한 불꽃이 춤을 추더군요. 그 초를 바라보며, 제발 꺼지지 말고 훨훨 타오르기를 기도했어요. 하지만 간절한 제 마음과는 반대로 촛불이 꺼져 버렸습니다."

그분의 응답은 의미가 분명했다. 그리고 꿈은 또 이어졌다. 이번에는 남자 집사님이 꿈을 꾸었다. 집사님이 땅 속에 묻혀 있었다. 그런데 집사님은 덮어져 있던 흙을 헤치고 밝은 빛이 비치는 지상으로 나왔다. 그러자 집사님 옆에서 시들어 죽었던 꽃들이 다시 일어나 살아났으며, 등 뒤에서 비둘기 떼가 하늘로 올라가는 것이었다.

266

부부는 한때 누구보다 주님을 사랑하는 가운데 축복된 삶을 살았다. 그런데 레스토랑을 시작하면서부터 부부의 삶은 천국의 삶이 아닌 지옥 같은 삶이 되고 말았다.

사실 누구든지 싸우고 싶어서 싸우는 사람은 없다. 그리고 악에 사로잡혀서 살고 싶은 사람 또한 없다. 물론 더러는 계획적으로 싸우고 악을 일삼는 사람도 있지만, 그 모든 것은 사실 마귀의 짓인 것이다. 평안한 마음을 갖고 싶지 않은 사람이 어디 있으며, 잔잔한 호수와 같은 삶을 살고 싶지 않은 사람이 어디 있겠는가. 그러나 우리의 마음속에 천사가, 예수님이, 성령님이 주인 되지 못하고 마귀가 주인이 되면 그 결과는 분명한 것이다.

우리에게는 자유가 있다. 선택할 수 있는 자유. 어떤 것을 선택했느냐에 따라서 좋은 열매를 얻을 수도 있고, 그렇지 못할 수도 있다. 예수님을 아는 것과 믿는 것과 순종하는 것은 다르다. 율법을 알고, 예수님의 말씀을 알고, 성령을 아는 것은 물론 중요하다. 그러나 아는 것보다는 믿는 것이 중요하고, 믿는 것보다는 순종하는 것이 더 중요하다. 행동하는 것, 선을 선택하는 것, 순종하는 것, 그것이 중요한 것이다. 그러나 순종하기 위해서는 먼저 주님의 뜻을 알아야 한다. 주님의 뜻을 알고 순종하기 위해서는 아이처럼 먼저 일을 저질러 놓고 아버지께 맡기는 것이 아니라, 살아계신 주님께 먼저 길을 물어야 한다. 그것이 올바른 신앙일 것이다.

우리가 알고 믿는 주님은 항상 우리와 함께 하신다. 그러기에 중요한 것은 예수님을 온전하게 잘 믿는 것이며, 온전한 순종으로 나아가는 것이다. 집사님이 땅 속에 묻혔다는 것은 세상에 빠졌다는 것을 의미한다. 하나님을 믿는다고 하면서도 겉으로만 그럴 뿐이었던 것이다.

집사님의 결단은 그리 오래지 않아 이루어졌다. 12월 말일에 이 집안에 성령 충만한 축복이 임하였다. 집사님은 직원들에게 15일 이내에 다른 일자리를 알아보라고 통보한 후, 한 달이 걸리지 않아 그 레스토랑을 정리했다. 무엇보다 본인들의 믿음과 주님을 향한 마음, 그리고 주님의 인도와 약속을 분명히 받았기에 과감하게 정리할 수 있었던 것이다.

"밤마다 다투곤 했던 것은 이제 옛날 이야기가 되었습니다."

지금은 새벽에 일찍 일어나 성경을 읽으며 하루를 시작한다고 했다. 식당에서 쏟았던 열정이라면 못할 일이 없을 것이라는 자신감을 갖게 되었다고도 한다. 부부는 자기들의 뜻대로 일을 저질러놓고 주님께 수습을 해달라고 기도를 하는 어리석음을 다시는 행하지 않겠다고 다짐하면서, 무덤에서 자기를 살려주신 주님께 기도하며 남은 생을 살겠노라고 환하게 웃었다.

그 후, 나는 믿음이 없다는 러시아 며느리에게 나의 러시아판 간증집 『사랑의 열쇠』도 전해주고, 사흘 간의 특별 금식 기도에 대해서도 가르쳐 주었다. 며느리는 '머리로는 하나님이 믿어지는데 가슴에는 와닿지 않는 답답함'을 호소하였다.

간절한 가족들의 마음이 전달되어서일까? 며느리도 하나님의 음성을 듣고 체험하는 놀라운 일이 생겼다. 우리 가족과도 가까워져서 그야말로 또 하나의 '믿음의 가족'이 생겼다.

나는 일거양득이라는 사자성어를 좋아한다. 어머니의 간절한 믿음의 기도가 남편과의 관계도 회복시키고, 어렵게 이끌어오던 사업체도 정리하여 새로운 길을 찾게 되었을 뿐 아니라, 믿음이 없는 며느리가 눈물의 기도를 하고 새 사람이 되는 기적 같은 일까지 생겼으니, 이는 일거양득이 아닌 일거삼득이 된 셈이다.

주님을 위해 무엇을 버렸는가?

70대의 노신사가 나의 책을 읽고 수소문 끝에 나를 찾아왔다. 지하철을 타고 버스로 갈아타고 두 시간 넘게 걸려 한참 어린 나를 찾아온 노신사는, 내 간증집을 여러 차례 밑줄 치고 동그라미를 그려가며 감명 깊게 읽었다고 했다.

그는 미국 하버드 대학교를 졸업한 박사일 뿐 아니라 영국의 유명 대학에서 또 다른 박사학위들도 받았다고 했다. 종교학도 공부했고 성경을 깊이 공부하여, 영어와 히브리어까지 유창했다. 이렇게 유명한 박사님이 나를 찾아온 이유를 알 수 없어서, 아주 조심스럽게 여쭈었다.

"도대체 왜 저를 찾아오신 거죠?"

"요셉의 책을 읽었는데, 그것이 내 뼈를 때렸다!"

무엇이 뼈를 때릴 정도로 그를 깨닫게 했는지 궁금했다. 누구나 예수님을 만나고 싶고 하나님의 뜻대로 살기를 원한다. 그러나 하나님의 뜻대로 산다는 것은 말처럼 쉬운 일이 아니다. 예수님을 모르는 사람이 어디 있겠는가? 예수님을 믿는다고 하는 사람은 많다. 그러나 예수님을 알고 믿는 것도 중요하지만, 예수님은 누구든지 나를 따르라고 말씀하셨다. 그것도 자기의 십자가를 지고 자기를 부인하고 따르라고 하셨다.

하나님의 세계를 공부하면 하나님과 가까워질 줄 알고 공부를 시작했던 그는, 공부를 할수록 학위를 받을수록 하나님과는 더욱 멀어지는 느낌을 받았다. 삶 속에서 신의 간섭과 은총을 받는 일은 그저 책 속에 있는 과거형에 불과한 것이라고 간주하기에 이르렀다.

하나의 학위로는 부족해서 유명 대학의 박사학위를 두 개나 더 받은 노신사는 숨 쉴 틈 없이 히브리어와 영어 성경을 비교해 가며 그 깊은 뜻을 설명하셨다. 그런데 그의 이야기의 끝은, 단 하나! 전능하신 하나님과의 만남을 구하여, 힘쓰고 애써서 기도를 했지만, 기도가 하나도 이루어지지 않았다는 것이다. 순간 나는 그의 얼굴 표정에서 자신의 지나간 인생사를 허무하게 여기고 있다는 것을 역력히 읽을 수 있었다.

"나는 주님을 위해서 무엇을 버렸는가?"

노신사를 자신의 인생을 뒤돌아보면서, 버린 것보다 하나라도 더 보태고자 기도하며 애쓴 자신을 발견하였다. 예수님의 첫 번째 제자 베드로는 예수님을 만나고 그물과 배를 버리고 예수님을 쫓았다. 이것이 성경에는 간단하게 한 줄로 기록되어 있지만, 배와 그물을 버린다는 것은 결코 쉬운 일이 아니다.

진실된 믿음으로 살아가고자 한다면, 자기 자신의 삶 속에서 최우선순

위가 무엇인지를 잘 살펴보아야 한다. 우리가 추구하고 얻고자 하는 것들은 무수히 많다. 그러나 그 얻고자 하는 것들이 하나님을 배우고 하나님과 함께하길 바라는 목적이라면 별 문제가 있을 리 없다. 노신사는 자신도 모르는 사이에 학문을 자신의 머리로 삼고, 지식을 자신의 입술로 삼게 되었다. 학문과 지식이 그의 주인이 되어 버린 것이다.

주님이 계시지 않는 마음에는 평안이 없고 불안에 쫓기게 된다. 예수님을 믿는다고 하면서 예수님으로부터 받은 재산이 없다는 것은, 종일 일하고 일당을 받지 못한 품꾼과 다를 바가 없다. 신앙의 재산도 분명히 있어야 한다. 믿음으로 말미암은 재산은 학위에 있는 것이 아니다. 어떤 과정을 이수했다고 해서 신앙의 재산이 생기는 것은 아니다. 예수님의 재산은 학위도 지식도 아닌, 주님이 주시는 평안이다.

신앙인들이 크게 착각하고 살아가는 것 중 하나가 예수님의 재산이 무엇인지 모르면서 신앙생활을 하고 있다는 것이다. 결정적일 때 쓰러지고 시험에 빠지고 헤매는 것은, 우리 안에 예수님의 재산이 없기 때문이다.

노신사는 나의 책을 여러 권 더 구입하였다. 자기가 사랑하는 이들에게 선물을 하고 싶어서였다. 책을 읽었다고 해서 변하는 것은 아니다. 읽기만 해서는 변화가 생기지 않는다. 과거와 똑같은 일상이 되풀이될 뿐이다. 자기 스스로 마음을 비우고 기도해야 하고, 그 기도 방법을 배워서 실천해야 한다.

베드로는 예수님을 만나서 모든 것을 버렸고, 예수님을 따라 물위를 걸었으며, 그러고서도 또 세 번이나 그분을 부인하였다. 그래도 결국 그는 예수님을 따르는 제자가 되었다. 그 영광의 길을 걷기까지 첫 번째로 베드로가 한 행위는 모든 것을 버렸다는 것이고, 이는 매우 중요한 것이다.

신앙은 믿음 가운데 순종하는 것이다. 신앙은 자기 자신이 죽어야 열매가 맺히는 것이다. 이 모든 것은 하나님께서 주셔야 가능한 일이다. 우리는 하나님의 뜻을 구하고 순종하는 삶을 살아야 한다.

"나는 주님을 위해 버린 것이 하나도 없습니다."

노신사는 이렇게 마지막 고백을 하면서, 스스로 자책하며 고개를 떨구었다. 우리 모두는 하나님의 재산이다. 하나님의 소유다. 우리는 살아가면서 양 갈래 길에서 늘 선택해야 하는 순간들이 있다. 어느 쪽을 선택해도 숨 쉬고 살아가는 것은 마찬가지이다. 그러나 주님이 원하는 그 길, 주님과 함께 하는 길을 선택하는 것이 결국 천국 열매로 이어진다는 것을 알아야 한다.

누가 주인인가

34세 남성이 나를 만나고 싶다고 연락을 해왔다.

나의 책을 읽게 된 날 밤엔 잠을 못 이룰 정도로 감동을 받은 나머지 요셉처럼 살아계신 주님을 만나고 싶은 마음이 가득하였다. 그때까지 기도해 왔던 기도제목이 바뀌고 변화가 오기 시작했다. 그는 한국 교회 안에서 이단으로 분류된 공동체에서 신앙생활을 하는 청년이었다.

"왜 우리 교회에서는 이렇게 교육하는 선교사가 없을까?"

청년은 주님의 뜻대로 살아가며 전도하는 나의 이야기에 감동받아 여러 권의 책을 구입하여 그가 섬기는 교회의 목사님과 성도들에게 선물하였다.

그의 바람에 따라, 우리는 대전역 광장에서 처음으로 만났다. 나는 대구에서 기도회를 마치고 서울로 올라가던 중, 대전에서 잠시 하차하여 대전역 시계탑 아래에서 그를 기다렸다. 청년은 오토바이를 타고서 한 시간 정도를 달려왔다고 했다. 아침식사를 하지 않은 우리는 가까운

분식집에 들어가 간단히 아침을 먹고 카페에서 대화를 나누었다.

육군 대위 출신의 청년은 지금껏 살아온 자신의 삶을 줄줄이 보고하듯이 이야기해 주었다. 젊은 나이임에도 불구하고 그의 삶은 그야말로 파란만장 자체였다.

"너에게는 어지러운 영이 들어 있구나!"

그와의 대화 도중인데도, 나는 말하지 않을 수 없었다.

"저는 어지럽지 않은데요."

나는 그에게 간단하고 쉽게 하나님의 세계와 우리의 삶의 자세에 대하여 설명해 주었다. 술 취한 사람은 자신이 술에 취했다고 말하는 사람이 한 명도 없다. 주정뱅이는 술에 취해 흔들거리며 길을 걷다가도 도로에게 움직이지 말라고 명령한다!

인간이 무엇인가에 취하면 취한 것이 주인이 되어 버린다. 술 뿐 아니라 도박, 마약, 게임 등, 우리의 정신세계를 지배하는 것들은 다 마찬가지다. 그것들이 삶의 중심에 자리 잡게 되면, 우리의 몸은 그 명령에 따라 움직일 수밖에 없다. 그의 삶의 과정과 그를 주장하는 세력이 선하신 하나님이 아닌 반대의 세력이 움직이고 있음을 그에게 이해하기 쉽게 설명했다. 그러자 그도 그런 자신이 싫고 그렇게 살고 싶지 않다고 고백하였다.

캐나다에서 6개월, 베트남에서 1년, 이 직장에서 5개월, 저 직장에서 5개월, 이 사람과 3개월 사귀고 헤어지고 또 다른 사람을 만나…. 그는 한 곳에 정착하지 못하고 수시로 자리를 옮겨가며 지금까지 살아왔다고 고백했다. 그의 부모님은 그런 그가 못마땅하여 늘 눈물로 그를 바라보며 슬퍼하신다고 했다.

살아가는 데 있어서 기준은 매우 중요하다. 세상 사람들은 세상의 기준에 맞춰 살아가지만, 하나님을 믿는 사람들은 하나님을 기준하여 살아가야 한다.

하나님을, 예수님을, 성령님을 믿는다고 하면서도 자기의 기분이나 생각대로 살아가면 누가 책임을 질 것인가? 하나님을 믿으면 하나님의 법 테두리 안에서 진리 가운데 자유를 갖고 살아야 한다. 그런데 이 청년은 자기 맘대로 살았다. 하지만 자기 마음대로 살고 싶지 않은 사람이 어디 있겠는가? 그리고 또 하나님의 뜻대로 살고 싶지 않은 신앙인이 어디 있겠는가? 그러면 어떻게 해야 하나님의 뜻대로 사는 신앙인이 될 수 있을까?

우리들의 싸움의 대상은, 우리를 하나님의 뜻대로 살지 못하게 하는 원수 마귀이다. 우리가 알지 못하는 사이에 마귀는 하나님의 뜻을 방해하고 주님을 따라가지 못하게 방해공작을 한다. 나 자신이 어지러우면, 똑바로 서 있을 수 없다. 회전목마를 종일 타다가 내리는 것과도 같다. 그는 입술로는 주님을 믿는다고 하면서도 그의 중심에는 주님이 있지 않고 마귀가 있어 그를 주장하여 지금껏 그를 이끌고 다녔다.

"너는 너 자신을 봤을 때, 예수님이 네 안에 있는 것 같아?"

나의 직설적인 질문이 그를 당황하게 만들었다. 입술로는 "있습니다." 라고 대답하고 싶은데, 눈동자는 입술보다 먼저 "아니, 없습니다."라고 대답하였다. 그러더니 불쑥 대답이 튀어나왔다.

"나도 이렇게 살고 싶지 않아요!"

누가 죄를 지으며 살고 싶겠는가? 누가 끌려다니는 삶을 살고 싶겠는가? 마귀가 우리 안에서 우리를 주장하기 때문에 우리가 쉽게 사탄이될 수 있는 것이다. 예수님의 제자 베드로조차도 주님께 사탄이라고 질책을 받은 일이 있지 않은가.

청년의 진심어린 고백이 이어져 갔다. 그의 고민, 걱정, 그리고 혼란스러운 본인의 일상 모두 자기 본심과 상관없이 움직여 왔음을 고백했다. 나는 그에게 용기를 가지라고, 마치 주일학교 교사처럼 쉽게 말해주었다.

지금 이 시간 우리에게 필요한 것은 오직 하나 바로 예수님이다, 그러니 그 예수님을 믿고 아무것도 걱정하지 말고 기도하자, 내가 믿는 예수님은 우리에게 진정한 자유를 그리고 평화를 주신다, 언제나 그를 믿고 간절히 기도할 때 모두 이루어진다, 오늘부터 삼일 간 저녁 금식을 하도록 하라! 그리고 딱 일 분만 기도하라고 일렀다.

"주님, 나를 불쌍히 여겨 주세요. 그리고 나를 도와주세요. 순종하겠습니다."

그는 베트남 아가씨와 결혼하여 베트남에서 살 계획이었다. 나는 그에게 자기의 모든 계획과 생각을 내려놓고 먼저 주님께 기도하라고 하였다.

그는 나에게 세 가지 선물을 준비하여 왔다. 비타민C 10개, 과일음료

10병, 본인의 헌혈증 10개를 나에게 건넸다. 헌혈증을 선물로 주는 그가 조금은 궁금해졌다. 헌혈증은 헌혈을 했을 때 받는 증서로서, 수술할 때 피가 모자라면 헌혈증을 제시하면 수혈을 받을 수 있다. 그는 지금 자신에게는 돈이 없어서 선교사님께 드릴 것이라곤 이것이 전부라고 했다.

우리는 짧은 기도 후에 헤어졌다. 그는 처음 만났을 때보다 훨씬 편안해 보였다.

사흘이 지나기도 전에 그에게서 문자가 왔다. 금식하며 기도를 했는데, 주님이 그에게 날마다 편지를 주셨다. 그 편지 내용이 실로 놀랍고 놀라웠다.

주님이 성경을 그에게 전해주며 "성경 잘 읽고 성경대로 살아라."라고 하시면서, 지금 교회를 나가지 않고 있는 여동생을 다시 전도하여 함께 성경을 읽으라고 하셨다는 것이다. 그리고 전역한 군부대에 다시 취직하는 조금은 엉뚱한 꿈을 꾸었다고 했다.

예수님은 사람이 상상할 수 없는 방법으로 우리의 삶 속에서 일하신다. 그를 혼란스럽고 어지럽게 이끌고 다녔던 악한 영을 주님께서 물리쳐 주시니 그는 온전히 주님을 바라볼 수 있었고, 그런 그가 가야 할 길을 주님이 인도해 주셨던 것이다.

그는 그날 즉시 여동생을 찾아가 잃어버린 믿음과 신앙을 회복하게 했다. 여동생은 스스로 회개하고 주님 앞에 엎드렸다.

그는 전역한 부대에서 직원을 뽑는다는 공고를 보고는 원서를 접수하였고, 기적같이 합격하였다. 인턴 생활을 마치고 정직원이 되었다고 멀리 러시아에 있는 나에게 감사의 편지를 보내왔다.

그는 또 부모에게 효도하라는 주님의 응답을 받았다. 첫 월급을 타자 부모님 모시고 처음으로 자신의 돈으로 멋진 레스토랑에 갔다고 했다. 부모님은 눈물을 흘리셨는데, 전에 아들의 방황 때문에 흘렸던 눈물과는 전혀 다른 기쁨과 감사의 눈물이었다.

한 사람을 만난다는 것, 그리고 진실로 주님 앞에 간절히 기도한다는 것, 그리고 그 한 사람이 회개하여 변화된다는 것, 그것이야말로 진실로 살아계신 전능하신 주님이 우리에게 바라시는 것이다. 이방 종교에 빠진 그 청년도, 참 종교인도 주님은 한결같이 사랑하시며 생사회복을 주관하신다. 또한 심판도 그분의 몫이다.

하루하루 그분의 뜻에 맞춰 순종하며 살아가길 소망할 뿐이다.

신앙의 첫걸음은 자기 직시에서부터

"이제야 신앙생활을 시작하는 것 같다."

러시아 목사님 알렉의 고백은 나를 당황하게 만들었다. 알고 지낸 지 3년이 되었으나 나는 그의 속마음을 단 한 번도 들어보지 못했다. 그런데 어느 날 새벽 기도를 올린 후 잠이 들었는데, 주님께서 나에게 알렉의 속사람을 보여주셨다. 겉으로는 늘 웃으며 성실한 그였는데, 속사람은 아주 잔인한 모습이었다.

너무 놀라서 꿈에서 깬 나는 왜 3년이 지난 지금에야 그의 모습을 알게 하셨을까, 고민하지 않을 수 없었다. 며칠이 지난 후 교회에서 그를 만날 수 있었다. 그의 얼굴을 보니 하나님께서 나에게 주신 메시지를 그에게 전해야겠다는 마음이 생겼다. 성령님이 주신 마음일 게다.

"오해하지 말고 내 말을 들으세요. 새벽에 하나님께서 당신의 속사람을 보여주셨는데…."

나는 차분히 그에게 하나님께서 주신 메시지를 전달했다. 처음엔 그의 표정은 '아니다, 나는 그런 사람이 아니다.'라는 표정이었다. 두 팔을 양쪽으로 벌리며 부정하는 표현을 하였다. 그러나 나는 그동안 쌓은 신뢰와 믿음이 있었기에 인내하면서 귀를 기울였다. 하지만 그의 부정은 오래가지 못했다.

"요셉, 사실 나에게 큰 고민이 있어요. 나의 불같은 성질이 나를 괴롭게 만들어요. 얼마전 집에서 아내와 어머니 사이에 말다툼이 일어났어요. 그만하라고 여러 번 말했으나 계속해서 다투는 모습에 폭발하고 말았어요. 컴퓨터 모니터를 들어서 식탁 모서리에 찍어 내려 부숴 버렸어요. 그랬더니 다툼이 멈춰지고 조용해지더군요."

그 광경을 네 살 된 아들이 지켜보고 있다가 놀라서 울음을 터뜨렸다. 하지만 아들의 충격은 그때 끝난 것이 아니었다. 그 일이 있은 후에는, 자신의 아들의 눈을 바라보기만 해도 질겁을 하고 바지에 오줌을 싼다고 했다. 자신이 보통 사고를 친 게 아니었음을 뼈저리게 느꼈지만, 이미 늦어 버렸다.

'아, 내 속에 이런 무섭고도 잔인한 성질이 있구나. 얼마나 무서우면 아들이 눈만 마주쳐도 울고 오줌을 쌀까?'

목사로서, 아빠로서, 모든 것이 무너지는 시간이었다. "성질아, 죽어라! 마귀야, 나가라!"라고 성질을 잠재우려고 하지만 그때뿐, 또 무슨 일이 생기면 자기 안에서 불같은 성질의 다른 사람이 튀어나오곤 한다고 고백했다.

어떻게 눈이 마주치기만 해도 무섭고 두려워서 우는 것일까? 우리의 눈 속에는 모든 것이 들어 있다. 기쁨의 눈, 슬픔의 눈, 간교의 눈, 분노의 눈, 사랑의 눈, 동정의 눈 등, 영적인 존재인 우리의 눈 속에는 우리의 모든 것이 담겨 있는 것이다.

목사님은 본래는 그런 성격의 소유자가 아니었다고 고백했다. 젊은 시절 외삼촌이 운영하는 건축회사에서 많은 직원들을 관리하는 일을 하면서 외삼촌의 영향을 많이 받았다고 말했다. 그의 외삼촌의 성질은 그야말로 불이었다. 삼촌의 딸이 말을 안 들으면 성질로 딸을 다스리는 모습을 보면서, 멋진 카리스마라고 여겼다. 그러면서 자신도 모르는 사이에 직원들에게 인상으로 눈빛으로 대화하는 버릇이 생겼다.

어느 날 지하철을 함께 타고 가던 동료가 그에게 다가와 "당신 지금 누구와 싸우러 가느냐?"라는 질문을 받고는 유리창에 비친 자신을 보니 자신도 놀랄 정도로 사악한 얼굴을 하고 있었다. 그는 외삼촌의 카리스마가 멋있어 보여 자기도 모르게 그걸 배우고 스스로 악을 먹었다고 분석했다. 그 후 결혼하고 아이들 아빠가 되었고 신학을 공부하여 목사가 되었다. 그러나 결정적일 때 그에게서는 그때 그 악한 속사람이 튀어나와, 모든 것을 강압적으로 일시에 정리했다.

그 결과, 부인도 아이들도 그를 무서워하여 그의 눈빛만 봐도 모두 숙연해졌다. 그런데 정작 자신은 괴로웠다. 지금은 목회자로서, 세 아이의 아빠로서, 그리스도의 한결같은 사랑을 보여주어야 마땅한데도 때마다 잔인한 성질로 모든 것을 태워버리니 열매가 있을 리 없었다. 심각성을 깨달은 그는 이제야 나에게 모든 것을 이제야 털어놓은 것이다.

사흘 동안 금식하며 주님께 간단하게 기도하라고 가르쳐주었다.

"주님, 나를 불쌍히 여겨주세요! 저도 악한 제가 싫어요. 도와주세요!"

죄를 짓고 싶어서 짓는 사람이 어디 있겠는가? 술을 끊고 싶어도, 마약을 끊고 싶어도, 용서하고 싶어도, 주님을 잘 믿고 싶어도…, 눈에 보이지 않는 세력의 간섭이 우리를 주장한다. 그러기에 우리가 주님께 간구하고 기도하는 것이 매우 중요한 것이다.

그는 사흘 금식을 마쳤다.

"나는 어쩌면 목회자를 그만둘지도 몰라요."

그의 속에 강한 악이 자리 잡고 있어서 누군가에게 복음 진리를 전달하는 것이 쉬운 일이 아니라는 것을 고백했다. 아무나 주님의 제자가 될 수 없다. 하나님께서 보내주신 자만이 예수님 앞에 설 수 있고 제자가 될 수 있다.

그는 신학을 공부하여 목사로서 지금까지 왔지만, 주님의 간섭에 대해서는 확신이 없었다. 그래서 아내와 가족들에게 주님의 확신이 없으면 목회자의 길을 그만 걸을 것이니 그리 알고 있으라고 통보한 터였다. 그를 볼 때마다 자기와의 싸움으로 더욱 고민에 빠져 있다는 것을 그의 얼굴을 보고 알 수 있었다. 그런 시간이 그에게는 절실히 필요했던 것이다. 누가 도와줄 수 있는 문제가 아니었다. 스스로 간절히 원해야 한다.

"요셉, 5분만 시간을 주세요."

알렉 목사가 면담을 신청했다. 그는 새벽에 놀라운 응답을 받았다고 했다. 평생 꿈을 꾸지 않는 사람이어서 어떤 꿈을 꾸었을까? 실로 궁금했다.

땅속 동굴에서 곰 한 마리가 나와서 그를 쫓아왔다. 그러자 그의 몸속에서 자신의 키와 비슷한 사탄이 나오는 것이 아닌가! 놀라서 재빨리 도망쳐서 사탄과 분리되는 꿈이었다.

놀랍지 않을 수 없었다. 우리 속에 무엇이 살고 있는가를 단적으로 보여주는 꿈이 아닐 수 없다. 그는 지금까지 예수님을 믿지 않았다고 고백했다. 목사로서 어떻게 그런 고백을 할 수 있는지, 나는 놀라지 않을 수 없었다. 하지만 그것이 현실이다! 목사라고 해도 신앙의 현실은 저마다 다른 것이다. 사실 그는 하나님이 아닌 자기 자신을 믿었다. 하나님은 그저 성경 속 이야기에나 등장하는 정도로 알고 있었던 것이다. 그는 스스로를 믿고 기도하면서 지금까지 살아왔다고 진솔하게 말했다.

그런데 이제 확신이 왔다. 그 확신은 전능하신 하나님이 살아 계시다는 것이고, 자기 자신이 악의 세력에서 벗어나 마음에 평안이 깃들었다는 것이다. 그는 이제 소망이 생긴 것이다.

"지금부터 나의 신앙생활이 시작되었다."

이 같은 러시아 목사의 솔직한 고백이 나로 하여금 주님 앞에 고개를 숙이게 만들었다. '나도 과연 저런 고백을 할 수 있을까?' 누구나 그런 질문을 스스로 할 수 있어야 한다는 생각이 들었다. 목사님은 내게 기도를 요청하였다.

"요셉, 다시는 사악한 것이 내 안에 들어오지 못하도록 기도해 주세요."

그의 어린아이 같은 부탁을 예수님은 들어주실 것이다.

아이를 선물로 주신 하나님

20대 중반의 우즈베키스탄 부부의 이야기를 전하려고 한다. 상트 페테르부르크에서 변호사 일을 하는 스물여덟 살의 파리드는 180센티미터의 건장한 남자이고, 공항에서 일하는 아내 루샤냐는 전형적인 중앙아시아 미인이다.

일 년 전 어느 날, 나는 파리드의 형수 집에 심방을 갔다가 놀러온 이 부부와 자연스럽게 저녁식사를 하며 나눔을 갖게 되었다. 내가 만나러 갔던 사람은 뒷전이 되고, 오히려 손님으로 온 그들 부부와 더 많은 이야기를 나누었다. 나의 책을 선물로 주고는 헤어졌다.

한눈에 보기에도 선하고 성실해 보이는 부부가 나의 말에 귀를 기울이고 공감하며 이야기를 끝까지 들어주었던 것이 매우 좋은 인상으로 남았다. 그들은 결혼 3년 차인데도 아이가 생기지 않는 것이 가장 큰 고민이었다.

그들은 조상 대대로 무슬림이었다. 그러나 파리드는 미국 유학 당시 큰 어려움을 겪었다. 다리가 골절되어 일도 하지 못하고 학교도 갈 수 없는 상황이 되었을 때, 하나님이란 단어가 마음속에 떠오르면서 속으로 간절히 하나님을 부르면서 기도하게 되었다. 휠체어에 앉아서 할 수 있는 일을 하고 수업을 마치고 돌아왔던 일은 기적이었다고 회상했다. 그는 그때 찾았던 하나님을 잊지 못하였기 때문에 내가 자랑하는 하나님을 자연스럽게 받아들일 수 있었던 것 같다.

그러나 아내 루샤나는 하나님을 믿을 수 없으며, 하나님과 예수님을 잘 모른다고 했다. 아이가 생겼다가 세 차례나 유산되어 슬픔에 잠긴 루샤나에게 나는 평소 어떤 꿈을 꾸느냐고 물어 보았다. 그녀는 항상 무서운 꿈을 꾼다면서, 꿈 이야기를 했다.

상자가 있어서 열어 보니 독사가 튀어나와 놀라서 꿈을 깬 적도 있었고, 장롱 문을 여니 그 안에 사탄이 있어서 놀라서 깬 적도 있었다. 웬일인지, 사탄이 등장해서 놀라서 깨는 꿈을 자주 꾸었다. 임신 중에 그런 꿈을 꾸니 좋은 일이 있을 리가 있겠는가? 짐승도 태중에 생명이 있을 때 놀라면 유산을 하는데, 하물며 더욱 민감한 인간은 어떠하겠는가!

나는 그들 부부에게 물었다. "천사가 있음을 믿습니까, 사탄이 있음을 믿습니까? 사탄이 있다면, 누가 사탄을 물리쳐 줄 수 있을까요?"

그들은 서로 눈만 바라보며 대답을 하지 못했다.

"내가 질문을 했지만 내가 대답을 할게."

사탄은 오직 예수님 이름으로만 물리칠 수 있다, 하지만 본인들 스스로가 예수님을 부르고 예수님께 부탁을 해야 예수님이 들어주신다고 가르쳐주었다.

남편 파리드는 싱글벙글 웃으며 아멘을 했으나, 아내는 반신반의하며 대답을 하지 않았다. 조상 대대로 이슬람을 믿었는데 갑자기 예수님을 부르고 기도하라고 하니, 쉽게 받아들일 수가 없었을 것이다. 도저히 예수님을 부를 수 없다고 하여 어쩔 수가 없었다.

어느 토요일 오후, 나는 그들 부부를 초대하여 한국식당에서 음식을 먹으며 대화를 나누었다. 믿음도 들음에서 난다는 성경구절처럼, 이들에게 계속해서 나의 하나님과 살아계신 예수님 이야기를 전해주니 그들은 재미있다면서 나의 이야기를 집중해서 들었다. 그들은 내 얘기를 듣고는 믿음이 간다고 하면서 "우리는 이미 형제"라고 말했다.

"예수님, 사탄을 물리쳐 주세요!"

나는 그들에게 그렇게 기도하라고 가르쳐주었다. 신기하게도 루샤냐가 먼저 입을 열어 기도를 따라 했다. 어느 민족이든 어떤 종교를 가졌든, 창조주 하나님은 믿고 기도드리는 자의 기도를 들어주신다.

세 번째 만남은 내가 그들의 집으로 방문해서 저녁 식사를 하면서 이루어졌다. 그들은 이미 나와 가족처럼 따뜻하고 친밀한 관계가 되었다. 루샤냐의 기도는 그녀의 꿈에서부터 증거로 나타나기 시작했다. 사탄이 물러나고 희망이 보이는 꿈을 꾸었다고 했다. 꿈 이야기를 전하는 그녀의 얼굴에 기쁨이 가득했다.

그 후 놀라운 소식이 전해져 왔다. 파리드가 전해온 소식은 아내가 임신했다는 소식이었다. 그리고 얼마전, 건강한 아들을 낳았다.

그토록 얻고 싶은 아들이 생겼지만 아들이 생겼다고 해서 인생의 모든 것이 이루어진 것은 아니다. 살아가면서 또다른 숱한 문제가 그를 기다리고 있으리라. 그리고 어떤 일이 그를 기다리든, 늘 가까이 우리와 함께 계시는 하나님을 더욱 잘 믿는 기회로 삼고 믿음의 키를 키워 나가야 하리라.

선하신 하나님은 우리의 마음을 감찰하신다. 파리드는 정말 성실하고 하나님을 진실로 사랑하는 마음을 갖고 있다. 함께 기도를 하고 예수님의 이름으로 기도를 마치면, '아멘'을 큰 소리를 외치는 그가 사랑스럽다.

젊은 이슬람 부부에게 일어난 하나님의 놀라운 역사는 그들뿐 아니라 하나님을 이론으로 믿었던 다른 이들에게도 증거가 되어 믿음이 성장하는 계기가 되었다.

울지 마, 알렌!

상트페테르부르크에서 처음 사귄 친구, 알렌의 이야기를 하고 싶다. 나보다 한 살 많은 이란 국적의 알렌은 195센티미터의 큰 키에 100킬로그램이 넘는 당당한 체격을 지녔고, 네 개 나라의 언어에 능통하다. 페르시아어, 영어, 러시아어에 한국어도 잘 했다. (서울에서 8년 동안 살았다.)

어느 선교 세미나에 참석하면서 우리는 자연스럽게 친구가 되었다. 세미나 장소로 이동하는 차량 맨 뒷자리에 앉아서 두 시간 동안 함께 이야기를 나누다 보니 금세 가까워졌다.

뭔가 서로 비슷하다는 느낌이 들었고, 그래서였는지 대화가 술술 잘 풀려 나갔다. 어느덧 우리는 일상적인 이야기를 떠나서 마음에 품고 있는 고민까지도 서로 털어놓게 되었다. 운전하시던 목사님도 차내의 거울을 통해서 우리의 모습을 보시고는 어떻게 금세 친구가 되었느냐면서 앞으로 잘 지내라고 응원해 주셨다.

나는 러시아에 선교하러 왔으니 러시아 곳곳을 다니면서 복음을 전하지만, 알렌은 무엇 때문에 러시아에서 머물고 있느냐고 물었다. 나지막한 소리로 차분하게 전한 그의 상황은 이랬다.

12년 전에 한국에서 러시아 아가씨를 만나 결혼을 한 그는 이란으로 가서 행복하게 살고 있었다. 그러던 어느 날 아내가 갑자기 아프다고 해서 병원에 가서 검사를 한 결과 암 판정을 받았다. 그때부터 알렌은 아내와 함께 병원생활을 했다.

처음엔 이란에서 치료를 받았지만, 이란인 의사와 아내가 서로 언어가 통하지 않아 아내의 고향인 러시아로 오기로 하여 이곳 상트페테르부르크로 오게 되었다. 착하고 성실한 알렌은 열심히 일해서 돈을 모아 러시아와 이란 두 곳에 아파트를 소유하고 있었다. 그러나 알렌에게는 돌이킬 수 없는 불행의 시간이 찾아왔다. 여러 차례 수술을 받은 아내가 4개월 전에 세상을 떠난 것이다.

상트페테르부르크는 아내의 고향도, 알렌의 고향도 아니어서 친척도 친구도 한 사람 없는 곳이라 더욱 쓸쓸히 생을 마감해야 했다. 여러 차례 수술을 받는 과정에서 병원비를 충당하기 위해 아파트를 모두 팔아야 했다. 알렌은 현재 월세 아파트에서 혼자 지내고 있다고 했다.

알렌에게 무엇보다 힘든 것은, 둘이서 단 한 번도 다툼 없이 사랑하며 살았는데, 혼자만 남겨진 채 떠나간 아내를 그리워하면서 밤을 보내는 것이었다. 우리는 세미나 일정이 있는 관계로 더 많은 이야기는 나중에 만나서 하기로 하고 서로 연락처를 주고받고 헤어졌다.

우리의 두 번째 만남은, 내가 알렌의 집을 방문하면서 이루어졌다. 지하철을 타고 약속된 장소에 도착하니 알렌이 기다리고 있었다. 함께 아파트에 올라가 집을 둘러보고는 이야기를 나누었다. 아내가 떠난 후로 내가 첫 방문객이라면서 진심으로 반겨주었다.

알렌은 이란 스타일로 맛있는 닭 요리를 정성스럽게 준비해 놓고 있었다. 흰 쌀밥과 손수 만든 김치에 구운 김까지 대령해 놓은 알렌의 정성에 감동하지 않을 수 없었다. 식사를 마친 우리는 이란 차를 마시면서 이야기를 나누었다. 알렌의 고향과 가족, 그리고 세상을 먼저 떠난 아내 이야기를 듣다 보니 시간이 많이 흘렀다.

다른 일정이 있었던 나는 가방을 메고서는 다음을 기약하였다.

"알렌, 우리 다음 주에 다시 만나요!"

"내가 죽지 않고 살아 있으면…."

알렌은 죽고 싶다는 말을 그런 식으로 거침없이 표현하고 있었다. 알렌의 입에서 그 소리를 듣는 순간, 나는 가방을 바닥에 내려놓고는 다시 의자에 앉았다.

"알렌, 그게 무슨 소리야!!"

내가 다그치며 강한 어조로 묻자, 알렌은 그때에야 자신의 현재 상태에 대해 말하기 시작했다. 밤만 되면 세상을 떠난 아내가 너무 보고 싶어 한없이 눈물을 흘린다고 했다. 한참을 슬피 울다 보면 아파트 베란다 창문 밖에 아내가 보인다고 했다.

"아내에게 달려가 아내를 안아주고 싶어. 아내를 붙잡으려고 몸을 날리면 12층 높이의 창문에서 한 순간에 뛰어내릴 수 있어. 그러면, 외롭고 슬픈 이 세상도 금방 끝나고 말 것 아냐? 사랑스런 아내와 언제까지나 함께할 수 있을 것이고."

나는 알렌의 그런 마음을 짐짓 모르는 척하고는 웃으면서 "협박하지 마!"라고 말했다. 그는 뛰어내리려는 동작을 연신 해보였다. 나는 그런 알렌을 진정으로 도와주고 싶었다. 아니 죽지 말았으면 하는 간절한 마음이 생겼다.

아파서 병들어서 죽어가는 사람들은 모두 새 생명 얻기를 기도하는데 멀쩡히 육신이 건강한 사람이 스스로 죽기를 소원한다고? 그렇다면 그에게는 천사가 함께 있는 것이 아니라 사탄이 함께 있는 것이다. 알렌은 주님의 손길이 필요한 영혼인 것이 틀림없었다. 죽고 싶다는 그의 말이 내 귀에는 제발 살려달라는 소리로 들렸다.

"요셉, 나 좀 살려줘! 나는 죽고 싶지 않아! 내 손을 붙잡아줘!"
그렇게 애원하는 소리로 들렸다. 알렌에게 희망과 용기, 그리고 네 곁엔 항상 내가 있을 거라는 믿음을 심어 주었다.

그날부터 나는 매일매일 알렌과 통화하고, 만나기도 했다. 산책을 하면서 많은 시간을 함께 보냈다.

그러던 어느 날, 알렌이 나에게 상트페테르부르크를 얼마나 구경해 보았느냐고 물었다. 관광은 한번도 하지 못했다고 하자 깜짝 놀란 표정을 지으며 나에게 시내 관광을 시켜 준다고 했다. 알렌은 이곳에서 관광 가이드 일도 가끔 하기 때문에 관광 코스를 너무 잘 알고 있었다. 박물관, 궁전, 성당, 강변을 돌아보고 보트도 태워주어서 구석구석을 다니며 신나게 여행을 즐겼다. 이곳 상트페테르부르크에서 이란 친구 알렌에게 관광 안내를 받을 줄은 상상도 하지 못했다. 모든 것이 주님의 뜻 가운데 이루어진 일들이다.

나는 밤마다 주님께 기도했다. 알렌을 지켜달라고….

시간이 두 달쯤 지나자 알렌은 많이 안정되었다. 여기저기 일자리도 알아보고 교회도 열심히 다녔다. 다시 이란으로 돌아가 무슬림에 물들고 싶지는 않다고 고백하기도 했다. 어느덧 믿음의 뿌리가 내리기 시작한 것이다.

5개월이 지난 어느 날, 알렌은 기쁜 소식이 있다며 함께 점심식사를 하자고 전화를 해 왔다. 한국식당에서 알렌이 섬기는 교회 목사님과 셋이서 만났다. 기다리던 러시아 5년 영주권을 받았다는 것과 6개월 후엔 정식 시민권을 받는다고 좋아했다. 알렌은 지난날 자기가 힘들었을 때 하나님께서 요셉을 이곳 상트페테르부르크에 보내주셔서 자기를 살려주셨다면서 하나님께 감사하다고 고백했다. 그 고백을 듣는 순간 나의 가슴은 기쁨에 벅차서 두근거리고 있었다.

나를 상트페테르부르크로 인도해 주신 주님!
제일 먼저 만남을 허락해 주신 알렌!
괴로움에 빠져 있던 알렌을 건져주신 주님!
우리의 형편과 사정을 잘 아는 주님!

알렌의 장모가 한 장의 사진을 알렌의 휴대폰으로 보내왔다. 서른두 살의 예쁜 러시아 아가씨 사진이었다. 혼자 된 사위, 알렌의 외로움을 너무 잘 아는 장모가 알렌에게 아가씨를 소개한 것이다. 러시아 문화를 잘 모르는 사람은 얼른 이해하지 못하겠지만, 이런 일은 러시아에서 드문 일은 아닌 듯하다.

알렌과 나는 장모가 보내준 예쁜 아가씨 사진을 보면서, 한참 동안 서로 웃어 재꼈다. 알렌은 열심히 살면서 돈도 벌고 결혼도 하겠노라고 다짐했다.

사망의 길에서 새 생명의 길로 옮겨지니 이제는 삶에 대한 희망이 솟구치나 보다. 알렌은 결혼을 위해서 기도해 달라고 부탁을 해왔다. 그런 알렌에게 나는 무엇보다도 알렌을 살려주신 분은 전능자 하나님임을 잊지 말고 항상 감사하는 마음으로 살아갈 것을 부탁했다.

"울지 마, 알렌! 이제부터는 감사하며 살아가자!"

잃어버린 여권과 다시 찾은 것들

러시아에서 가방을 도둑맞았다. 8년 전 동쪽 우수리스크 버스 터미널에서 가방과 여권을 도난당한 적이 있었는데 서쪽 상트페테르부르크에서 또다시 가방과 여권, 운전 면허증까지 도난당했다. 예전 경험이 있어서였을까? 여권을 잃어버리자 주위의 많은 사람들이 걱정을 했지만, 정작 나 자신은 그리 염려가 안 되었다. 전에 여권을 영사관에서 만들었던 기억을 되살리면서 크게 어려움을 느끼지 않았다.

경찰서에 찾아가 분실 신고를 마치고 신분증을 갖고서 영사관에 찾아가서 새 여권을 만들려고 했다. 그런데 문제가 있었다. 비자를 받아서 러시아에 입국했기에 러시아 정부로부터 비자를 재발급 받아야 하는 일이 발생했다. 새 여권은 일주일이면 발급되지만 비자가 문제였다. 그 누구도 정확히 나의 문제에 대해서 이야기해 주는 사람이 없었다.

때마침 나의 이란 친구 알렌에게 안부전화가 와서 내 상황을 말하자 얼마 전 알렌의 친구도 나와 같은 일을 당했다고 했다. 자신이 그 친구를 도와서 새롭게 비자를 갱신 받았다며 나에게 걱정하지 말라고 했다. 비자를 재발급 받도록 자기가 도와주겠노라고 나섰다.

새 여권을 수령하고, 알렌과 함께 비자청을 방문했다. 이민국, 출입국 사무소는 수많은 이민자들로 발 디딜 틈이 없을 정도로 북새통을 이루었다.

번호표를 뽑고 기다렸다가는 하루가 다 가도록 일을 볼 수 없을 것이 분명했다. 알렌은 나의 서류를 들고 한 창구로 가더니 나의 상황을 직원에게 말했다. 그러자 나 같은 경우에 일처리를 해주는 다른 창구로 우리를 안내해 주었다.

안내 받은 창구 또한 사람들로 많았다. 알렌은 어떤 마음이었는지 대범하게 그 창구 옆에 서 있더니, 상담하는 여직원에게 나의 서류를 보여주면서 한국 친구가 여권을 분실하여 재발급 받았는데 일 년 비자를 재발급 받고자 한다며 상황을 설명했다. 그 직원은 비자의 종류가 많은데 나의 경우 문화비자라서 이런 일은 처음이기 때문에 상급자의 도움이 필요하다며 잠시 기다리라고 했다.

한참을 상급자와 이야기를 나누고 돌아온 직원은, 나에게 비자를 재발급해 줄 수 없다고 통보했다. 다른 비자는 재발급할 수 있으나 문화비자는 발급할 수 없다면서, 출국을 해야 하니까 3일짜리 비자를 만들어 주겠노라고 했다.

사흘 안에 출국 비자를 받으려면 출국 비행기표와 그 외 서류를 준비해 오라고 했다. 일 년짜리 비자를 재발급 받을 줄 알고 있던 우리는 갑자기 변한 상황에 당황했고 어찌해야 할 바를 몰랐다. 하는 수 없이 우리는 비행기표를 구입하고 비자청에서 요구한 서류를 준비하기에 바빴다. 그런데 나를 초청했던 기관에 대한 앙케이트가 필요했다. 다른 서류 준비는 마쳤는데 초청기관에 대한 작성표는 우리 마음대로 할 수 없어서 그곳에 직접 문의할 수밖에 없었다.

그런데 그곳에서의 대답은 부정적이었다. 이번 일에 직접 관계하지 않겠다는 것이었다. 나를 초청한 기관에서 나는 정작 일을 한 적이 없었기 때문에, 그런 답변도 이해가 갔다. 비자청 직원과 약속된 날짜에 맞춰 알렌과 나는 이른 아침에 비자청으로 갔다. 일을 시작하기 전이었는데도 벌써부터 사람들이 붐볐다.

알렌과 나는 사흘째 비자청으로 출근한 셈이었다. 비자 재발급 창구의 번호표를 뽑아서 우리 창구로 향해 가려고 돌아서는데, 바로 내 앞에 나를 초청해준 기관의 관리 담당자 알라 선생이 서 있는 것이 아닌가.

순간, 나는 큰 목소리로 "알라!"하고 외쳤다. 그러자 그녀도 "요셉!"하고 내 이름을 불렀고, 우리는 격하게 포옹하며 인사를 나누었다. 그녀도 그 기관에 일이 있어서 급히 오는 길이었다. 내가 꼭 필요한 서류에 사인을 해줄 초청기관 담당자를 비자청에서 절묘하게 만나다니, 놀라운 기적이었다. 내 사정을 듣고 나서 그녀는 우리와 함께 창구로 다가갔다.

나의 신변을 보장해 주는 서류에 알라가 모든 빈곳을 채워가며 질문지를 작성했다. 창구 직원도 러시아 사람이 서류를 작성해 주니 백퍼센트 믿었고, 그리하여 모든 서류가 통과되었다.

그런데 분실했던 여권이 놀랍게도 사흘 만에 다시 돌아오는 일이 발생했다. 그러나 이미 새 여권을 신청하고 재발급 받은 상태여서 구여권은 사용할 수가 없었다. 그러나 구여권에 일 년짜리 비자를 받았던 증거가 있어서 새 여권을 재발급 받을 수 있는 근거가 마련된 셈이었다.

상트페테르부르크의 인구는 6백만 명이다. 그런데 그렇게 바쁜 사람이 어떻게 같은 공간에서 같은 시간에 만나서 문제의 서류를 완벽하게 퍼즐처럼 맞추어줄 수 있었는지, 아무래도 너무 절묘한 만남이었다는 생각이 들었다.

"하나님이 우리를, 요셉을 도우셨다."

알렌이 이 상황을 지켜보며 나에게 말했다. 알렌의 입에서 "하나님이 함께하셨다."라는 말을 들으니 너무 기뻤고 감사했다. 출국 비자를 받고 나서 알렌과 늦은 저녁식사를 했다.

5개월 전 처음 알렌을 만나서 힘들었던 알렌과 함께 보냈던 시간들이 생생하게 떠올랐다. 그때 하나님께서 알렌을 지켜주시고 새로운 삶을 주셨는데, 내가 여권을 잃어버리고 재발급 받는 과정에서 뜻밖에도 알렌의 헌신적인 도움을 받게 된 것이 큰 감동으로 다가왔다.

"요셉은 나의 친구요 형제다!"

알렌의 이 한마디는 나에게 더욱 감동적이었다. 아무런 수고비도 대가도 바라지도 않고, 나를 도와준 알렌이 고마웠다.

일정에 없던 한국 방문이 다시 이뤄졌고, 서울에 도착하자마자 러시아 대사관에 찾아가 비자 재발급 요청을 했다. 그런데 러시아 영사로부터 법이 바뀌어서 딱 한 달 비자만 발급된다는 말을 들었다. 이건 또 무슨 일인가? 한 달 비자는 아무런 필요가 없지 않은가! 그것도 오늘 받으면 오늘부터 한 달이라는 말에 어이가 없어서, 떠나기 전날 받기로 하고서 다시 러시아 대사관을 방문했다. 그런데 또 다른 기적이 일어났다.

첫날은 절대 일 년 비자 재발급이 안 된다고 못 박았던 대사관 직원들이 나의 서류를 다시 검토하고 상급자에게 보고하고 나오더니 다시 일 년 비자를 재발급해 주겠다는 것이다. 그들의 놀라운 결정에 나는 입을 다물 수가 수 없었다. 모든 것이 감사했다.

계획에 없었던 한국 방문으로 새로운 사람들을 많이 만나고 축복과 사랑 속에서 지냈는데, 마지막으로 비자까지 연장되니 감사한 일의 연속이었다. 한 치의 오차도 없는 하나님의 섭리 속에서 우리 모두는 우리 자신의 계획을 뒤로 물리고 하나님의 계획표에 맞추어 살아가는 법을 속히 배우고 익혀야 하리라.

'생명의 열쇠'를 가진 자는...

임재환 목사

하나님이 맺어준 인연은 참으로 신비하다. 관계가 자연스러운 것 같다가도 광풍이 휘몰아치듯 꼬이기도 한다. 그런 과정 속에서도 인연은 신뢰와 우정이라는 씨줄과 날줄로 엮이면서 더욱 깊어간다. 장요섭 선교사를 만난 지 벌써 2년이 넘었다. 상트페테르부르크를 방문했을 때, 그는 사모와 함께, 나는 지인 선교사와 함께 새벽예배에 참석했다. 예배를 마치고 나서 아침식사 교제를 하면서 처음 보았지만, 오랫동안 보아온 것처럼 친근감이 들었다.

그곳에 있는 탈북민 형제를 만나고자 했는데, 장요섭 선교사가 자청해서 운전까지 하면서 동행해 주었다. 우리는 모두 함께 식사를 하고는 탈북민 형제를 격려하는 시간을 가졌다. 그런데 그곳을 떠나기 전에 탈북민 형제에게 복음을 전해야겠다는 마음이 일어났고, 나는 단둘이서 방안으로 들어가서 복음을 전했다. 그 형제는 복음을 받아들일 것 같으면서 받아들이지 않았고 시간이 많이 지체되었고, 결국은 복음 전도에 실패하고 말았다.

상트페테르부르크로 돌아가는 차 안에서 장 선교사는 나에게 귀한 조언을 해주었다. 사역자는 현미경과 망원경의 시야를 가지고 하나님의 일을 해야 하는데, 나는 아직 멀었다는 것이다. 숙소로 돌아온 나는 나의 사역에서 무엇이 잘못되었는지를 곱씹어 보았다. 그러자 "아! 내가 의욕이 너무 앞섰었구나."라는 생각이 들면서, 의욕으로만 밀고 나가려고 했지 하나님께 의지하지 않았음을 깨닫게 되었다. 그리고 주님은 그 다음날 새벽예배에 가서 장 선교사에게 기도를 받으라는 마음을 주셨다. 주님의 말씀에 순종하여 기도를 받았는데, 온몸에 전율이 일면서 성령으로 충만해지는 체험을 하였다.

러시아 일정을 마치고 이스라엘 예루살렘에 도착했다. 도착한 밤에 장요셉 선교사가 선물해 준 『생명의 열쇠』를 읽기 시작했다. 하나님을 만나고 인생을 주님께 순종했을 때 일어나는 스토리텔링이었는데, 책을 손에서 놓을 수가 없었다. 바로 옆에서 장 선교사가 이야기를 해주는 것 같은 착각이 들 정도로 몰입되었다.

장요셉 선교사가 자기 삶을 주님께 드리고, 100퍼센트 순종하며 살아내는 이야기 속에는 하나님의 주권과 선하심과 인도하심과 축복이 담겨 있었다. 그것은 선교사의 삶 이전에도 그 이후에도 동일하게 나타나는 현상이어서 놀라움을 금치 못했다. 무엇보다도 어디를 가서 무엇을 하든지 하나님을 드러내고 사람을 살리고 치유하며 예수 생명을 얻게 하는 모습은, 매너리즘에 빠져 있던 나에게 큰 힘과 위로와 도전이 되었다.

이 책을 다 읽은 후에 '생명의 열쇠'를 가진 자는 누구나 장요셉 선교사처럼 살 수 있다는 주님의 음성을 들었다. 예수 생명을 가진 자는 이 땅에서 예수 생명을 가지지 못한 자를 깨우고 일으키는 사명을 주님으로부터 받았다. 선교사 짐 엘리어트는 "영원한 가치를 위해서 영원하지 않은 것들을 포기하는 것은 결코 어리석은 삶이 아니다"라고 강조했는데, '하나님 나라'라는 영원한 가치를 추구하며 살고자 하는 크리스천이라면, 이 책을 강력히 추천하고 싶다.

사람이 새롭게 태어나게 되는 놀라운 일들

홍기영 목사

(…) 나는 참 많은 면에서 모자란 점이 가득합니다. 항상 하는 말이지만, 왜 나에게는 후원도 없어서 돈이 없어서 항상 쩔쩔매는 그러한 곤경스런 삶을 살아가는가? 실제로 트베리에 교회를 지었지만 모두 물려주고 나니, 이제는 갈 곳이 없이 방황하는 방랑객이 되고, 어디에 가도 편안하게 쉴 공간이 없는 그런 마음이 되었습니다.

실로 아내에게도 속깊은 말은 하지 않습니다. 미래의 계획도 말할 수 없고, 내가 바라는 일도 숨기고 말하지 않습니다. 더욱 미르 목사님들에게는 웃고 즐기고 문제가 없는 듯이 보이겠지만, 내 속마음은 답답하게 뭔가가 막혀 있는 듯이 해결이 안 되고 그저 데드락deadlock에 걸려 있는 것처럼 꽉 막혀서 내려가지 않는 소화불량처럼 느껴집니다. 나의 삶의 진정한 내용을 주님께 말을 해봐도 전혀 응답이 없고 해결책이 보여지지 않는 그런 상황입니다. 바라는 바를 솔직하게 고백하면서도 이것이 응답이 될까? 의심이 되고, 하나님이 이제까지 아무것도 이루어주지 않았는데, 이것을 이루어주실까? 하는 의심, 그리고 기대감이 떨어지고, 신뢰감이 약해지는 그런 감정입니다. 하나님은 전능하시지만, 내게는 별로 전능함이 피부로 느껴지지 않습니다.

책을 읽어가면서 하나님이 요셉과 함께하심을 많이 느꼈습니다. 순전한 인도함을 구하고 순진하게 기도하는 모습, 그렇게 기도하면서 주께서 인도하시고, 해결을 제시하고, 사람이 새롭게 태어나게 되는 놀라운 일들을 경험하는 것을 느꼈습니다.

나의 나머지 인생이 정말 활력있고, 기도가 응답되고, 하나님과 함께 동행하는 진정한 삶이 이루어지기를 기도합니다. 말씀을 진실하게 설교하고, 듣는 자들의 마음이 열리고, 더욱 선교에 열중하고 활기찬 선교활동을 이루어가게 되기를 바랍니다.

『생명의 열쇠』를 읽고 많은 느낌을 갖게 되었고, 내 자신을 돌아보게 되었습니다. 더욱 영적으로 성숙해져야 하겠다는 결심을 하고, 금방 읽었지만, 그래도 많은 생각을 갖게 만드는 책이란 것을 알게 되었습니다. 그래서 러시아인들이 좋아하는가 봅니다.

한국에 가서 좋은 여행이 되고, 좋은 시간들 많이 갖기를 바라고, 이제 또 둘째가 태어나고 건강한 모습으로 행복한 가정이 이루어지기를 바랍니다. 모든 삶의 부분에서 언제나 하나님께 영광을 돌리게 되기를 바라며, 사랑하는 요셉에게.